21世纪工商管理特色教材

企业文化管理

（第2版）

CORPORATE CULTURE

MANAGEMENT

张国梁 ⊙ 主编

清华大学出版社
北京

图书在版编目（CIP）数据

企业文化管理/张国梁主编. —2 版. —北京：清华大学出版社，2014（2025.6 重印）

（21 世纪工商管理特色教材）

ISBN 978-7-302-36298-2

Ⅰ．①企…　Ⅱ．①张…　Ⅲ．企业文化－企业管理－教材　Ⅳ．①F270

中国版本图书馆 CIP 数据核字（2014）第 075335 号

责任编辑：刘志彬
封面设计：汉风唐韵
责任校对：宋玉莲
责任印制：刘海龙

出版发行：清华大学出版社
网　　　址：https://www.tup.com.cn，https://www.wqxuetang.com
地　　　址：北京清华大学学研大厦 A 座　　　　邮　　编：100084
社 总 机：010-83470000　　　　　　　　　　邮　　购：010-62786544
投稿与读者服务：010-62776969，c-service@tup.tsinghua.edu.cn
质 量 反 馈：010-62772015，zhiliang@tup.tsinghua.edu.cn
印 装 者：三河市人民印务有限公司
经　　销：全国新华书店
开　　本：185mm×260mm　　　印　张：14.75　　　字　数：336 千字
版　　次：2010 年 6 月第 1 版　　2014 年 5 月第 2 版　　印　次：2025 年 6 月第 10 次印刷
定　　价：40.00 元

产品编号：056376-02

总序

<big>在</big>管理教育和人才培养的各种制度中,工商管理硕士(MBA)制度是一项行之有效、富有成果的制度,它培养的是高质量的、处于领导地位的职业工商管理人才。工商管理硕士教育传授的是面对实战的管理知识和管理经验,而不是侧重理论研究;注重复合型、综合型人才培养,重视能力培养。在发达国家其已经成为培养高级企业管理人才的主要方式。

我国正式开始引进工商管理硕士学位制度始于 1984 年。但是早在 1980 年,按照 1979 年邓小平同志访美期间向当时的美国总统卡特提出由美方派遣管理教育专家来华培训我国企业管理干部的要求,中国和美国两国政府成立了坐落在大连理工大学的"中国工业科技管理大连培训中心"。在开始的几年内,办起了学制为 8 个月的厂长经理讲习班,其教学内容是按照 MBA 教育的框架"具体而微"地设计的,并开设了 MBA 教育中所有的核心课程。这种培训教育曾被认为是"袖珍型 MBA",这可以说是 MBA 理念引入我国的开始。

1984 年开始,根据中美两国有关合作进行高级管理人员的第二个五年的协议,由中国的大连理工大学与美国布法罗纽约州立大学合作开办三年制的 MBA 班,这是对我国兴办 MBA 教育的一次试点。与此同时,培训中心将美国教授在大连讲学的记录整理出版了一套现代企业管理系列教材,原来共 9 种,后来扩展为 13 种,这套教材由企业管理出版社出版,发行超过百万册,填补了当时缺乏面向实际应用类型教材的空白,也为后来的 MBA 教材建设奠定了一个基础。

我国从 1991 年开始,正式开办 MBA 专业学位教育。在经过 10 多年的实践和摸索之后,中国的 MBA 教育已经进入一个新的发展时期,目前中国拥有 MBA 招生和培养资格的院校已经有 100 余所。这种专业学位的设置使我国的学位制度更趋完善,推动了我国高级专门人才培养的多样化,使学位制度进一步适应科学技术事业和经济建设发展的需要。MBA 教育需要适合面对实战的管理知识和管理经验的教材。从 1998 年开始,作为培训中心依托单位的大连理工大学管理学院,就开始在原来培训班的系列教材的基础上,吸收近期国内外管理理论和实践的发展成果,结合自己的教学经验,组织编写了 MBA 系列教材 18 种,由大连理工大学出版社出版,共印刷发行了 40 余万册,被许多院校的 MBA 教学和干部培训选用,受到广大读者的欢迎。2005 年,又出版了新的教材系列。

进入 21 世纪以来,国外的管理思想、理论与方法又有了发展。随着我国改革开放步伐的加快和经济建设的进展,在我们的管理实践中,在吸收消化国外先进管理的理论、方法的同时,针对我国在转型期的具体情况,探索具有中国特色的管理思想、方法,也得到很多的成果。目前我们已经可以像我国已故的哲学大师冯友兰教授所说的,从"跟着讲"发展到开始"接着讲"了。因此在管理教育中编写具有中国特色的教材,既有必要性,又有可能性。在 MBA 专业教育方面,我国在多年实践的基础上,也积累了许多经验。特别是由于 MBA 与学术型管理学硕士的培养目标、教学内容与方式有所不同,我国的各院校都注意在教学中引入了案例教学、角色扮演、模拟练习等新型教学活动,这样在我国自编的教材中就有可能选入符合国情的具体内容。

大连理工大学管理学院在从 20 世纪 80 年代就开始进行 MBA 试点以及近 20 年来进行 MBA 学位教育的基础上,决定重新编写一轮新的教材,总结过去的教学与培训经验,吸收国外的最新理论成就,使教材上升一个新的台阶。本次的教材系列包括"管理学"、"财务管理"、"技术管理"、"战略管理"、"管理决策方法"、"管理信息系统"、"营销管理"、"运营管理"、"企业法律环境"、"创业与企业成长"、"投资风险管理"、"项目管理"、"商业伦理"、"会计学"、"现代物流管理"、"项目投融资决策"、"企业知识管理"、"企业社会责任管理"、"创新与变革管理"、"企业文化"、"电子商务"、"人力资源管理"、"组织行为学"、"公司治理"、"管理经济学"、"管理沟通"共 26 种,涵盖了 MBA 基础课程、专业课程与部分新学科的内容,本轮教材的组织和撰写具有覆盖面广、关注到新的管理思想和方法、充分利用了自编案例等特点,反映了 MBA 教育的新进展。希望这个教材系列能为我国 MBA 教材添砖加瓦,为 MBA 教育作出应有的贡献。同时也希望这些教材能成为其他专业学位教育和各类管理干部培训的选用教材和参考资料,以及创业人士的有益读物。

衷心盼望采用这些教材的老师和学员在使用过程中对教材的不足之处多提宝贵意见,以便在下一轮修订过程中加以改进。让我们共同努力,把我国的 MBA 教育提高到一个新水平。

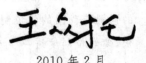

2010 年 2 月

企业文化是一门综合运用管理学、社会学、文化学、人类学、心理学、传播学等多学科理论与方法,将企业硬性管理与软性管理、理性控制与非理性控制相结合的学科。

从发达国家中的卓越企业来看,现代企业之间的竞争,已经不再仅仅是资金、技术、人才、策略的竞争,更主要的是企业文化的竞争。世界500强企业的经验表明,企业出类拔萃的关键是具有优秀的企业文化,它们引人注目的技术创新、制度创新和管理创新根植于其优秀而独特的企业文化。在中国,越来越多的企业家也逐渐认识到开展企业文化建设的重要性。随着全球化和知识经济的发展,中国企业面临着更加激烈的高层次人才争夺和跨文化管理等一系列有待解决的问题,这更有赖于发挥企业文化的功能,特别是价值观、愿景、宗旨等文化要素的竞争优势,来吸引、培育、保留优秀员工,形成一股强大的凝聚力,为企业带来无形的、难以模仿的核心能力。在实现科学管理的同时努力实行文化管理,是中国企业能够在激烈的市场竞争中立于不败之地的关键。

我们编写的这本《企业文化管理》教材,立足于企业文化理论与实践前沿,吸收了国内外最新理论研究成果,并结合编者长期的实践经验,从企业文化的基本知识入手,通过大量的相关案例,详细阐明了企业文化的内涵、结构、功能,论述了企业文化的诊断、策划、实施以及变革过程中的管理原理与管理方法,探讨了企业文化与企业竞争力之间的关系,分析比较了跨文化管理的基本问题。我们希望这本教材既能反映当前研究水平,又能满足教学需要,同时又能对广大企业管理实际工作者的理论学习和实际工作需要有所裨益。

本教材的特点可以概括为:

(1)完整性。本书基本涵盖了这门学科的整个框架,对其各个主要部分的基本概念、理论和技术,都予以论述,有助于帮助读者夯实理论根基,对企业文化有一个全面的认识。

(2)前沿性。本书集中了企业文化研究领域的国内外最新的理论与实践研究成果,有助于读者在掌握企业文化基础理论的基础上进一步了解最新的成果和发展动向。

(3) 应用导向性。以理论为基础,以实践为导向,本书介绍了一系列具有可操作性的企业文化诊断、策划、实施、变革的方法,从而使企业文化管理不流于理论空谈而具有更实用的技术性和操作性,以助实践工作者更加有效地解决现实问题,提高操作技能。

(4) 注重案例研究。本书兼具 MBA 案例教学的特色,每一章开篇都有一个先导案例,引出每一章的研究内容,每一章结尾也都有一个分析案例,有利于读者通过对案例的分析,深化对企业文化理论和方法的理解与运用。同时精选了一些国内外企业的典型案例,穿插在各个章节之中。

短短 3 年,本书第 1 版已经多次重印,受到广大读者的热烈欢迎。为了满足读者的迫切需要,我们经过补充、修订、完善,编写了第 2 版。与第 1 版相比,第 2 版有如下改进:

(1) 进一步丰富了内容体系,鉴于近几年中国大企业兼并重组活动十分活跃,增设了"企业并购中的文化整合"一章新内容;

(2) 跟踪学科前沿与实践动态,增加了"企业文化实施与人力资源管理"、"企业文化变革的方向"、"企业文化与企业社会责任"三节新内容;

(3) 对第 1 版的大部分案例进行了调整,并补充了很多新的案例,使案例更具有典型性和实效性;

(4) 删减了一些次要的内容,有助于读者抓住重点。

本书由张国梁教授组织编写。全书共分 8 章,各章执笔人分别是:田丽英(第 1 章、第 2 章)、郭金明(第 3 章、第 4 章)、张旭(第 5 章、第 6 章)、卢小君(第 7 章、第 8 章)。再版工作由张国梁和卢小君进行统稿和修订。

在本书的编写过程中,我们吸收和引用了国内外专家学者的大量观点和思想,在本书的最后部分我们将所引用的参考文献一一列出,在此对各位专家学者表示感谢。

编　者

2014 年 1 月

目 录

第 **1** 章　企业文化的产生与发展

学习目标

通过本章的学习,重点理解企业文化的内涵,掌握企业文化形成与发展的时代背景,以及企业文化的主要理论,了解企业文化理论和实践在我国发展的主要阶段。

先导案例

丰田汽车召回事件

2008 年,当全世界的汽车老大——通用汽车饱受金融危机的困扰时,日本丰田汽车公司果断抓住机遇,迅速发展,在全球汽车销量上排到了第一。然而,自 2009 年 9 月以来,丰田召回 850 万辆汽车。

首席执行官丰田章男在美国国会众议院的听证会上说,安全问题曾经是丰田关注的头等大事,其次才是质量和规模。然而,过去 10 年来,丰田以成为全球最大汽车制造商为目标的盲目扩张,背离了公司长久以来以服务为宗旨的核心价值观,丢失了自身最宝贵的关注安全和质量的企业文化。而在此基础上所延伸出的行为和行动,造成了丰田汽车出现了严重的安全隐患,最终对其企业品牌和企业形象都造成了较大的冲击。

丰田章男在反思丰田汽车召回事件时指出:"过去 3 年中,丰田雇用了 4 万名员工,他们对于丰田的文化知之甚少。这个问题不会突然间暴露,但它类似一种代谢紊乱的疾病,当你发现时,已经为时太晚。"

1.1　企业文化的内涵

企业文化学说形成于 20 世纪 80 年代,对现代企业管理产生了深远影响。理解企业文化的内涵,应该首先了解"文化"的概念,进而再来具体分析企业文化的含义。

1.1.1　什么是文化

了解什么是"文化",是研究企业文化的逻辑起点。

"文化"(culture)一词来源于拉丁文,原意有耕作、培养、教育、发展、尊重的意思。在中国古代，"文化"一词最早出现在西汉时期刘向的《说苑》中，原文为："圣人之治天下也，先文德尔后武力。凡武之兴，为不服也，文化不改，然后加诛。"这里，文化被理解为文治教化。

自从 19 世纪后期现代文化学的诞生，人们对文化才从科学的角度有了全新的解释。泰勒在《原始文化》一书中说："文化是一个复杂的总体，包括知识、信仰、艺术、道德、法律、风俗，以及人类在社会里所取得的一切能力和习惯。"泰勒肯定文化是人后天的习得和创造，是一个有机的整体。但是他把文化仅仅局限于人的精神方面。随后，美国文化人类学家亨根斯、维莱等人对泰勒的定义进行了修正，把文化定义为："是复杂体，包括实物、知识、信仰、艺术、道德、法律、风俗以及其余社会上习得的能力与习惯。"

《辞海》对"文化"的解释是："从广义来说，指人类社会历史实践过程中所创造的物质财富和精神财富的综合；从狭义来说，指社会的意识形态以及与之相适应的制度和组织结构。"

可以看出，文化是一个内涵深邃、外延宽广的概念，既有广义与狭义之分，也有宏观与微观之别。从广义去理解，人类有史以来，凡是与人的思想、行为及人工制品相联系的都是文化；从狭义去理解，文化特指精神产品及行为方式。从宏观上看，文化的范畴包括民族文化、宗教文化、社会文化；从微观上看，它又可以指社会中的某一特定群体所共享的文化，如社区文化、家庭文化。

1.1.2　什么是企业文化

人们对文化概念、范围的认识，经历了一个从精神文化向社会文化、物质文化、经济文化、法律文化逐步发展的过程。当然，这个扩展过程是相互交叉的，并不是截然分开的。把经济活动和企业文化作为文化现象来研究，是当代文化学最新发展的标志。

"企业文化"作为专业术语，最初出自 20 世纪 80 年代初期的西方管理学界，在英语中由于其出现的场合不同而有几种不同的称谓：organizational culture（组织文化）、corporate culture（公司文化）、enterprise culture（企业文化）等。如同文化的定义一样，到目前为止，企业文化尚无公认的定义，自企业文化诞生之日起，专家学者们就致力于企业文化概念的讨论和界定，提出种种表述。

威廉·大内认为，一个公司的文化由其传统和风气所构成。此外，文化还包含一个公司的价值观，如进取、守势、灵活性，即确定活动、意见和行为模式的价值观。

特雷斯·迪尔和阿伦·肯尼迪在《企业文化》一书中，对企业文化阐述得更为具体，认为企业文化是由 5 个方面的要素组成的系统。其中价值观、英雄人物、习俗仪式和文化网络是其四个必要要素，而企业环境则是形成企业文化唯一的而且又是最大的影响因素。

1985 年，埃德加·沙因出版了《组织文化与领导》。在书中，沙因把企业文化描述为"一套基本假设"，即"企业文化是企业（群体）在解决外在适应性与内部整合性问题时，习得的一组共享假定。因为它们运作得很好，而被视为有效，因此传授给新成员，作为遇到这些问题时，如何去知觉、思考及感觉的正确方法"。

在研究企业文化时，我国的许多学者对企业文化的定义与内涵也有自己的理解。

"企业文化作为一种亚文化,是属于组织文化的一个子概念,它是在一定的社会历史条件下,企业生产经营和管理活动中所创造的具有本企业特色的精神财富和物质形态。它包括文化观念、价值观念、企业精神、道德规范、行为准则、历史传统、企业制度、文化环境、企业产品等。其中价值观是企业文化的核心。"(胡正荣,1995)

"企业文化是一种在从事经济活动的组织中形成的组织文化,它所包含的价值观念、行为准则等意识形态和物质形态均为该组织成员所共同认可。它与文教、科研、军事等组织的文化性质是不同的。"(刘光明,1999)

"企业文化是企业在各种活动及其结果中,所努力贯彻并实际体现出来的以文明取胜的群体竞争意识,并且表现为企业的总体风采和独特的风格模式。"(罗长海,2003)

"企业文化是指全体员工在企业创业和发展过程中,培育形成并共同遵循的最高目标、价值标准、基本信念及行为规范。它是组织观念形态、制度与行为,以及符号系统的复合体。"(张德,2007)

从以上国内外学者给企业文化所作的定义来看,他们的侧重点各有不同,涵盖面也不尽一致,既有强调企业文化是一个包含了信念、价值观、理想、最高目标、行为准则、传统、风气等的精神复合体;也有强调企业文化是将企业的物质财富和精神财富统统包括在内的混合体。

1.1.3 正确理解企业文化

那么究竟应如何理解企业文化呢? 我们认为,企业文化是社会文化的一个子系统。企业通过自身生产经营的产品及服务,不仅反映出企业的生产经营、组织和管理的特色,更反映出企业在生产经营活动中的战略目标、群体意识、价值观念和行为规范,它既是了解社会文明程度的一个窗口,又是社会当代文化的生长点。因此,在国内外学者观点的基础上我们作如下定义:

企业文化是指在一定的社会大文化环境影响下,经过企业领导者的长期倡导和全体员工的共同认可、实践与创新所形成的具有本企业特色的整体价值观念、道德规范、经营哲学、企业制度、行为准则、管理风格以及历史传统的综合。

理解企业文化需要注意以下几个方面:

第一,企业文化具有时段性。文化总是相对于一定时间段而言,我们所指的企业文化通常是现阶段的文化,而不是指企业过去的历史文化,也不是指将来企业可能形成的新文化。

第二,企业文化具有共识性。只有达成共识的要素才能称为企业文化,企业新提出的东西,如果没有达成共识,目前就不能称为企业文化,只能说是将来的共识。当然,企业文化只是相对的共识,即多数人的共识。

第三,企业文化具有范围性。文化总是相对于一定范围而言,我们所指的企业文化通常是企业员工所普遍认同的部分。依据认同的范围不同,企业中的文化可以分为领导文化、中层管理者文化、基层管理者文化,或部门文化、分公司文化、子公司文化等。

第四,企业文化具有内化性。企业所倡导的理念和行为方式一旦得到普遍的认同,成为企业的文化,就必将得到广大员工的自觉遵循。

小案例

宜家的体验文化①

宜家一直以来都倡导"娱乐购物"的家居文化。他们认为，"宜家是一个充满娱乐氛围的商店，我们不希望来这里的人们失望"。宜家最先将"家居"这个全新的概念引入中国，改变了人们心目中那种家居商店是一个很死板、没有美感的家居"仓库"的认识。很多人很多时候来宜家不是纯粹来购物的，而是习惯性地把它当作一个休闲的地方，会不知不觉被"宜家文化"所感染。

购买家居产品，人们会需要亲身体验其舒适和耐用的程度。比如购买沙发就想上去坐一坐，体会一下是否舒适；买衣柜就想拉拉柜门看看是不是好用。面对消费者这些"体验"要求，很多家居市场并不乐意接受，不少销售人员常会大呼小叫地说："别坐坏了""别弄脏了"等，或者在商品上立一块醒目的"样品勿动"的标牌。然而，在宜家购物，这样的情况是绝不可能发生的。宜家所有能坐的商品，顾客无一不可坐上去试试感觉。宜家出售的一些沙发、餐椅的展示还特意提示顾客："请坐上去！感觉一下它是多么的舒服！"宜家对自己的产品质量有足够的信心，你可以尽情体验产品的性能，比如拉开抽屉、打开柜门、在地毯上走走、试一试床和沙发是否坚固等。在宜家，每到一处，每试过一种商品你似乎都会听到这样的声音，我们的质量是经得起考验的。宜家人经常这样说：如果你是最好的，就不要害怕让顾客知道。顾客知道得越多，就只会更加信赖和喜爱你。

宜家总是不厌其烦地提醒消费者"多看一眼标签：在标签上您会看到购买指南、保养方法、价格。"即使是一个简单的灯泡，宜家也将其特点完全展示出来。如果你不懂怎样挑选地毯，宜家会用漫画的形式告诉你："用这样简单的方法来挑选我们的地毯：一是把地毯翻过来看它的背面；二是把地毯展开来看它的里面；三是把地毯折起来看它鼓起来的样子；四是把地毯卷起来看它团起来的样子。"正是因为宜家采用了这样一种独特的品牌推广方式来指导消费者快速作出购买决定，所以它出售的几乎都是完全符合用户要求的产品。

用"体验"的方式推广自己的品牌，真正的让消费者感到自己是"上帝"，是宜家受到中国中产阶级消费者欢迎的重要原因。不少消费者都说："我不想经常去逛宜家，因为每次去都会不由自主地买一些东西回来，因为那里的商品给你的感觉太好了。"

1.2　企业文化形成与发展的背景

"企业文化"的提出和成功实践，是 20 世纪下半叶一次重大的企业管理革命，涉及全球，影响深远。它改变着企业的信念、价值准则、管理模式、行为方式和个性特征，推动着企业向人本化和市场化和谐互动的方向发展。只有了解了这场管理革命的时代背景，才

---

①　资料来源：王吉鹏.企业文化建设——从文化建设到文化管理(第4版).北京：企业管理出版社，2013：16～18.

能正确理解企业文化的真谛。

1.2.1 企业文化的产生

第二次世界大战结束后,企业管理实践发生了许多新的变化。随着科学技术的迅猛发展,企业生产条件得到极大改善,脑力劳动比例扩大且逐渐成为决定生产率的主导力量,劳动者的主体意识日益觉醒。同时,由于市场范围的不断扩大,以及市场竞争的日益激烈,传统的基于"经济人"假设、强调严密控制为主的管理方式受到越来越多的挑战。正如美国管理大师彼得·德鲁克曾呼吁的:"现在商学院所传授的、教科书里所描绘的、总经理们所认同的管理学已经过时了。"而强调企业中"软"因素的作用,以人为中心的新的管理模式逐渐成形。尤其是日本经济奇迹的启示更使得这种管理模式受到全世界的瞩目。

1. 日本经济奇迹的启示

日本是第二次世界大战的战败国,但在"二战"以后,日本经济却在短短 30 年左右的时间里迅速崛起,一跃成为世界第二大经济强国。贴着"日本制造"的工业品在 20 世纪七八十年代以迅猛之势影响着全球几乎所有的市场,改变了世界经济竞争的大格局。比如,日本在汽车生产方面胜过了美国和德国;在摩托车方面令英国黯然失色;在手表、照相机和光学仪器生产方面超过了传统强国德国和瑞士;在钢铁生产、造船、电子产品方面结束了美国的统治地位。日本经济崛起的秘密何在?

从宏观的角度看,日本经济的成功无疑与日本政府强有力的工业政策,重视技术引进和产品出口,重视教育投入有直接关系。但从微观角度分析,日本经济增长源于企业的活力和竞争力,这种活力和竞争力依赖于独特的管理模式。美国的一些经济学家和管理学家在深入考察后发现,在日本企业获得成功的多种因素中,排在第一位的既不是企业的规章制度、组织形式,更不是资金、设备和科学技术,而是独特的"组织风土",即企业文化。日本企业界普遍认为,管理的关键是企业通过对员工的教育和领导者的身体力行,树立起大家共同遵守的信念、目标和价值观,培育出全体员工同心协力共赴目标的"企业精神"。由于这种"企业精神"是管理中的"软"因素,与社会文化有着密切的联系,但又不是整个社会文化,而仅仅是一个企业的传统风貌的"亚文化"或"微观文化",因此被称为"企业文化"。在日本企业的影响下,世界范围掀起了第一次企业文化热潮。

2. 美国经验的总结和实践的发展

与此相适应的是美国受到来自日本成功的启示,对自身的管理模式进行了反省与经验总结。20 世纪 70 年代后的美国,虽然仍然是世界经济中心之一,但是相对实力下降。日本人的成就,使美国人震惊,他们不得不放下架子,开始认真研究和学习日本的企业管理经验,并反思美国企业的成败得失。企业文化研究领域的四本早期经典著作:威廉·大内的《Z 理论——美国企业界如何迎接日本的挑战》、理查德·帕斯卡尔和安东尼·阿索斯的《日本企业管理艺术》、特雷斯·迪尔和阿伦·肯尼迪的《企业文化——现代企业的精神支柱》和托马斯·彼得斯和小罗伯特·沃特曼的《成功之路——美国最佳管理

企业的经验》都是在这个时期出版的。美国人通过对日本管理经验的研究,得出了以下几条重要的结论:

第一,美国的生产率和经济发展缓慢,其重要的原因在于:美国的管理不重视人的作用,企业文化没有搞好。相反,日本的生产率提高和经济发展速度之所以能在资本主义世界中排名第一,在于日本的管理重视人的作用,企业文化搞得好。

第二,企业价值观是企业文化核心内容之一,日本的集体主义价值观比美国的个人主义价值观更优越。这是因为,生活中的一切重要的事情都是由于协力或集体力量做出的。因此,企图把成果归之于个人的功劳或过失都是毫无根据的。

第三,企业文化建设的经验具有普遍意义,日本的管理方法虽然不能照搬照抄,但却可以移植于美国,值得美国学习。比如美国通用汽车公司别克汽车装配厂的实践就是一个有力的证明。该厂原是全公司效率和质量最低的工厂之一,后来以近似日本的管理方式重新设计了管理体制,结果不到两年,该厂的效率和质量就在全公司范围内上升为第一位。

在经验借鉴的基础上,美国的很多企业改变了原有的管理方式,通过不断的实践创新,使得文化管理这种新的模式逐渐走向成熟。

小案例

GE 的文化管理

杰克·韦尔奇曾在通用电气公司(GE)担任董事长兼首席执行官长达 20 年,他用自己的管理实践为人们诠释了一种全新的企业管理和领导艺术——文化管理。韦尔奇在 1981 年上任时,GE 的股票在此前的 10 年间贬值了 50%。他首先实施"三环"计划(将公司业务集中于核心、技术和服务三方面的战略),对企业进行了一系列的"外科手术"式的变革,卖掉难以在行业内居领先地位的 200 多个企业,买进了包括美国广播公司在内的 70 个企业,将 GE 从一个日益老化的工业制造企业改变为经营多样化的全球性生产巨头。1985 年,GE 明确提出了 5 条价值观,并印刷成可以随身携带的价值观卡片发给每一名员工。随着时间的推移,GE 价值观的表述也不断发生变化。韦尔奇关于价值观的主要经验有:"价值观是塑造组织的一个驱动力量""在录用、辞退以及晋升中以价值观为指引""确保每一个员工知道公司的价值观""每隔几年就要对价值观进行修订以反映价值观以及知识上的进步""绝不要低估价值观的价值"。为了使他倡导的价值观深入人心,韦尔奇花了大量的精力和时间来培训员工,特别是各级管理人员,18 年中亲自在公司学校讲授 250 多次课程。在韦尔奇的领导下,GE 公司内部形成与知识化和信息化的社会相适应的团队组织和参与式、学习式的新型文化。GE 连续多年被美国《财富》杂志、《金融时报》分别评为:"全美最受推崇的公司"和"全球最受尊敬的公司"。韦尔奇本人也被誉为 20 世纪最杰出的企业家和最成功的首席执行官。韦尔奇的管理方式又被一些美国学者称为:"基于价值观的领导"。

在美国企业界,特别是优秀企业家在实践中对企业管理内在本质规律比过去有了更为深刻的认识：强调领导（即对人的管理，而不是对物的管理），重视目标和价值观的作用。这实际上就是基于价值观的领导，即文化管理的观点。

可以说，"二战"后"以人为中心"的管理思想的发展和实践探索，促成了企业文化的兴起；加之随后出现的全球经济文化一体化和知识经济兴起的趋势，更使企业文化的实践得以迅速发展。

1.2.2　文化管理的蓬勃发展

管理大师克雷格·R.希克曼指出："21世纪是文化管理的世纪，是文化制胜的世纪，每一个追求卓越的企业家，都必须学习文化管理。"我国著名管理学家、国家自然科学基金委员会管理科学部主任成思危也认为："如果说20世纪是由经验管理进化为科学管理的世纪，则可以说21世纪是由科学管理进化为文化管理的世纪。"在面临更加激烈的市场竞争环境时，科学技术可以学习，制度可以模仿，但是像企业全体员工内在的追求这样的一种企业文化层面上的东西却是很难移植、很难模仿的。从这个意义上说，21世纪企业的竞争也是企业文化的竞争。

企业文化的兴起，是20世纪后半期这个历史时代的产物。进入21世纪，公司经营的国际化、世界经济文化的一体化以及知识经济的兴起，这三大趋势孕育着"文化制胜"时代的来临。

1.　公司经营的国际化趋势

随着知识和经济之间相互渗透、相互作用、相互交融的趋势越来越强劲，公司经营国际化的趋势越来越明显，资源配置冲破国别限制，产品纷纷销往国外市场，资本也在国际市场上寻找更好的机会扩张。在这种经营环境下，竞争已不再局限于一个国家或地区，企业纷纷实施全球化战略，子公司或分支机构遍布各国。在这种跨国公司中，越来越多的具有不同国籍、不同信仰、不同文化背景的人为同一家公司工作，同时也使得管理面临着新的问题，如来自不同民族、国家与文化背景的员工之间的文化冲突，这种由文化的差异所导致的文化障碍很容易造成集体意识的缺乏，职责分工不清，信息不能充分交流与共享，从而引起企业运转低效、反应迟钝，不利于全球化战略的执行。如何构建企业共同的经营观，使每一位员工能够把自己的思想与行为同企业的经营目标与宗旨结合起来，促进不同文化背景的人之间的沟通与理解，仍然离不开以人为本的企业文化的管理。

2.　世界经济文化一体化的趋势

由于现代交通运输工具和通信设备的出现，世界各国、各民族相对缩短了地理上的距离，文化得以迅速而广泛的传播与交流，出现了趋同的倾向。这种现象，对各国的传统文化结构产生深远的影响，尤其是发达国家的强势文化对比较落后国家的文化冲击越来越大。人们的价值观、道德观、风俗习惯发生巨大的改变，视野更加开阔，思想更加开放，而生活水平和文化教育水平的提高更是促成人们渴望尊重和自我实现等更高需要层次的满足，人们在不断追求新颖、时尚、高品质生活方式的同时，工作的自主性和独立性也越来越强，民主意识日渐高涨。以人为中心的企业文化管理日益凸显出其重要性。

经济全球化带动文化趋同化，文化趋同化又促进经济全球化的发展。经济全球化促进了不同国家间企业管理经验与文化的交流，向跨国公司提出了如何把本企业文化应用于国外，如何调动不同文化背景下的员工的积极性问题；文化趋同化也促成了各国生活方式和消费习惯的趋同，为企业文化的传播和推广准备了肥沃的土壤，这也是企业文化得以迅速发展的重要原因。

3. 知识经济的兴起

知识经济的兴起给人类的思维方式、工作方式和生活方式带来一场深刻的革命——做任何事情几乎都离不开计算机、网络。在强调知识作用的宏观环境下，组织形式呈现出多样化的趋势，人们的需求也日益复杂化，这都使得企业文化在企业管理中的作用更显重要。

1）企业联盟带来的企业文化的挑战

"协作竞争、结盟取胜、双赢模式"是美国著名的麦肯锡咨询公司提出的 21 世纪企业发展的新战略。近几年来，世界上企业联盟的日益增多，给企业文化发展提出了新的要求，即企业重组后企业文化怎样融合的问题。因为在企业联合、兼并的过程中，不能只从经济和财力方面考虑问题，更重要的是要注重文化方面的差异。一般来说，各个企业都有各自的文化特征，创业历史、发展目标、经营理念、所处环境、队伍素质等各有不同，所形成的企业文化也必然各具特色、互有差异。如果没有企业文化的融合，就会出现"貌合神离，形连心不连"的现象。所以，只有做到取长补短、扬优避劣、达成共识，形成"结盟取胜、双赢模式"型的企业文化，企业才更具生命力、凝聚力和竞争力。要做到这一点，必须注意以下两个方面：一方面，要遵循从实际出发的原则，根据联合兼并企业的不同情况区别对待。另一方面，双方都应注意克服排斥对方的自大心理，加强相互的了解与交流，吸纳对方文化的精华，发展成为经过融合后更为优秀的企业文化。

2）知识工作者的增加提出了文化管理的新需求

杜拉克在 1999 年撰写的《21 世纪的管理挑战》一书中指出，怎样提高知识工作者的生产力，怎样对知识工作者进行管理，是企业在 21 世纪面对的最大挑战。知识工作的特点是看不见、摸不着，其劳动强度和质量在更大程度上取决于人的自觉性和责任感。在无形的知识工作面前，泰勒的时间和动作研究已经无用武之地。对于知识工作者，应该充分调动他们的工作积极性，引导和利用他们自我实现的需要，以内在激励为主，以自我控制为辅。在知识经济时代，更加应该采用文化管理的办法，而不是以往的理性管理。

3）虚拟企业的运作需要企业文化的支撑

伴随着互联网的普及，世界上出现了一种新型的企业组织——虚拟企业。虚拟企业是一种区别于传统企业组织形式的以信息技术为支撑的人机一体化组织。其特征以现代通信技术、信息存储技术、机器智能产品为依托，实现传统组织结构、职能及目标。在形式上，没有固定的地理空间，各个公司、部门、员工可能分散在各处，工作时间也没有统一的要求。那么，如何管理虚拟企业？在分散化、虚拟化的组织中，几乎互不见面的员工认同的是企业的共同目标、共同愿景，维系他们的是群体价值观，组织成员通过高度自律和高度的价值取向实现组织的共同目标；在快速的内外环境变化中，学习与创新成为企业的活力，企业精神、企业风气对于创新的促进作用必然减少制度化、标准化的制约；面对越来越多的个性化需要，企业宗旨、企业道德更有利于引导企业去尽最大的努力满足顾客。文化管理对于虚拟企业而言，可谓恰到好处。

1.3 企业文化理论的发展

伴随着企业文化实践的发展，企业文化的理论研究孕育而生并不断发展。企业文化理论的产生是现代企业管理科学逻辑发展的必然结果。在知识经济时代，又兴起了知识管理，给企业文化理论注入了新的活力。

1.3.1 现代管理科学理论的演进

企业文化是一种以人为中心的管理理论。既然如此，追根溯源，要了解企业文化的产生与发展，首先应该了解现代企业管理理论的产生和发展。

1. 古典管理理论

现代管理科学理论发展的第一阶段就是所谓的"古典管理理论"阶段（20 世纪初到30 年代）。古典管理理论主要包括三大部分：一是美国的泰勒创立的"科学管理理论"；二是法国的法约尔创立的"管理要素或管理职能理论"；三是德国的韦伯创立的"古典组织理论"。

1）科学管理理论

1911 年，泰勒的著作《科学管理原理》问世。该书提出的科学管理理论被认为在历史上第一次使管理从经验上升为科学，成为现代管理理论形成的一个重要标志。泰勒本人也因此被誉为"科学管理之父"。

按照科学管理的方法，企业家不再靠个人经验和直觉来指挥下属，而是开始用调查研究、数学模型、数学工具等社会科学和自然科学的方法来代替个人经验；"时间和动作研究"提供了精确的计算定额的方法，使企业家的工作不必再为生产定额而争吵；生产工具、操作工艺、作业环境、原材料的标准化，为生产率的提高开辟了广阔前景；"工作挑选工人"的原则和系统的培训，为各种生产岗位提供了一流的工人；"计划与执行相分离"的原则，大大加强了企业的管理职能，使依法治厂成为可能。

2）管理要素或管理职能理论

管理要素或管理职能理论的代表作是法约尔 1916 年发表的《工业管理和一般管理》。法约尔提出了经营六职能、管理五因素和十四条管理原则。

法约尔指出，任何企业的经营包括六种职能活动，管理只是其中之一。这六种职能活动是：技术活动、商业活动、财务活动、安全活动、会计活动和管理活动。它们是企业组织中各级人员多少不同都要进行的，只不过是由于职务高低和企业大小的不同而各有侧重。

法约尔所说的管理五因素，就是计划、组织、指挥、协调和控制，并对此进行了详细的分析。他指出"计划就是探索未来和制订行动方案；组织就是建立企业的物质和社会双重结构；指挥就是使其人员发挥作用；协调就是连接、联合、调和所有的活动和力量；控制就是注意一切是否按已制订的规章和下达的命令进行"。

法约尔提出了十四条管理原则，它们是：

① 分工原则；

② 权力与责任原则；

③ 纪律原则；

④ 统一指挥原则；

⑤ 统一领导原则；

⑥ 个人利益服从集体利益原则；

⑦ 合理的报酬原则；

⑧ 适当的集权和分权原则；

⑨ 跳板原则；

⑩ 秩序原则；

⑪ 公平原则；

⑫ 保持人员稳定原则；

⑬ 首创精神原则；

⑭ 集体精神原则。

法约尔还特别强调管理教育的重要性，主张普及管理教育，认为可以通过教育使人们学会进行管理并提高管理水平。

3) 古典组织理论

古典组织理论的代表作是韦伯的《社会组织与经济组织理论》。韦伯认为，理想的行政组织体系是所谓"官僚制"（又称"科层制"）。这种组织的基本特征是：

① 实现劳动分工，明确规定每一成员的权力与责任，并作为正式职责使之合法化。

② 各种公职或职位按权力等级严密组织起来，形成指挥体系。

③ 通过正式考试的成绩或在培训中取得的技术资格来挑选组织的所有成员。

④ 实行任命制，只有个别职位才实行选举制。

⑤ 公职人员都必须是专职的，并有固定薪金保证。

⑥ 职务活动被认为是私人事务以外的事情，受规则和制度制约，而且是毫无例外地适于各种情况。

韦伯认为，这种理想的行政组织体系能提高工作效率，在精确性、稳定性、纪律性和可靠性等方面优于其他组织体系。但是同时韦伯也提出，由于这种管理体制排斥感情的作用，导致了整个社会感情的匮乏，扼杀了个人的积极性和创造性。

古典管理理论有四个最明显的特征：

第一，它是世界历史上首创的管理理论。

第二，古典管理理论的创造者们，是以国家官僚机构和军队组织为榜样来要求企业的，希望把企业组织得像军队一样，严守纪律、步伐整齐。

第三，古典管理理论不重视人的感情，采取的是非人情味的管理措施，重点考虑的是工作效率。

第四,古典管理理论把机械学原理引入管理,力求把管理科学建设得如同机械力学那样精确。

应当肯定的是,古典管理理论总结了历史上古老组织(国家和军队)高效率运转的经验,满足了当时条件下的企业发展的需要,取得了很大的成功。但是对人性的探索仅仅停留在"经济人"的范畴之内,没有把人作为管理的中心,没有把对人的管理和对其他事物的管理完全区别开来。

2. 行为科学管理理论

现代管理科学理论发展的第二个阶段是行为科学管理理论阶段(20世纪30~60年代)。从古典管理理论阶段向本阶段发展的转机,是霍桑试验的结果。这一阶段的主要工作就是把心理学的研究成果引入企业管理,建立了管理心理学;同时,社会学的研究成果也被应用于企业管理,建立了管理社会学。这个阶段产生了两个管理学派:一个是人际关系学派;另一个是社会系统学派。

1) 人际关系学派

人际关系学派主要研究工人在生产中的行为,分析这些行为产生的原因,以便通过调节企业中的人际关系来优化人的行为以提高生产效率,"行为科学"的名称即由此而来。人际关系学派的主要理论有:梅奥和罗特利斯伯格的有效管理理论、马斯洛的需求层次论、赫兹伯格的双因素理论、麦格雷戈的Y理论和阿吉里斯的成熟与不成熟理论、卢因的"群体动力论""场论"与"守门人"理论。

行为科学的基本观点有:

① 要重视人的因素,搞好对人的管理就是搞好管理的核心,主张建立以人为中心的管理制度。

② 动机决定行为,需要引起动机;需要是有层次的,它因人、因时、因地而异,要把满足个人需要与实际组织目标结合起来。

③ 影响人们动机的因素有激励因素和保健因素,既要重视外在激励,又要重视内在激励。

④ 只有当个人目标、团体目标与组织目标一致时,组织才能获得最高的生产效率。

⑤ 领导者的影响力分为强制性影响力和自然性影响力,前者来自领导者的地位和权力,后者来自领导者的品德、知识和才能;要实现有效的领导,需要强制性影响力,更要靠自然影响力。

行为科学理论的基本特征是:第一,行为科学克服了古典管理理论中把人视为机器的缺点,把心理学的研究成果和研究方法引进到企业管理中来,主要从人的心理来解释人的行为。第二,行为科学是"以人为中心"的管理理论。但是行为科学所研究的人,主要是单个的人,或是组成群体的各个成员,而不是群体的整体性。第三,行为科学家们并不关心顾客、竞争、市场以及企业以外的任何其他事情,他们把企业看做一个"封闭系统"。

2) 社会系统学派

社会系统学派的代表人物之一是美国著名的管理学家巴纳德。1938年,他发表了

《经理的职能》一书,在这本著作中,他认为组织是一个复杂的社会系统,应从社会学的观点来分析和研究管理的问题。由于他把各类组织都作为协作的社会系统来研究,后人把由他开创的管理理论体系称作社会系统学派。巴纳德的学说可概括地表述为以下四种理论:

① 组织互补论,组织有正式组织和非正式组织之分,两者是互补的,是互相为对方创造条件的。

② 协作系统论,组织作为一个协作系统都包含三个基本要素:能够互相进行信息交流的人们;这些人们愿意做出贡献;实现一个共同目的。

③ 管理"艺术"论,管理是一种把握全局、认识整体的艺术。管理的过程,就是要把组织作为一个整体来领悟,要理解与组织有关的全部形势。

④ 经理职能论,在管理科学史上,巴纳德第一个谈到,总经理的首要职责就是要塑造和管理好组织的共同价值观,杰出经理与一般经理的根本区别就是能够塑造良好的价值观。

除此之外,经理的基本职能为:一是提供信息交流系统;二是促使人们做出巨大的努力;三是拟订目标,使之能为一切同心协力做出贡献的人们所接受。

社会系统学派的另一位代表人物是塞尔兹尼克。他在1948年写了《领导与管理》一书,进一步发展了巴纳德关于价值观的理论,主要内容包括:

① 价值观决定一个企业的特色,是企业的生命。

② 价值观通常并不是靠正规书面程序来传播的,更常见的是靠一些比较含蓄、比较艺术的手段,比如故事、神话、传奇和比喻来传播。

③ 灌输企业价值观的关键之一在于创造出一个和谐一致的领导班子。

社会系统学派,把组织看成是一个协作系统,把管理看成是一种艺术,强调把握整体,首次谈到了企业价值观的重要性。遗憾的是,社会系统学派创始人的著作,在20世纪60年代末期之前很少有人读过,更没有人加以推崇,直到80年代企业文化兴起,才引起人们的广泛注意。

3. 管理理论丛林

现代管理科学理论发展的第三个阶段是所谓的"管理丛林"阶段(20世纪60~80年代)。在这个阶段,多个管理学派并存,管理科学日趋成熟。一方面,"二战"后迅速发展起来的系统论、控制论、信息论和计算机科学等最新研究成果,被大量应用到企业管理中来。数理分析在管理学中的成功运用,正是管理科学成熟的标志。另一方面,这个阶段的管理理论家们,明确地把企业看成一个"开放系统",比较清醒地考虑到了各种外部力量对组织内部活动的影响。着力于解决企业在多变环境中求得生存和发展的问题。这一阶段的主要代表人物是西蒙、约翰逊、德鲁克、卢由斯、伯法等。

西蒙是1978年诺贝尔经济学奖获得者,他是决策理论学派的代表人物。他认为管理就是决策,而决策是由许多阶段、许多步骤组成的系统,这个系统中的每一个步骤,都是建立在搜集到足够丰富的信息资料的基础上,并且通过信息反馈来加以调节和控制。其重点是要解决决策本身的科学性问题,它告诉决策者怎么处理信息(数学模型、可行性分析），怎样根据计算机结果做出选择等。

德鲁克提出了"目标管理理论"。德鲁克认为，并不是有了工作才有目标，而是相反，有了目标才能确定每个人的工作。所以"企业的使命和任务，必须转化为目标"，如果一个领域没有目标，这个领域的工作必然被忽视。因此管理者应该通过目标对下级进行管理，当组织最高层管理者确定了组织目标后，必须对其进行有效分解，转变成各个部门以及各个人的分目标，管理者根据分目标的完成情况对下级进行考核、评价和奖惩。

其他学者也提出了不同的管理理论。总体而言，在这一阶段的管理理论中仍然主要以理性管理为主，认为只有数字资料和数学模型才是可信的，只有正式组织和严格的规章制度才是符合效率原则的。在这种管理理论上出现了若干需要解决的问题，主要表现在：①偏重吸收自然科学研究成果，忽视吸收社会科学研究成果。②重视物的因素，忽视人的因素。③过分强调理性因素，忽视了感性因素；崇拜逻辑与推理，贬低了直觉和感情的作用。④过分依赖解析的、定量的方法，片面地以为只有数据才是过硬的和可信的。

正是上述这些需要克服的问题引起了人们的注意，人们发现很多管理问题仅仅依靠数据分析和严格的外部监督是无法做到的，还必须要依靠在长期的生产经营活动中形成一种共同价值观、一种心理环境、一种良好的传统和风气，这就导致了下一阶段即企业文化理论的出现。

1.3.2　企业文化理论的发展历程

20世纪80年代初，日本企业的生产率大大超过美国，并夺走了大量原属于美国企业占领的市场。日本在战后仅仅用了不到30年的时间，就成为世界第二大经济体。日本企业的实践，既给美国政府和企业界以极大的震撼，同时也对管理丛林阶段的管理科学理论给予沉重的打击。美国的一些管理学家在总结日本企业的实践之后得出结论：必须克服管理科学三个发展阶段上的某些错误倾向，保留其科学的精华部分，重新创立新的管理理论。这就是企业文化理论产生的背景。

虽然企业文化的实践始于日本，日本运用企业文化之道指导企业经营管理，取得了许多成功经验。但企业文化理论的诞生却是美国学者在对美日欧的企业文化实践进行调查和研究后，进行总结和概括才上升到理论的高度。在这期间有四本最具代表性的经典著作。

1. 威廉·大内的《Z理论——美国企业界如何迎接日本的挑战》

在书中，他把典型的美国企业管理模式称为A（america）型，把典型的日本企业管理模式称为J（japan）型，而把美国少数几个企业自然发展起来的、与J型具有许多相似特点的企业管理模式，称为Z型。Z理论之"Z"（zygote），就是主张日本和美国的成功经验应相互融合，同时主张在麦格雷戈区分"X理论"和"Y理论"的基础上再来一次重大的理论突破。

Z理论的中心议题就是：怎样才能使每个人的努力彼此协调起来以产生最高的效率？为此，应注重信任、微妙性和人与人之间的亲密性。①信任，即研究出使雇员之间、部门之间、上下级之间保持相互信任的管理制度。②微妙性，即根据各个工人之间的微妙关系组成效率最高的搭档,或者由工人小组自己管理工艺,以便充分捕捉微妙性来提高生产率。③亲密性,即在工作单位培育像家庭、邻里、俱乐部那样的人与人之间的亲密性。

Z模式的基本特征是:①实行长期或终身雇佣制,使职工在职业有保障的前提下,更加关心企业利益。②对职工实行长期考核和逐步提升制度。③培养能适应各种工作环境的多专多能人才。④管理过程中既注重各种现代科学技术的控制手段,又注重对人的经验和潜能进行细致有效的启发诱导。⑤采取集体研究与个人研究负责制结合的"统一思想形式"的决策方式。⑥树立员工平等观念,在整体利益指导下,每个人都可以对事物做出判断,独立工作,以自我控制代替系统控制,上下级间建立融洽的关系。

Z理论的重点研究对象是企业宗旨,即怎样才能够使一个企业增加信任、微妙性和亲密性。制定明确的企业宗旨必须做到:①企业的基本目标或目的,所应包括的不只是利润目标,还应包括技术进步和服务质量这样一些较为无形的目标,即目标全面性原则。②应该说明经理和工人如何分享权力,如何做出决策,防止"不择手段",即手段合理性原则。③企业同社会和经济环境的关系,要处理好公司同其所有者、雇员、顾客以及同一般公众的恰当关系,即关系和谐性原则。

2. 理查德·帕斯卡尔和安东尼·阿索斯的《日本企业管理艺术》

两位学者通过对日、美许多行业的32家企业的调查分析得出以下结论:任何一种明智的管理,都涉及七个变量,并且必须把它们看成是相互关联的。经过一番提炼,把七个变量的英文都写成以S开始,并画成一个图来表示,因此就获得了"7S管理框架"的名称,如图1-1所示。

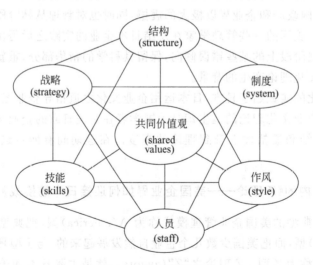

图 1-1　7S管理框架图

7S管理框架图中的七个变量,又称管理七要素。按照帕斯卡尔等人的解释:"战略"是指一个企业如何获得和分配它的有限资源的行动计划。"结构"是指一个企业的组织方式是分权还是集权,重视一线人员还是重视参谋人员。"制度"是指信息在企业内部是如何传送的,有些制度是正式的如电子计算机的打印输出和计划执行情况报表等,有些制度是非正式的如会议。这三者是硬管理要素。其余四个是软管理要素:"人员"不只是指一线和参谋人员,而是指企业内部整个人员的组成状况。"技能"是指企业和它的关键性人物的特长以及其竞争对手所没有的卓越能力。"作风"是指最高管理人员和高级管理人员队伍的行为形式,也可以指企业的作风。至于"共同价值观"是指能将职工个人的目的同企业的目的真正结合在一起的价值观或目标,是决定企业命运的关键性要素。共同的价值观处于"7S管理框架"的中心地位,把其他六个要素连接成一个整体。"7S管理框架"为企业的软化管理提供了理论依据。

3. 特雷斯·迪尔和阿伦·肯尼迪的《企业文化——现代企业的精神支柱》

这是企业文化理论诞生的标志性著作。两位作者认识到,每个企业都有一种文化,区别只在于:有些企业的文化支离破碎,职工分成不同的派别,各有各的目的动机,可称之为"弱文化";有些企业的文化很有内聚力,每个职工都知道企业的目标,并且为这些目标而努力工作,可以称之为"强文化"。他们认为"杰出而成功的公司大都有强有力的企业文化",因为企业中最大的资源是人,"是人在推动企业的发展"。而管理人的最好办法,并不是利用计算机来进行监视,而是运用文化的微妙影响。文化能"把人团聚到一起,并使他们的日常生活充满了意义和目的"。强文化是一套非正式的规章体系,它为职工提供了行为的框架、标准和价值体系,从而明确地告诉人们一言一行应该如何自律,还使人对工作感到舒畅而更努力工作。企业管理人员必须很清楚地理解企业文化是怎样发挥作用的,否则管理工作就会失败。他们认为企业文化的要素有五项:企业环境、价值观、英雄、仪式、文化网络等。《企业文化》对如何了解企业文化及调查企业文化等提出了许多意见,对企业文化的类型、分析方法、管理者与职工的关系都作了精辟的论述。

4. 托马斯·彼得斯和小罗伯特·沃特曼的《成功之路——美国最佳管理企业的经验》

作者通过对美国60多家公司的研究发现,卓越的企业"有一套独特的文化品质,是这种品质使他们脱颖而出"。在此基础上,作者提出革新性文化八种品质说:

① 贵在行动,行动迅速、决策果断;

② 紧跟顾客或客户,以优秀的产品和优秀服务维持优势;

③ 鼓励革新,容忍失败,全力支持敢闯敢做的改革者;

④ 以人促产,珍视人力资源,通过人潜能的发挥来提高生产率;

⑤ 深入现场,以价值观为轴心,把公司每部分的各种力量凝聚到企业目标上来;

⑥ 不离本行,展开多角化经营,增强应变能力;

⑦ 精兵简政,组织结构简单,减少层次;

⑧ 紧中有松,松中有紧,善于处理矛盾,注重管理艺术。

总之,在出色企业里"软也就是硬",如文化传统本来是最软的东西,但是在优秀公司里却是最硬的。

企业文化理论把对人与对物的管理以及被西方历史传统分割开来的人的物质生活和人的精神生活,努力统一于企业管理之中。与之前三个阶段的管理理论相比,更加注重企业宗旨、企业价值观等"软"因素。这种理论既控制了人们对问题作出反应的方式，又取得了他们之间的协调，是现代管理科学发展的新阶段。

进入20世纪90年代，在信息网络化和经济全球化进程中，经济的竞争性、创新性、动态性、快速增长趋势大大加快，引发着企业管理的深刻变革，呼唤着与知识经济相适应的新的管理观念、管理理论和管理模式。知识管理的兴起带来了企业管理模式的创新和革命，企业知识管理与企业文化的交叉研究，大大拓展了企业文化的研究领域，使企业文化理论更加成熟丰满。这一时期与企业文化关系比较密切的代表理论是学习型组织理论和知识管理理论。

5. 学习型组织理论

美国麻省理工学院的一群学者和一些企业家合作研究后提出了"学习型组织"理论。他们研究成果的结晶，体现在彼得·圣吉的《第五项修炼》一书中。圣吉认为真正出色的企业，将是能够设法使各阶层人员全心投入，并有能力不断学习的组织。建立学习型组织的关键是汇聚五项修炼或技能：

① 自我超越，组织中的每个成员都要终身学习，超越自身；

② 改善心智模式，培育一种开放学习效果的、兼顾质疑与表达的交谈能力；

③ 建立共同愿景，领导者要有将个人目标转化为能够鼓舞整个组织的共同目标的观念并实际行动的能力；

④ 团队学习，学会进行"深度会谈"，进入真正一起思考的能力；

⑤ 系统思考，运用系统论的完备知识体系和实用工具养成对系统整体深入地加以思考的习惯。

在《第五项修炼》之后，很多学者相继对学习型组织的理论进行了深入的研究，提出了许多不同的观点，但是学者们在学习型组织建设中的一个共同观点就是企业文化是组织学习成败的关键，企业管理者的重要责任之一就是努力营造出一种学习型的企业文化氛围。

6. 知识管理理论

对企业而言，其知识构成大致可以分为四种存在形式：

① 物化在机器设备上的知识；

② 体现在书本、资料、说明书、报告中的编码后的知识；

③ 存在于个人头脑里的意会知识；

④ 固化在组织制度、管理形式、企业文化中的知识。

知识管理是对一个企业集体的知识或技能的捕获，然后将这些知识与技能分布到能够帮助企业实现最大产出的任何地方的过程。

知识管理要对企业的知识资源进行全面和充分的开发以及有效的利用，这是知识管理区别于其他管理的一个主要方面。知识管理将通过创造和建立一个有利于知识资源能动地发挥作用的环境，使知识不断地得以交流和共享，新的知识不断地产生，企业的知识资源不断地得到积累和扩张，企业的知识资源不断地得到充分开发和有效利用，所有这些都将大大增强企业的创新能力。因此,知识管理是整个企业管理中一个极其重要的组成部分。

在强调知识管理的企业中,企业文化的特征主要表现为:

① 管理目标不受传统的资源概念的约束,强调可持续发展和目标的可延伸性;

② 强调信息、知识、人才、企业理念、企业内驱力、企业环境等软件要素的主导作用;

③ 管理系统和组织系统明显打破了传统的企业边界和等级制结构,系统界限趋于模糊,组织结构趋于网络化;

④ 柔性管理、模糊控制,管理创新、机制创新将成为新时期企业文化的实质内容。

知识管理理论的兴起,为企业文化理论注入了新鲜的血液,赋予其更强的生命力。

1.4 企业文化在中国的发展

"企业文化"兴起后,在20世纪80年代中期传入中国,迅速得到中国管理学界和企业界的认同和响应。在改革开放后,顺应国际企业文化兴起的时势,吸收国外一些企业文化建设的先进经验,根据中国企业的具体实际情况,开展了各具特色的企业文化理论研究与建设实践工作,形成了中国企业文化发展的潮流。

1.4.1 中国企业文化理论的引进与发展

在我国,企业文化的理论研究主要经历了以下三个阶段。

1. 中国企业文化理论的引进(20世纪80年代中期到90年代初期)

1978年,党的十一届三中全会的召开,吹响了中国大地解放思想、改革开放的号角。1983年,党的十二届三中全会制定了关于中国经济体制改革的决定,第一次在党的正式文件中提出了"建立社会主义有计划的商品经济"的概念。从此,对外开放不断扩大,私营企业、商品经济迅速发展。企业文化理论正是在这样的大背景下传入我国的。

国内学术界最早介绍企业文化的是《世界经济》杂志1982年第10期发表的杨斌关于《Z理论》和《日本的管理艺术》两部企业文化著作的评述文章,但是其中并没有出现"企业文化"的字样。"企业文化"一词,从1984年陆续见诸于我国报纸杂志,其中多数文章把企业文化作为一种新的管理方法进行极其简单的介绍。1986年,中国理论界翻译了一批国外学者的企业文化的经典论著,如《Z理论——美国企业界如何迎接日本的挑战》《日本企业管理艺术》《成功之路——美国最佳管理企业的经验》《日本的成功与美国的复兴》等,明确了企业文化的概念。

到1987年,企业文化热潮已经成为出现在中华大地上的若干热潮之一。1987年9月,中国企业管理协会、国务院发展研究中心、中国社会科学院工业经济研究所以及一些企业共同发起在北京召开了第一次全国性的企业文化研讨会。1988年9月和11月,又分别在成都和杭州召开了两次全国企业文化研讨会。1988年年末,由一批长期从事经济和文化建设工作的老同志和企业家、专家学者发起成立了中国企业文化研究会,薄一波为名誉理事长,韩天石担任首任理事长。研究会编辑出版《企业文化》杂志,陆续组织出版了《中国企业文化大辞典》和几十部有关企业文化的著作。

据不完全统计,1988—1991 年 3 年时间,国内报纸杂志上刊载的有关企业文化的文章达 250 余篇;翻译和编著的有关企业文化著作达 20 余种;省市以上单位举办的有关企业文化的研讨会 15 个;举办企业文化为主题的讲习班和讲座 40 余期。而且,中央和有些省市的政府部门相继设置了企业文化理论和应用研究的课题。有些课题,已经形成初步成果,被决策机关所采纳。

2. 中国企业文化理论的发展(20 世纪 90 年代初期到 21 世纪初期)

20 世纪 90 年代初期,"企业文化"一词开始出现在中央领导人的谈话和中央文件中。1992 年邓小平南方谈话把中国市场经济从本质上推到了一个新的阶段。同年,党的十四大报告中明确提出:"我国经济改革的目标,是建立社会主义市场经济体制。"在精神文明建设方面,提出要"搞好企业文化建设"。1993 年,党的十四届三中全会通过了《关于建立社会主义市场经济体制的若干问题的决定》,在关于建立现代企业制度一节中明确提出:"加强企业文化建设,培育优良的职业道德,树立敬业爱厂、遵法守信、开拓创新的精神。"1997 年,党的十五大重新明确了"建设有中国特色社会主义文化"这一概念,使之同建设有中国特色社会主义的经济、政治一起,构成党在社会主义初级阶段的基本纲领,为企业文化的发展再次注入了强大动力,企业文化的理论研究也进入了繁荣发展时期。

在这一时期中,国内研究机构、大学以及一大批专家、学者对企业文化建设的研究逐步深入,中国企业文化建设的理论探讨风气越来越浓,形成了一批具有中国特色的研究成果。如王进主编的《中国社会主义企业文化概论》(1991),张德、刘冀生著的《中国企业文化——现在与未来》(1991),范国兰著的《走出困境的选择——论中国特色的现代企业文化》(1999),魏民洲主编的《中国企业文化小辞库》(1999),等等。

中国企业文化促进会(由中国文学艺术界联合会主管)1994 年成立,先后举办了中国企业文化节、中国企业文化调研、企业文化高层研讨会等活动,2002 年创办《中国企业文化》杂志。

随着国外资本的大量引进,世界 500 强企业大量落户中国,由它们带来的国外先进企业文化理论与中国本土企业文化理论相融合,又进一步推动了中国企业文化建设的理论发展。

3. 中国企业文化理论的日趋成熟(21 世纪初至今)

党的"十六大"以后,党中央又提出了以人为本的科学发展观、建立社会主义和谐社会等一系列重大战略思想。所有这些都为进一步发展和完善企业文化理论提供了有力的条件。

这一时期,国内相关的企业文化著作、刊物和文章日渐丰富。企业文化学的课程体系日益成熟与完善,企业文化教材不断推陈出新。2005 年北京交通大学首开全日制企业文化硕士班,开高校之先河。不少院校工商管理和财经类专业中陆续开设了企业文化课程。与此同时,顺应企业的需要,中国企业文化研究会、中国企业联合会、中国企业文化促进会等学术及社会团体,在高校学者和企业专家的配合下,总结优秀企业文化制胜的经验,建立企业文化示范基地，出版了各种企业文化的案例集，如刘光明著的《中外企业文化案例》（2001），李笑天主编的《中国企业文化建设优秀案例丛书》（2002），中国企业文化促进会推出的《中国特色企业文化建设案例》（2005），罗长海等编著的《企业文化建设个案评析》（2006），等等。另外，对中国传统文化如何促进中国现代企业管理的研究更加深入，例如中国儒家学说、法家学说、道家学说、兵家学说等，都在企业文化理论中有相当的体现，有中国特色的现代企业文化理论呼之欲出。

1.4.2　中国企业文化实践上的成功探索

企业文化理论传入中国之后，在引起理论界关注的同时也迅速引起了企业界的高度重视与推崇。1984年，海尔公司的张瑞敏在企业亏损147万元的情况下，首先提出文化先行、企业理念先行，为中国企业界进行企业文化建设注入了强心针。1985年，广东梅山实业总公司在《职工教育（规划）》中明确提出企业文化建设，1986年，又制定了《企业文化发展战略》。1988年7月15日，公司经理陈煊给著名经济学家于光远写了封信，邀请他参加广州市委组织召开的"企业文化现场研讨会"。于光远于7月30日回了一封信。他们的通信在1988年8月10日的《经济日报》发表，对各地开展企业文化工作产生了积极影响。1988年《中共中央关于加强和改进企业思想政治工作的通知》中提出要"大力培育富有特色的企业精神"。这个通知，在企业文化热的社会背景下，使得"把塑造企业精神作为企业文化抓手"的观念，变成了中国所有企业的共识。许多企业把培育企业精神列入议事日程。如当时常州自行车总厂提出"敢于攀登、质量求新、工艺创新、服务文化"的"金狮"精神，白云山制药厂提出的"爱厂、兴利、求实、进取"精神等。但是，总体而言，这个时候的中国企业文化实践，还是初步的、不成熟的、不完善的和不成体系的。

进入20世纪90年代中期，以企业形象建设为重点，涌现出了一批形成了先进企业文化模式的企业，如海尔、联想、首钢、小天鹅、西安杨森、长安汽车、华为、白云山制药、同仁堂、全聚德等。其中海尔的创新文化、国际化联想的核心价值观、华为的"基本法"等成为企业文化实践探索的优秀代表。这些企业的优秀文化以及它们企业文化建设的经验传向社会，对其他企业也产生了积极的示范作用，同时也为研究者提供了较好的研究示范，"海尔文化激活休克鱼"的实践甚至被收入哈佛研究院的案例库。但是，在这个时期，也有一些企业仍然将企业文化定位在企业的文化活动和企业的一些思想政治工作，对企业文化的认识和理解尚未全完清晰、全面和科学，出现了一些盲目克隆、形式主义的现象。

21世纪，是"文化管理"的时代，也是"文化制胜"的时代。企业文化实践成为企业提高管理水平、提升核心竞争力的自觉行为，企业对相关培训的要求及学习优秀企业经验的愿望越来越强烈。2004年7月，国务院国资委在大庆召开了首次"中央企业企业文化建设研讨交流会"，这次会议紧密结合中央企业的实际，总结交流了中央企业企业文化建设工作的经验，现场参观学习了中石油在大庆的企业开展企业文化建设的做法，研究探讨了企业文化建设工作的有关问题。越来越多的中国企业家开始逐渐重视企业文化建设，让企业文化建设落地的呼声越来越高。在2005年，国务院国有资产监督管理委员会下发了《关于加强中央企业企业文化建设的指导意见》，要求国有企业加大企业文化的建设力度。同年，在国家劳动和社会保障部向社会发布的第三批新职业中，企业文化师被正式确认为国家认可的从业资格，由此国内关于企业文化师的培训如雨后春笋般地快速发展起来，不仅使企业文化的实践探索更加深入，也推动了企业文化理论研究向着更加实用的方向发展。

分析案例

创新——海尔企业文化的核心①

海尔创业以来能够保持高速稳定发展，成为在全球有影响的品牌，一个重要原因是围绕企业的发展目标培育以创新为核心的企业文化，不断激发广大员工为创世界名牌而拼搏的活力。

1. 海尔文化的核心是创新

海尔在24年发展历程中逐渐形成了特色文化体系。海尔文化以观念创新为先导、以战略创新为方向、以组织创新为保障、以技术创新为手段、以市场创新为目标，伴随着海尔从无到有、从小到大、从大到强、从中国走向世界，海尔文化本身也在不断创新、发展。员工的普遍认同、主动参与是海尔文化的最大特色。当前，海尔的目标是创中国的世界名牌，为民族争光。这个目标把海尔的发展与海尔员工个人的价值追求完美地结合在一起，每一位海尔员工将在实现海尔世界名牌大目标的过程中，充分实现个人的价值与追求。

2. 海尔精神、海尔作风不断升级、创新

从1984年到1995年，海尔十年创业，立志要干出中国最好的冰箱的海尔创业者们，发出了"无私奉献、追求卓越"的心声。作为国内最后一家引进冰箱项目的工厂要想后来居上，必须以速度制胜，"迅速反应、马上行动"成为当时全体海尔人一致的工作作风。在这种企业精神和工作作风的推动下，海尔十年创业首战告捷，创出中国家电第一名牌。

1995年，以海尔工业园的落成为标志，海尔创国际名牌战略宣告启动。创中国人自己的国际名牌，成为海尔人此后执着的追求。具有民族意义的企业精神——"敬业报国、追求卓越"，成为海尔人挑战国际名牌的精神底蕴。在这一时期，海尔的工作作风有了更深的价值取向，"迅速反应、马上行动"成为海尔创造比较优势、挑战国际名牌的速度利器，面临资金、技术、人才等巨大差距的海尔，以跨越式赶超为动力，义无反顾地向国际名牌目标冲刺。

在2005年12月，海尔创业21周年之际，为实现全球化品牌战略目标，海尔新的企业精神——"创造资源、美誉全球"应运而生。"创造资源"本质上是创新。与国际顶级企业相比，目前的海尔还不具备资源优势，但在民族精神的支撑下，在创新的旗帜指引下，海尔可以而且能够创造资源，能够拥有自己的核心竞争力；"美誉全球"就是海尔全球化品牌战略阶段的更高目标。海尔在全球各地满足用户需求的综合美誉，就是海尔世界名牌的根本内涵。在这一更高的目标下，"人单合一，速决速胜"就成为海尔工作作风的最新表述。

---

① 资料来源：海尔集团公司.创新——海尔企业文化的核心.中外企业文化，2009(2)：34～38.

"人单合一"是手段，"速决速胜"是目的。每一个战略业务单元(Strategic Business Unit，SBU)都要与市场准确地结合，以速度和精准取胜。

3. 融合多元性的海尔文化正在被海外海尔员工认同

在走出去发展的过程中，由于所在国家和地区的制度、文化、历史等不同，从而增加了跨国经营和管理的复杂性。在解决这些问题上，海尔坚持开放和包容的原则，在海外经营中融入当地文化，尊重当地风俗习惯，使当地员工认同海尔文化，使企业真正在当地扎根生存。

在巴基斯坦海尔工业园内，有当地员工1 000多名，他们信奉伊斯兰教，每天都要祈祷，尤其每个周五，员工都要身着传统服饰，集中进行一次半小时的祈祷。为了满足员工宗教信仰的需求，管理人员特意在厂房边的空地上建起了一个100多平方米的"祈祷室"，为员工提供祈祷场所。

在日本，员工终身受雇佣。"年功序列制度"是日本特殊的用人机制，即根据员工加入公司的年限决定员工的待遇等。日本海尔贸易公司"一方面尊重年功，一方面推进绩效"，确立了"对年功序列和绩效进行双向考核"的机制。

在美国海尔宽敞明亮的车间，生动的海尔文化"EXCELLENT PEOPLE PRODUCE EXCELLENT PRODUCTS"(优秀的产品是优秀的人干出来的)、"CUSTOMER IS ALWAYS RIGHT"(用户永远是对的)等标语既醒目又激人奋进。正在中国海尔风行的员工自己动手以漫画的形式诠释海尔理念的风也刮到了美国。美国海尔员工也通过绘画、写诗等各种不同形式表达自己成为海尔大家庭成员的感受。员工凯尔文·布莱得利画的中途抛锚的汽车表达了对海尔质量理念的理解：1%的质量缺陷对用户来说是100%的灾难。

现在，美国海尔、欧洲海尔、中东海尔、日本海尔，乃至全球的海尔人，在海尔文化的氛围中，激发出了无限的创新活力。正是因为创新的海尔文化已经成为全球海尔人认同的价值观，所以，海尔创全球化品牌的道路越走越宽广。

讨论题：

1. 企业文化可以体现在哪些方面？

2. 海尔的企业文化有哪些可取之处？

3. 海尔公司为什么要培育这种企业文化？

本章小结

1. 企业文化是指在一定的社会大文化环境影响下，经过企业领导者的长期倡导和全体员工的共同认可、实践与创新所形成的具有本企业特色的整体价值观念、道德规范、经营哲学、企业制度、行为准则、管理风格以及历史传统的综合。

2．企业文化的形成很大程度上得益于企业管理的软化趋势，即管理实践由科学管理到文化管理的转变。这种转变源自于日本经济奇迹的启示以及美国经验的总结。而公司经营的国际化、世界各国经济文化的一体化以及知识经济的兴起更加使得企业管理实践进入"文化制胜"阶段。

3．现代管理科学理论发展分为三个阶段，即古典管理理论、行为科学管理、管理丛林阶段。主要以理性管理为主，认为只有数字资料和数学模型才是可信的，只有正式组织和严格的规章制度才是符合效率原则的，但是人们发现很多管理问题仅仅依靠数据分析和严格的外部监督是无法做到的，使得人们开始重视"软要素"的管理，由此产生了企业文化理论。而知识管理的兴起，更是将企业文化理论的研究推向一个新的高度。

4．企业文化理论在中国的发展主要可以分为三个阶段：第一阶段以"引进、传播与评价"为主，大量介绍西方企业文化的研究成果；第二阶段以"比较、特色研究"为主，形成一大批中国自己的研究成果；第三阶段以"理论推广、特色案例研究"为主，企业文化学习、培训、案例成果大量出现。与这三个阶段相伴随的是企业文化实践在中国的蓬勃发展。

复习思考题

1．阐述企业文化的内涵。

2．为什么说日本经济和企业管理的成功为企业文化理论的诞生奠定了重要的实践依据？

3．7S 管理框架对企业文化发展的贡献是什么？

4．知识管理与企业文化的关系是什么？

5．企业文化的理论研究在中国主要经历了哪些阶段？

第 ② 章　企业文化构成

学习目标

　　通过本章的学习，重点掌握企业文化的四层次结构的内涵以及各层次之间的关系，了解企业文化的不同分类方法，把握企业文化的七大特征，理解企业文化的六种功能。

先导案例

中国移动的核心价值观、使命和愿景①

　　中国移动通信集团公司（以下简称中国移动）于 2000 年 4 月 20 日成立，注册资本 3 000 亿元人民币，资产规模超过万亿元人民币，拥有全球第一的网络和客户规模。2012 年位列《财富》杂志世界 500 强 81 位，品牌价值位列全球电信品牌前列。中国移动的成长，离不开其成熟的企业文化体系，由核心价值观、使命、愿景三部分组成。

　　中国移动的核心价值观是"正德厚生，臻于至善"。这一核心价值观既体现了中国移动独有的特质，又阐释了中国移动历来的信仰。

　　"正德厚生"语出《尚书·大禹谟》："德惟善政，政在养民。水、火、金、木、土、谷惟修，正德、利用、厚生，惟和，九功惟叙，九叙惟歌"，是一种在中华大地上传承千年的人文精神，是一种以"责任"为核心要义的道德情操。"正德厚生"是中国移动的行为责任规范。中国移动的员工要以"责任"为安身立命的根本。中国移动在全集团倡导承担责任的自觉意识，鼓励承担责任的自觉行为。中国移动将本着负责任的态度处理好自身与用户、政府、合作伙伴、竞争对手、供应商和员工等各利益相关者的关系。这是中国移动作为一个企业通过承担责任对自身价值的彰显。

　　"臻于至善"源自《大学》："大学之道，在明明德，在亲民，在止于至善"，是一种古已有之，奉行者甚众的事业理念，是一种以"卓越"为核心要义的境界追求。中国移动"臻于至善"的进程，是一个不断进取、上下求索、开拓创新、自我超越的持续提升过程，最终将引领中国移动成为其他企业学习和追赶的标杆。

　　中国移动的企业使命是"创无限通信世界，做信息社会栋梁"。"创无限通信世界"体

---

　　① 资料来源：中国移动通信官网。

现了中国移动通过追求卓越,争做行业先锋的强烈使命感;"做信息社会栋梁"则体现了中国移动在未来的产业发展中将承担发挥行业优势、勇为社会发展中流砥柱的任务。

中国移动的愿景是"成为卓越品质的创造者"。成为卓越品质的创造者,其核心就在于,以客户需求的洞察、挖掘和满足为目标,以企业价值链各环节的持续改善为策略,以人、组织、运营体系的系统结合为基点,从领先的网络质量、精准的计费系统、深入的客户理解、满意的客户服务、创新的业务产品、值得信赖的品牌等多个方面塑造中国移动服务的卓越品质。"成为卓越品质的创造者",是对多年来倾力打造的"移动通信专家"形象的传承和升华。经过多年的辛勤努力,中国移动拥有了全球规模最大、质量最好的无线通信网络,拥有了全球第一的客户群体,拥有了一支高素质的年轻而富有活力的员工队伍,成就了"移动通信专家"的能力和形象,奠定了中国移动创造卓越品质的基石。

2.1 企业文化的结构

由于企业文化既有作为文化现象的内涵又有作为管理手段的内涵,对企业文化结构的认识势必存在差异性。

从文化角度分析,一般认为企业文化分为三部分:一是精神文化部分;二是制度文化部分;三是物化部分,物化部分有人认为亦可把其分为行为文化和器物文化。从管理角度分析,一般认为企业文化内容可分为显性内容和隐性内容,其中企业文化的隐性内容是企业文化的根本,它主要包括企业精神、企业哲学、企业价值观、道德规范等。这些内容是企业在长期的生产经营活动中形成的,存在于企业员工的观念中,对企业的生产经营活动有直接的影响。企业文化的显性内容是指企业的精神以物化产品和精神性行为为表现形式的,能为人们直接感觉到的内容,包括企业设施、企业形象、企业经营之道等。

综合学术界的各种观点,本书认为企业文化的结构应包括精神文化、制度文化、行为文化和物质文化,如图 2-1 所示。

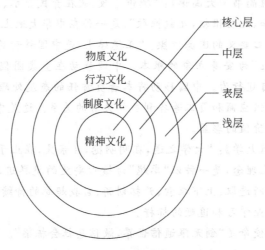

图 2-1　企业文化结构示意图

2.1.1　精神文化

深层精神文化是现代企业文化的核心层,指企业在生产经营中形成的独具本企业特征的意识形态和文化观念,它包括企业价值观、企业宗旨、企业愿景、企业精神和企业伦理等。由于精神文化具有企业的本质特点,故往往由企业在多年的运营过程中逐步形成。

1. 企业价值观

价值观是价值主体在长期的工作和生活中形成的对于价值客体的总的根本性的看法,是一个长期形成的价值观念体系,具有鲜明的评判特征。不管对价值观怎样划分,价值观一旦形成,就成为人们立身处世的抉择依据。企业价值观就是指导企业有意识、有目的地选择某种行为去实现物质产品和精神产品的满足,去判定某种行为的好坏、对错以及是否具有价值或价值大小的总的看法和根本观点。

企业价值观包括两个方面:一是核心价值观,是长期稳定、不能轻易改变的;二是附属价值观,如企业的经营理念、管理理念等,要不断调整以适应环境的变迁。例如,海尔的价值观如下:

企业核心价值观:敬业报国,追求卓越。

质量理念:优秀的产品是优秀的人才干出来的;有缺陷的产品是废品。

服务理念:用户永远是对的;把用户的烦恼降到零。

营销理念:首先卖信誉,其次卖产品。

创新理念:以观念创新为先导、以战略创新为基础、以组织创新为保障、以技术创新为手段、以市场创新为目标。

兼并理念:吃休克鱼、用文化激活休克鱼。

人才理念:人人是人才,赛马不相马。

研发理念:用户的难题就是我们研发的课题;要干就干最好的。

市场理念:只有淡季的思想,没有淡季的市场;市场唯一不变的法则是永远在变。

企业价值观是企业员工用来判断、区分事物好与坏、对与错的标准。它作为企业人员所共享的群体价值观念,也是企业文化的磐石,是企业真正得以成功的精神真髓。企业价值观决定和影响着企业存在的意义和目的,为企业的生存和发展提供基本方向和行动指南,它决定企业的战略决策、制度安排、管理特色和经营风格、企业员工的行为取向,是维系企业运行的纽带。

比如,在福州沃尔玛,一进商场如果你想买什么东西而不知道在哪里,只要你开口问任何一个服务员,她(他)只有一句话"跟我来",把你带到你所需要买的物品的地方,而不像有的超市最多给你指一个方向。在福州沃尔玛,它有四条退货原则:

① 如果顾客没有收据——微笑,给顾客退货或退款;

② 如果你拿不准沃尔玛是否出售这样的商品——微笑,给顾客退货款;

③ 如果商品售出超过一个月——微笑,给顾客退货或退款;

④ 如果你怀疑商品曾被不恰当地使用过——微笑,给顾客退货或退款。

这就是沃尔玛,宁可收回一件不满意的商品,也不愿失去一两个满意的顾客。沃尔玛门庭若市的后面是它的核心价值观——对顾客忠诚。

2. 企业宗旨

企业宗旨是关于企业存在的目的或对社会发展的某一方面应做出的贡献的陈述,有时也称为企业使命。企业宗旨应该包含以下含义:

(1) 企业宗旨实际上就是企业存在的原因或者理由,也就是说,是企业生存的目的定位。不论这种原因或者理由是"提供某种产品或者服务",还是"满足某种需要"或者"承担某个不可或缺的责任",如果一个企业找不到合理的原因或者存在的原因连自己都不明确,或者连自己都不能有效说服,也许可以说这个企业"已经没有存在的必要了"。

(2) 企业宗旨为企业确立了一个经营的基本指导思想、原则、方向、经营哲学等,它不是企业具体的战略目标,不一定表述为文字,但影响经营者的决策和思维。这中间包含了企业经营的哲学定位、价值观凸显以及企业的形象定位:我们经营的指导思想是什么? 我们如何认识我们的事业? 我们如何看待和评价市场、顾客、员工、伙伴和对手? 等等。

(3) 企业宗旨是企业生产经营的形象定位。企业宗旨中关于企业经营思想的行为准则的陈述,有利于企业树立一个特别的、个性的、不同于其他竞争对手的企业形象。诸如"我们是一个愿意承担责任的企业""我们是一个健康成长的企业""我们是一个在技术上卓有成就的企业"等。良好的社会形象是企业宝贵的无形财产。以下是一些企业的企业宗旨的实例:

小案例

企 业 宗 旨

曾经业务多元化的万科从1994年开始,致力于将多元化转型专业化的道路。王石用一句话——"中国城市住宅开发商、上市蓝筹、受尊敬的企业",就把万科是什么、行业地位、客户口碑说得一清二楚,把万科的企业宗旨明确了。

2000年前后,随着企业的成熟和规模的发展,微软公司重新也是更精确地表达了自己的使命:创造优秀的软件,不仅使人们的工作更有效率,而且使人们的生活更有乐趣。从这个精准的企业宗旨阐述中可以看出:微软只做软件,是一家"不制造计算机的计算机公司",微软认为"乐趣"与"效益"同样会给企业带来机会。

企业宗旨足以影响一个企业的成败。彼得·德鲁克基金会主席、著名领导力大师弗兰西斯女士认为:一个强有力的组织必须要靠使命驱动。企业的使命不仅回答企业是做什么的,更重要的是为什么做。崇高、明确、富有感召力的使命不仅为企业指明了方向,而且使企业的每一位成员明确了工作的真正意义,激发出内心深处的动机。

3. 企业愿景

"愿景"这一概念是美国管理大师彼得·圣吉提出的。他在《第五项修炼》中提出构建学习型组织的修炼方法之一就是构筑共同愿景（shared vision）。

何为"愿景"？ 愿即意愿，有待实现的愿望；景即景象，具体生动的图景。愿景是主体对于自己想要实现目标的刻画。"愿景"有时也被称为"远景"，但是两者略有区别。"愿景"带有所向往的前景之意，而"远景"更侧重于长远目标之意。

"共同愿景"是组织中人们所由衷向往、共同分享的意愿和景象，它能激发起内部成员强大的精神动力。

企业愿景就是企业全体人员内心真正向往的关于企业的未来蓝图，是激励每个成员努力追求和奋斗的企业目标。相对于企业核心价值观中所涉及的终极目标而言，企业愿景更清晰和具体，有更多"量化"的成分，也融入了更强烈的竞争意识。例如：

（1）微软：让世界上每一台电脑都因为微软而转动。

（2）波音：领导航空工业，永为航空工业的先驱。

（3）海尔：中国的世界名牌，进入全球 500 强。

心有多大，舞台就有多大。一个企业能成为什么样的组织取决于所描绘的企业愿景，目标高低影响了未来所能达到的高度，企业愿景可以鼓舞人心，激励斗志。尽管目标是"争取第一"，并不一定能实现，但如果企业的目标只是"保持中等"，那几乎可以肯定与第一无缘。此所谓："取法乎上，仅得其中；取法乎中，仅得其下。"

企业愿景、企业宗旨与企业核心价值观这三者从本质上是一致的（图 2-2），彼得·圣吉指出：愿景若是与人们每日信守的价值观不一致，不仅无法激发真正的热忱，反而可能因挫败、失望而对愿景抱以嘲讽的态度。企业价值观是企业在向愿景迈进时，全体成员必须认同的观念和必须自觉遵守的行为准则，是企业愿景得以追求和实现的思想保证。企业宗旨是在界定了企业愿景概念的基础上，进而把企业宗旨具体地定义到回答企业所进行的经营活动的这个范围或层次。也就是说，企业宗旨只具体表达企业在社会中的经济身份或角色，在社会领域里，该企业是分工做什么的，在哪些经济领域里为社会作贡献。企业愿景包括企业宗旨，企业宗旨是企业愿景中具体说明企业经济活动和行为的理念，如果要分开来表述企业愿景和企业宗旨，企业愿景里就应不再表达企业经济行为的领域和目标，以免重复或矛盾。

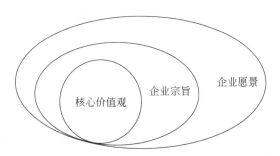

图 2-2　核心价值观、企业宗旨与企业愿景三者的关系

4. 企业精神

企业精神是企业在整体价值观体系的支配和滋养下，在长期经营管理中经精心培养

而逐渐形成的，是全体成员共同意志、彼此共鸣的内心态度、意志状况、思想境界和理想追求。企业精神是企业文化的重要组成部分，是企业文化发展到一定阶段的产物。企业精神与企业价值观存在着十分密切的联系：企业精神是在价值观支配指导下精心培育的，企业价值观是企业精神形成、塑造的基础和源泉。同时，二者也有明显的区别：价值是一种关系范畴，先进的价值观是以正确反映这种关系为前提的，价值观更强调人们认知活动的理性一面；而精神是一种状态范畴，描述的是员工的主观精神面貌，它更强调人们基于一定认知基础上，在实践行动中表现出来的情绪、心态、意志等精神状况。

国内外的许多成功企业都有自己独特的企业精神。例如：

(1) 本田企业精神：追求技术与人的结合，而不仅仅是生产摩托车。人要有创造性，绝不模仿别人；要有世界性，不拘泥于狭窄地域；要有接受性，增强相互之间的理解。

(2) 松下企业精神：生产报国、光明正大、团结一致、力争上游、文明礼貌、顺应潮流、报恩报德。

(3) 同仁堂企业精神：同修仁德，济世养生。

(4) 三一集团企业精神：自强不息，产业报国。

企业精神渗透于企业生产经营活动的各个环节之中，它能给人以理想和信念，给人以鼓舞和荣誉，也给人以引导和约束。企业精神的实践过程即是一种员工共同意识的信念化过程，其信念化的结果，会大大提高员工主动承担责任和修正个人行为的自觉性，从而主动地关注企业的前途，维护企业的声誉，自觉为企业贡献自己的力量。企业精神是企业进步的推动力量，是企业永不枯竭的"能源"。

5. 企业伦理

企业伦理，又称为企业道德，是指人类社会依据对自然、社会和个人的认识，以是非、善恶为标准，调整人与社会关系的行为规范和准则。

在当今时代，如果企业只追求利润而不考虑企业伦理，则企业的经营活动会越来越为社会所不容，必定会被时代所淘汰。也就是说，如果在企业经营活动中没有必要的伦理观指导，经营本身也就不能成功。树立企业伦理的观念，体现了重视企业经营活动中人与社会要素的理念。例如，美国曼维尔公司曾经销售过一种名为弗莱克斯Ⅱ型板材的产品，这是一种水泥建筑板材，这种新产品在安装后开始出现裂缝。该公司最后决定建立一个特别工作组，与在 125 个销售处购买过这种产品的 580 个客户联系，花了 2 000 万美元为客户调换板材，不管这些板材是否出了问题。虽说曼维尔公司在短期内付出了昂贵的代价，但是赢得了建筑商的信任。

企业伦理是由经济基础决定的，也受民族文化和社会文化的影响，具有历史性和具体性。不同企业的道德标准可能不一样，即使是同一企业，也可能在不同的时期有不同的伦理道德标准。它是企业文化的重要内容之一，是一种特殊的意识形态，贯穿于企业经营活动的始终和管理活动的各个层面，对企业文化的其他因素以及整个企业运行质量都有深刻的影响。

2.1.2　制度文化

制度文化也叫企业文化的制度层,它在企业文化中居中层,是具有本企业文化特色的各种规章制度、道德规范和职工行为准则的总称,是企业为实现自身目标对员工的行为给予一定限制的文化,它具有共性和强有力的行为规范的要求。

企业制度文化的规范性是一种来自员工自身以外的,带有强制性的约束,它规范着企业的每一个人,企业工艺操作规程、厂规厂纪、经济责任制、考核奖惩制度都是企业制度文化的内容。具体来讲,企业制度文化包括以下三个方面。

1．一般制度

这是指企业中存在的一些带普遍意义的工作制度和管理制度,以及各种责任制度。这些成文的制度及不成文的企业规范和习惯,对企业员工的行为起着约束的作用,保证整个企业能够分工协作,井然有序地运转。例如员工日常行为规范、劳动人事管理制度、财务管理制度、物资供应管理制度、设备管理制度、服务管理制度、岗位责任制度等。

2．特殊制度

主要指企业的非程序化制度,如总结表彰会制度、员工评议制度、企业成立周年庆典制度,等等。同一般制度比,特殊制度更能反映一个企业的管理特点和文化特色。企业文化贫乏的企业,往往忽视特殊制度的建设。

3．企业风俗

主要指企业长期相沿、约定俗成的典礼、仪式、行为习惯、节日、活动等,如定期举行文体比赛、周年庆典等。与一般制度、特殊制度不同,企业风俗不是表现为准确的文字条目形式,也不需要强制执行,而是完全依靠习惯、偏好的势力维持。它可以自然形成,也可以人为开发,一种活动、一种习俗,一旦被全体员工所共同接受并沿袭下来,就成为企业风俗中的一种。

企业制度文化是人与物、人与企业运营制度的结合部分,它既是人的意识与观念形成的反映,又是由一定物的形式所构成。制度文化既是适应物质文化的固定形式,又是塑造精神文化的主要机制和载体。企业精神所倡导的一系列行为准则,必须依靠制度的保证去实现,通过制度建设规范企业成员的行为,并使企业精神转化为企业成员的自觉行动。正是由于制度文化这种中介功能,它对企业文化的建设具有重要的作用。

2.1.3　行为文化

企业的行为文化又称为企业文化的行为层,它是指企业员工在生产经营、学习娱乐中产生的活动文化,它包括企业经营、教育宣传、人际关系活动、文娱体育活动中产生的文化现象。以下都是企业行为文化的表现,诸如:向客户提交产品是否按时和保证质量,对客户服务是否周到热情,上下级之间以及员工之间的关系是否融洽,各个部门能否精诚合作，在工作时间、工作场所人们的脸上洋溢着热情、愉悦、舒畅还是正好相反……它是企业经营作风、精神面貌、人际关系的动态体现，也折射出企业精神和企业的价值观。

从人员结构上划分，企业行为包括企业家行为、企业模范人物行为和企业员工行为。

1. 企业家行为

在市场竞争中，没有什么比"企业家是企业的灵魂"这句话更能说明企业家在企业中的作用了。企业家将自己的理念、战略和目标反复向员工传播，形成巨大的文化力量；企业家艺术化地处理人与工作、雇主与雇员、稳定与变革、求实与创新、所有权与经营权、经营权与管理权、集权与分权等关系；企业家公正地行使企业规章制度的"执法"权力，并且在识人、用人、激励人等方面成为企业行为规范的示范者；企业家与员工保持良好的人际关系，关心、爱护员工及其家庭，并且在企业之外广交朋友，为企业争取必要的资源。优秀的企业家通过一系列的行为将自己的价值观在企业的经营管理中身体力行，导而行之，推而广之，以形成企业共有的文化理念、企业传统、风貌、士气与氛围，也形成独具个性的企业形象，以及企业对社会的持续贡献。

2. 企业模范人物行为

企业模范人物是企业的中坚力量，他们来自于员工当中，比一般员工取得了更多的业绩，他们的行为常常被企业员工作为仿效的行为规范，他们是企业价值观的"人格化"显现。员工对他们感觉很亲切，不遥远、不陌生，他们的言行对员工有着很强的亲和力和感染力。企业应该努力发掘各个岗位上的模范人物，大力弘扬和表彰他们的先进事迹，将他们的行为"规范化"。将他们的故事"理念化"，从而使企业所倡导的核心价值观和企业精神得以"形象化"，从而在企业内部培养起积极健康的文化氛围，用以激励全体员工的思想和行动，规范他们的行为方式和行为习惯，使员工能够顺利完成从"心的一致"到"行的一致"的转变。

3. 员工行为

企业员工是企业的主体，企业员工的群体行为决定企业集体的精神风貌和企业文明的程度。企业员工群体行为的塑造是企业文化建设的重要组成部分。要通过各种开发和激励措施，使员工提高知识素质、能力素质、道德素质、勤奋素质、心理素质和身体素质，将员工个人目标与企业目标结合起来，形成合力。

小案例

企业的行为文化

某企业创造性地提出"99＋1＝0"的企业行为文化，99代表每天所做的事情，1代表可能出现的缺点失误或不足。一句话：1的细节对99来说就是问题，这正是99＋1＝0的管理思想含义。

例如，融入人事行政事务中，让"99＋1＝0"出效率，订立凡是员工来人事行政部办事，都实行一次了解，接待或沟通完毕，能当场解决的，绝不留到第二天；不能即时解决的，作出记录并给予明确的时间答复。否则就好比做了 99 件事，但最后一件事情没做好，就等于效率为零。

融入生产管理中，追求"99＋1＝0"缺陷，生产岗位上运用作业指导书，对工序环节检验等操作实行互相提示，绝不留有缺陷的在制产品到下工序。同时，让配套服务，如送物料交接，都逐一清晰，不但实物与单据责任到位，而且把问题控制在发生处。

在实际工作中可列举出几个例子：某质检员在包装车间巡检发现正在包装的产品外观有深浅不同的样子，凭借经验，他认为"对校板"存在偏差，这是最容易出问题的地方，这位质检员即时找到该班组长，请其不要打包和封胶纸，并让核查的质检员过来，向其说明不放行的理由，这是对事不是对人，最后检查出十多箱产品存在质检不确定的情况，重新进返检，直至确定合格为止。

又比如，一个新进的员工提供入职的健康检查证明，刚好过了一年时间，按企业入职制度规定，有效的健康证明是一年，入职前体检自行承担费用，入职后的体检费用由企业承担。人事专员立即把情况向经理汇报，既然办理了入职手续，也可确认为企业员工，应体现一视同仁，由人事专员安排第二天带这位员工去做体检，费用由企业承担。这位员工很感动，并介绍了原来工作过的员工到这间企业，成为口碑传播。

事实上，运营管理细化到过程的每一个环节，不仅仅是责任所必须，做到实处是关键。细节是根本。这个"1"的问题深入人心，并成为员工良好的工作习惯和作风，全面提高了企业的运作效率，有助于实现企业的既定目标。

2.1.4 物质文化

企业物质文化，也叫企业文化的物质层，是企业员工创造的产品和各种物质设施等所构成的器物文化。外层的物质文化是企业员工的理想、价值观、精神面貌的具体反映，所以尽管它是企业文化的最外层，但它却集中表现了一个现代企业在社会上的外在形象。因此，它是社会对一个企业总体评价的起点。

物质文化的载体是指物质文化赖以生存和发挥作用的物化标志。它主要体现在以下几类：

（1）企业产品：现代意义的产品概念是指人们向市场提供的能够满足消费者或用户某种需求的任何有形产品和无形服务。有形产品主要包括产品实体及其品质、特色、式样、品牌和包装；无形服务包括可以给买主带来附加利益和心理上的满足感及信任感的售后服务、保证、产品形象、销售者声誉等。现代产品的整体概念由核心产品、形式产品和扩大产品三个基本层级组成，如图 2-3 所示。产品的这些要素是企业文化的具体反映。在日益激烈的市场竞争中，有形产品和无形服务中所蕴含的文化因素，已经成为竞争的主要手段。

（2）企业名称、标志、标准字、标准色、厂徽、厂旗、厂歌、厂服，这是企业物质文化的最集中的外在体现。最典型的麦当劳的红黄两色，因为是红灯和黄灯的颜色，让人看到就会潜意识地停步。

（3）企业外貌：自然环境、建筑风格、办公室和车间的设计及布置方式、企业的标志

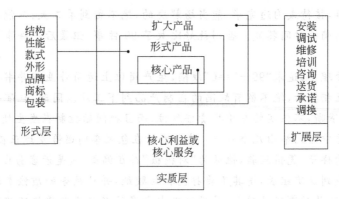

图 2-3   现代产品的三个基本层次

资料来源：刘志迎.企业文化通论.合肥：合肥工业大学出版社,2004：114.

性建筑(如厂区雕塑、纪念碑、英模塑像等)、绿化美化情况、污染的治理等是人们对企业的第一印象,这些无一不是企业文化的反映。

(4) 企业对员工素质形成的实体手段：指企业对员工在生产经营活动中的劳动所建立的必要的保健、卫生、安全等设施,以及为提高员工文化知识、科学技术素质所建立的必要的技术培训、职业教育、文化教育传播网络等,如企业报纸、企业刊物、企业宣传栏、企业招贴画等。

2.1.5 企业文化各层次之间的关系

首先,精神层次决定了行为层、制度层和物质层。精神层一经形成,就处于比较稳定的状态,精神层是企业文化的决定因素,有什么样的精神层就有什么样的物质层。

其次,制度层是精神层、物质层和行为层的中介。精神层直接影响制度层,并通过制度层影响物质层和行为层。企业文化通过一系列的规章制度、行为准则来体现企业特有的价值观。在推行或实施这些规章制度和行为准则的过程中,从而形成独特的物质层,并以特有的价值取向反映在其行为中。制度层的中介作用,使得许多卓越的企业家都非常重视制度层的建设,使它成为本企业的重要特色。

最后,物质层和行为层都是精神层的体现。精神层虽然决定着物质层、制度层和行为层,但精神具有隐性的特征,它必须通过一定的表现形式来体现,它的精神活动也必须付诸实践。物质层和行为层以其外在的形式体现了企业文化的水平、规模和内容。企业文化的物质层和行为层还直接影响员工的工作情绪,直接促进企业哲学、价值观念、道德规范的进一步成熟和定型。

企业文化的物质层、行为层、制度层和精神层密不可分,它们相互影响、相互作用,共同构成企业文化的完整体系。其中,企业的精神层是最根本的,它决定着企业文化的其他三方面。因此,我们研究企业文化的时候,要紧紧抓住精神层的内容,只要抓住了精神层,企业文化的其他内容就被顺理成章地揭示出来。

2.2　企业文化的类型

企业文化可以从各种不同的角度去研究、划分，从而得出各种不同的企业文化类型。

2.2.1　迪尔和肯尼迪的四种类型

1982 年 7 月，美国哈佛大学教授特雷斯·迪尔（Terrence E. Deal）和麦肯锡咨询公司顾问阿伦·肯尼迪（Allan Kennedy）出版了《企业文化——现代企业的精神支柱》一书。书中指出，企业文化的类型，取决于市场的两种因素：其一是企业经营活动的风险程度；其二是企业及其雇员工作绩效的反馈速度。由市场环境决定的四种企业文化类型分别是以下几种。

1. 强悍型文化

这种文化形成于高风险、快反馈的企业，如建筑、整容、广告、影视、出版、体育运动等方面的企业。这种企业恪守的信条是要么一举成功，要么一无所获。因此，员工们敢于冒险，都想成就大事业。而且，对于所采取的行动正确与否，能迅速地获得反馈。

2. 工作娱乐并重型文化

这种文化形成于风险极小、反馈快的企业，如房地产经纪公司、计算机公司、汽车批发商、大众消费公司等。这些行业生产和销售的好坏，很快就能知道，但真正的风险并不大。这种企业文化奉行拼命地干、痛快地玩的信念，对于工作和生活都很重视认真，行动迅速，群体协作精神较强，适合于完成工作量大且须反复调整的工作。

3. 赌注型文化

这种文化形成于风险大、反馈慢的企业，如石油开采、航空航天方面的企业。企业所做决策承担的风险很大，但却要在几年之后才能看到结果。其信念是注重未来、崇尚试验，好的构想一定要给予机会去尝试、发展。

4. 按部就班型文化

这种文化形成于风险小，反馈慢的企业，如银行、保险公司、金融服务组织、公共事业公司等。这种企业的员工几乎得不到任何反馈，由于员工很难衡量他们所作所为的价值，因此，人们关心的只是"怎样做"，人人都追求技术上的完美、工作上的有条不紊，极易产生官僚主义。

四种企业文化类型的具体特征见表 2-1。

迪尔和肯尼迪对企业文化的划分方式，在现实中不可能有如此典型的企业。任何一个企业，往往是四种类型的混合。比如市场部是强悍型文化，生产部和销售部是工作娱乐并重型文化，研发部是赌注型文化，而会计部是按部就班型文化。

表 2-1　四种文化类型的特征

文化类型	特　　　征
强悍型文化	强调工作的快节奏，让人感到极度的紧张 强调快速反馈，甚至不惜冒风险行事 奉行个人英雄主义，企业文化主体的代表一般是年轻者 强调追求最佳、最大和最杰出的超人境界 轻视合作，急功近利，不能容忍厚积薄发的稳健型的人 短期失利者没有生存的余地，因而人才流动率很高，难以形成企业必须有的凝聚力
工作娱乐并重型文化	工作环境轻松，员工彼此之间宽宏大度 员工思想极度活跃，很少有禁锢人的禁忌 强调员工坚忍不拔的毅力，并不强调让员工承担风险 强调顾客价值的优先性，以为顾客提供良好的服务和需求的满足为重点 强调集体行动，相互之间能友好亲近相处 强调凭激情和直觉做事
赌注型文化	强调鼓励员工冒险，鼓励员工创新 看不起按部就班，循规蹈矩的人 强调用充分的信心来诱导自己的行为，彼此之间总是以信心来鼓励他人的行动 强调放眼未来，不拘于一时一事的得失，要对未来进行投资 发展波动相对较大
按部就班型文化	强调安定，把降低风险，保障稳定放在首位 强调按科学规律办事，大事小事都是先建章、定规，后行事 重质量，轻速度，宁可牺牲发展，也要追求一种完美 拘于工作的每一个细节，但却可能忽视工作的方向 人们很少有激情，完全靠理性来支配自己的行动

2.2.2　卡迈隆和奎因的四种类型

卡迈隆和奎因(Cameron & Quinn)认为，企业文化通过组织所信奉的价值观、主导性的领导方式、语言和符号、过程和惯例以及成功的定义方式来得到反映。他们提出了竞争性价值观框架(competing values framework，CVF)。CVF有两个主要的成对维度(灵活性—稳定性和关注内部—关注外部)(图2-4)。

图2-4中的四个象限代表不同类型的企业文化，分别被命名为宗族型(clan)、活力型(adhocracy)、层级型(hierarchy)和市场型(market)。该模式从20世纪90年代开始在世界范围内被广泛应用，逐渐成为一种国际上比较权威的企业文化分析工具。

2.2.3　科特和赫斯科特的三种类型

哈佛商学院的两位著名教授约翰·科特(John P. Kotter)和詹姆斯·赫斯科特(James L. Heskett)于1987年8月至1991年1月，先后进行了四个项目的研究，依据企业文化与组织长期经营之间的关系，将企业文化分为以下三类。

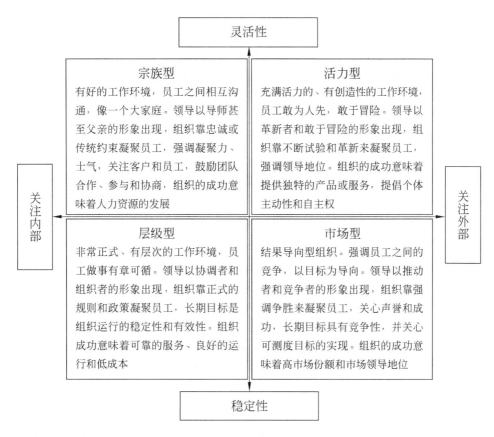

图 2-4　卡迈隆和奎因的竞争性价值观框架

资料来源：Kim S. Cameron, Robert E. Quinn. Diagnosing & Changing Organizational Culture: Based on the Competing Values Framework, Addison Wesley Press, 1998.

1. 强力型企业文化

在具有强力型企业文化的公司中，几乎所有的经营管理层的人员都有基本一致的价值观念和经营方法，他们习惯于协调一致，通力合作按某一经营方向努力。这种协调性、积极性、组织性及统一领导有助于企业业绩的增长，但这要求企业处在稳定的市场经营环境中，企业的最终行为与企业经营策略相一致。企业的新成员会很快接受这些观念、方法。如果企业管理人员违反了公司的价值观念和行为规范，不仅上司，而且下属也会去纠正他。具有强力型企业文化的公司往往将公司的一些价值观念公布出来，要求公司内所有人员遵守。

IBM 公司是强力型企业文化的典型代表。20 世纪 30 年代中期，这家公司的员工就以其热爱企业、积极工作的良好形象闻名于世。公司内部所有的员工在工作上体现出来的价值观有着惊人的一致性，IBM 价值观的三个基本点是：①公司每一位成员的尊严和权利必须受到尊重；②为在世界各地使用本公司产品的消费者提供上乘的服务；③为达到公司目标，采用最佳经营方式来进行每一项业务活动。IBM 的前总裁小沃森曾发表演讲："就企业相关经营业绩来说，企业的基本经营思想、企业精神和企业目标远远比技术资源或经济资源、企业结构、发明创造及随机决策重要得多。当然，所有这些因素都极大地影响着企业经营的业绩。但我认为，它们无一不是源自企业员工对企业基本价值观念的信仰程度，同时源自他们在实际经营中贯彻这些观念的可信程度。"

2. 策略合理型企业文化

这类企业强调企业文化与企业环境的匹配性。在企业中，不存在抽象的、好的企业文化内涵，也不存在任何放之四海而皆准、适合所有企业的"克敌制胜"的企业文化。只有当企业文化"适应"于企业环境时，这种文化才是好的、有效的文化，才能发挥其最大的功能，改善企业经营状况。

通过对沃尔玛公司和 J.C. 苯尼公司 20 世纪七八十年代的企业文化和市场协调性的比较更能体现出策略合理型企业文化的实质内涵。在创业初期，这两家公司都重视让顾客满意、提倡创业精神并重视员工待遇，因而企业经营绩效都有突飞猛进的发展。然而，在 20 世纪 70 年代末期，这两家公司的企业文化与企业经营环境出现了极为明显的差异。沃尔玛公司的经理人员设法吸引和激励优秀的经营人才，致力于改进企业的经营方式，要求员工行为举止大方、得体，竭诚为顾客提供多层面的服务，企业依然保持着创始者节俭、创新、关心员工的优良传统。而在同一时期，苯尼公司的经理人员虽然也强调提高员工待遇、为顾客提供优质服务，但声势已大不如前。他们引进刻板的员工业绩考核标准、代价很高的官僚运营体系，公司中盛行以裙带关系为主的职位晋升方式。两相比较，沃尔玛公司拥有一种与企业经营环境更协调的企业文化，其所确立的价值观念、行为方式在众多的竞争者中更适应消费者的需要，更适合劳动市场的环境变化。沃尔玛公司就是策略合理型企业文化的典型代表。

3. 灵活适应型企业文化

这种文化是指："那些能够使企业适应市场经营环境变化，并在这一适应过程中领先于其他企业的企业文化，才会在较长时期与企业经营业绩相联系。"市场适应度高的企业文化必须具有同时在公司员工个人生活中和公司企业生活中都提倡信心和信赖感、不畏风险、注重行为方式等特点，员工之间相互支持，勇于发现问题、解决问题。员工有高度的工作热情，愿意为组织发展牺牲一切。

3M 公司比其他企业更明确地提倡一种适应市场环境变化的企业文化，因此被认为是这一文化类型的典范。多年来，3M 公司的经营管理人员一直注重保持新型产品在公司的销售额中占一定比例。3M 公司的企业文化氛围注重对新产品项目开发的投资和帮助，即便这些创意、思想是由公司的基层员工提出的也同样能够得到资助。3M 公司对于自己公司敢于公开提倡新思想、新观念，并敢于承担风险的企业文化风格引以为豪。通过这一过程，公司开拓出许多新的业务领域。

科特和赫斯科特对于三种企业文化类型的分析，建立在广泛的实证研究的基础上，对企业文化建设有实际指导意义。同时，科特和赫斯科特指出各种类型的企业文化都有优势，这三种理论观点本身并不存在根本性的冲突，应该把它们结合起来。

2.2.4 梅泽正和上野征洋的四种类型

日本学者梅泽正和上野征洋以行动基本方向与对待环境的态度为横纵坐标,把企业文化类型分为自我革新型、重视分析型、重视同感型、重视管理型,如图 2-5 所示。

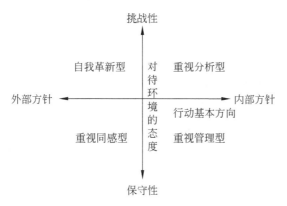

图 2-5 梅泽正和上野征洋的企业文化类型分类

(1) 自我革新型:适应市场变化,重视竞争与挑战,不断自我变革。

(2) 重视分析型:重视企业发展的各种因素,生产效率、管理效率被立为大政方针。

(3) 重视同感型:重视市场地位的稳定和客户满意度,回避风险、重视安稳。

(4) 重视管理型:注重企业内部规范,以及与竞争对手之间的关系协调,重视风险回避和安稳地位。

2.3 企业文化的特征与功能

2.3.1 企业文化的特征

企业文化的特征是指企业文化本身所具有的内在的、本质的特色表现。我们所说的企业文化的特征应该是企业文化都具有的共性的特征。

1. 客观性

企业文化是客观存在的,是不以人的意志为转移的。在实践中,企业文化是与企业同步产生的,无论是泰勒所处的科学管理时代的企业,还是现代知识经济时代的企业,都有自己的企业文化。企业文化的核心是价值观,任何企业都是在一定的价值观或企业理念的指导下,形成自己的管理思想、管理方式和手段,每个企业呈现出不同的发展战略、组织氛围、群体意识、制度规范、企业形象和沟通渠道,这些便构成了企业独特的文化特征。

2. 稳定性

居核心地位的价值观的形成往往需要很长时间,需要先进人物的楷模作用,需要一些引发事件，需要领导者的耐心倡导和培育等。企业价值观一旦形成，就会变成企业发展的灵魂，不会朝令夕改，不会因为企业产品的更新、组织机构的调整和领导人的更换而发生迅速的变化，一般来说，它会长期在企业中发挥作用。

当然，企业文化的稳定性也是相对的，根据企业内外经济条件和社会文化的发展变化，企业文化也会不断地得到调整、完善和升华。"适者生存，优胜劣汰"，企业文化是在不断适应新的环境中得以进步并充满生机和活力的。

3. 开放性

优秀的企业文化具有全方位开放的特征，它绝不排斥先进管理思想及有效经营模式的影响和冲击。企业文化的开放性，将促进企业文化的发展。通过引进、改造、吸收其他企业的文化，促使自身发育成长，不断完善。企业文化的开放性，必然导致外来企业文化与本土企业文化、现代企业文化与传统企业文化的交融与整合，这也正是建设具有自身特色的企业文化的契机。

4. 非强制性

企业文化不是强调个体遵守各种硬性的规章制度和纪律，而是强调文化上的"认同"，强调人的自主意识和主动性，通过启发人的自觉意识来达到自控和自律。当然，非强制之中也包含有某种"强制"，即软性约束，违背企业文化的言行是要受到舆论谴责或制度惩罚的。所以威廉·大内说：这种文化可以部分地代替发布命令和对工人进行严密监督的专门办法，从而既能提高劳动生产率，又能发展工作中的支持关系。可见，企业文化与传统管理对人的调节方式不同，传统管理主要是外在的、硬性的制度调节；企业文化主要是内在的文化自律与软性的文化引导。

5. 独特性

世界上没有两片完全相同的树叶。企业文化是一个企业独特精神和风格的具体反映，它以其鲜明的个性区别于其他企业。这是因为企业生存的社会、地理、经济等外部环境，以及企业所处行业的特殊性、自身经营管理特点、企业家的个人风范和员工的整体素质等内在条件各不相同，所以企业文化会呈现出不同的特点。

6. 渗透性

企业文化的核心是价值观念，它是无形的，因而它的存在、传播和作用需借助于各种具体形式和载体，如企业的各种活动、制度和物质环境等，不能将本质内容和形式载体混为一谈。真正被员工认同和实践的价值观念具有极强的渗透性，它无处不在，渗透于企业的每一个层面、每个角落。正如《企业管理新谋略》一书中所描述的："它不是指知识修养，而是指人们对知识的态度；不是利润，而是对利润的心理；不是人际关系，而是社交方式；不是运动会的奖牌，而是奖牌所折射出来的荣誉观；不是新闻，而是对新闻的评论；不是舒适优美的工作环境，而是对工作环境的感情；不是企业的管理活动，而是造成那种管理方式的原因。总之，企业文化是一种渗透在企业一切活动之中的东西，它是企业的美德所在。"

7. 系统性

企业文化具有整体性、全方位性，是从企业群体的精神文化、制度文化、行为文化、物质文化等方面全方位展开的。这些要素在企业内部不是单独发挥作用，而是经过相互作用和联系，融合成为一个有机的整体。"整体大于局部的总和"的原则在此完全适用。企业文化内各种因素一旦构成自身强有力的文化，就会发生难以估量的作用。

2.3.2 企业文化的功能

企业文化作为一种理性和自觉的文化，对企业、企业内部员工乃至整个社会都会产生影响和发挥作用，这就是企业文化的功能。认识、把握、实现企业文化的特定功能，正是研究企业文化的根本目的。

1. 企业价值的导向功能

企业文化的导向功能，主要是通过企业文化的塑造来引导企业成员的行为心理，使人们在潜移默化中接受共同的价值观念，自觉自愿地把企业目标作为自己的追求目标。

企业文化的导向功能具体体现在：一是规定企业行为的价值取向；二是明确企业的行动目标；三是建立企业的规章制度。正如迪尔和肯尼迪在《企业文化》一书中反复强调："我们认为人员是公司最伟大的资源，管理的方法不是直接用电脑报表，而是经由文化暗示，强有力的文化是引导行为的有力工具，它帮助员工做到更好。"

2. 企业主体的凝聚功能

企业文化有同化、规范和融合作用，这三种作用的综合效果，就是企业文化的凝聚功能。

这种功能通过以下两方面得以体现，一是目标凝聚，即企业目标以其突出、集中、明确和具体的形式向员工和社会公众表明企业群体行为的意义，成为企业全体员工努力奋斗的方向，从而形成强大的凝聚力和向心力；二是价值凝聚，即通过共同的价值观，使企业内部存在着共同的目的和利益，使之成为员工的精神支柱，从而把员工牢牢联结起来，为了实现共同理想而聚在一起。

3. 员工士气的激励功能

企业文化中的员工士气激励功能，是指企业文化以人为中心，形成一种人人受重视、人人受尊重的文化氛围，激励企业员工的士气，使员工自觉地为企业而奋斗。

企业文化的激励功能具体体现在：

（1）信任鼓励。只有使员工感到上级对他们的信任，才能最大限度地发挥他们的聪明才智。

（2）关心鼓励。企业各级主管应了解其下属的家庭和思想情况，帮助解决他们在工作和生活上的困难,使员工对企业产生依赖感,充分感受到企业的温暖,从而为企业尽力尽责。

(3) 宣泄鼓励。企业内部上下级之间不可避免地要时常产生矛盾和不满,管理者要善于采取合适的方式,让员工消气泄愤,满足其宣泄的愿望,使他们能心平气和地为企业工作。

4. 思想行为的约束功能

约束功能也叫规范功能,是指企业文化对企业员工的思想、心理和行为具有约束和规范作用。企业文化的约束功能主要是通过完善管理制度和道德规范来实现。

第一,有效规章制度的约束,这是一种"刚性"的约束。企业制度是企业文化的内容之一。企业制度是企业内部的法规,在规章制度面前人人平等,企业的领导者和企业职工必须遵守和执行,从而形成约束力。

第二,道德规范的约束,这是一种"柔性"的约束。道德规范是从伦理关系的角度来约束企业领导者和职工的行为。比如同仁堂药店"济世养生、精益求精、童叟无欺、一视同仁"的道德规范约束着全体员工必须严格按工艺规程操作,严格质量管理,严格执行纪律。如果人们违背了道德规范的要求,就会受到舆论的谴责,心理上会感到内疚。

5. 社会影响的辐射功能

企业文化的辐射功能,是指企业文化一旦形成,它不仅在企业内部发挥作用,对本企业员工产生影响,而且也会通过各种渠道对社会产生影响。企业文化对社会影响的辐射功能主要是通过以下途径来实现的:

(1) 通过企业精神、价值观、伦理道德向社会扩散,与社会产生某种共识,并为其他企业或组织所借鉴、学习和采纳。

(2) 通过产品这种物质载体向社会辐射。正如我们是通过瑞士手表大方的外观、上乘的质量去了解瑞士国民的质量意识。

(3) 通过员工的思想行为和服务所体现的企业精神和价值观,向社会传播和扩散企业文化。

(4) "为了辐射而辐射。"它具有针对性,通过具体的宣传媒介和工具使企业文化向外扩散传播。

6. 企业发展的推动功能

通过抓企业文化,使企业摆脱困境,走出低谷,持续发展,在竞争中长期立于不败之地。这是被国内外许多企业的实践经验所证明了的真理,也是企业文化具有推动功能的表现。

企业文化之所以具备推动功能,在于文化对于经济具有独立性,即文化不仅反映经济,而且反作用于经济,在一定条件下成为经济发展的先导。

企业文化的推动功能,不仅表现为推动企业的经济,也能推动企业的教育、科学以及整个企业的总体文明状态。所有这些推动功能,是在企业文化系统和其他系统发生复杂的相互作用的情况下,共同显示出来的效果。

分析案例

郑州儿童医院的"六和文化"建设[①]

郑州市儿童医院的医院文化,精神文化是核心,管理文化是支撑,行为文化是保障,三部分由内而外、有机联系、相互促进。根据精神文化的统一性和管理文化的六维度,称之为"一统六和"文化体系,简称"六和文化"。

(一)"一统"——精神文化的导向

精神层是企业文化的内核。郑州市儿童医院的精神文化包括院训、愿景、使命与精神四个部分,作用各有不同。

1. 院训激励

"正德、慈爱、精医、致和"是郑州市儿童医院的崇高院训。正医之德,融入了儿医(郑州市儿童医院简称,下同)人的灵魂与血脉。儿医人爱院如家、视事业如生命,无论遇到多大的困难,都能齐心协力,化挑战为机遇,开创出一片新天地。时代变迁,人才更迭,唯有院训历久弥新。

2. 使命召唤

"关注儿童,奉献爱心"是社会赋予郑州市儿童医院的神圣使命,在未来的发展中,郑州市儿童医院密切关注国际国内儿童医疗行业动态,增进高层次、高端交流互动,掌握话语权,引领行业发展。

3. 精神感染

"爱创奇迹,心医未来"是每一位儿医人孜孜不倦的精神追求。儿童医疗事业更需要白衣天使发挥无私无畏的奉献精神,只有心怀未来,练就精湛的医术,才能以先进的诊疗设备和贴心的服务使郑州市儿童医院立足于医疗界的前沿,永不停歇、追求卓越、勇攀医学高峰。

4. 愿景领航

"省内第一、国内一流、国际知名的大型现代化儿童医疗保健中心"这一目标的实现,有坚实的基础和充分的条件:一是郑州市儿童医院建院五十余年,品牌效应牢固;二是郑州市儿童医院实际承担着为全省儿童服务的责任,已牢固占据最具实力的河南省儿童医院的地位;三是郑州市儿童医院正在搭建儿童医疗集团,建设和发展四所医院,东区医院、

---

① 资料来源:周崇臣,邢小兰.创新构建文化体系,领航医院科学发展——郑州市儿童医院"六和"文化案例赏析.中外企业文化,2012(3):25~28.

西区医院、康复医院,规模均达到了亚洲领先水平。

(二)"六和"——管理文化的精髓

医院文化不仅是医院管理的高级手段,更是医院管理的高级境界。郑州市儿童医院的管理理念涵盖了质量、管理、人才、服务、发展、品牌六方面,共同形成一个完整体系——统称"六和"模式。

1.质量:仁心仁术,精益求精

一是仁心:以人人讲质量确保医者仁心。郑州市儿童医院牢牢把握"质量"这一要务,将"质量至上"的理念传输给全院医护人员,确保人人心中装着"质量"。开展医疗护理竞赛及法律、法规学习培训活动;创新推行临床护理"六制度";开展"全面质量综合考评"活动,注重医疗、护理、感染、药事、满意度为内容的定期督导考核;严格落实"院长行政查房制度、院领导夜查房制度、业务院长查房、医疗督导查房制度"四查房制度以及护理部夜班督导制度等,通过各项措施的有效施行,提升医护人员的质量意识。

二是仁术:以技术提升强化医疗质量。质量是医院的基础,医院要发展,要做大品牌,医疗技术需要非常过硬。医院开展医疗服务"大练兵",组织全员学习和培训《病历书写基本规范》手册;开展"医疗质量万里行""一人一份好病历"评选活动;开展全员全岗全程优质医疗服务,让群众放心满意等专项治理活动,促进医疗技术的提升,强化医疗质量。

三是求精:以技术领先占据行业制高点。医院始终将学科建设和人才培养工作列为医院重点工作,成立了"两所、两站、两室、两基地"以及"十一大诊疗中心",扩增 4 个省级医学重点(培育)学科。瞄准国际国内儿科前沿领域,充分发挥技术优势、人才优势和学科优势,积极举办高水平、影响大的国际国内学术会议。此外,医院还开展了学科建设,靠学科支撑医院发展,使医院在学科建设、技术水平方面达到国内领先、省内一流的水平。

2.管理:科学规范,人文高效

一是管理者思路清晰。一个管理者必须思路清晰,谋定而后动。郑州市儿童医院以党委书记、院长为核心的领导班子在医院发展过程中,有效结合实际建立了一套极具儿童医院特色的决策目标。2010 年,医院制定了"一、二、三、四、双五、双十"总体工作思路;2011 年,提出了年度工作目标和"十二五"规划目标,这些战略性的决策目标对于医院年度发展、五年规划及未来发展都有重要意义。

二是管理体系环环相扣。医院按照"重落实、求实效、高标准、严要求"的管理思路,构建了一系列科学规范的管理体系,针对医院中心工作和难点工作,每日一讲评、每周一总结、每月回头看,加大督察力度,与绩效考评相挂钩,加强医院全面行政管理,提高工作效率。医院借助督导、反馈、"回头看"等方式形成了"管理环",打造了严密的管理链,避免了管理漏洞。

三是管理方式创新有序。管理创新是医院持久生存和发展的源动力。郑州市儿童医院在管理工作中创新方式,确保各项工作有序、有效开展。实行目标责任层层分解;推行信息化建设,打造"数字化医院";实行绩效综合考评机制,结合医院实际,聘请国内知名专家制定绩效综合考评方案；建立医疗、护理、感染、药事、满意度五项质量考评，真正体现"公平公正、多劳多得、优劳优酬、透明公开"，促进医院全面管理、规范内部分配、调动职工积极性。

3. 人才：德才兼备，用育结合，公平竞争

一是用德才兼备之人。面向全国招聘人才、学科带头人，不断引进、培养和储备高端人才和实用型人才。在招聘过程中注重德、能、勤考评。在医院中层干部考核中，注重干部业绩的同时，采取"以德为先"的用人原则。目前，医院涌现出郑州市"十大科技女杰""郑州市第十批专业技术拔尖人才""健康卫士""巾帼科技带头人"等德才兼备人才。

二是推上进好学之人。医院注重引进各类人才，尤其是博士硕士、中高级职称、护理本科人才，及时开展培训，分别从医院文化、发展规划、财务管理、感染管理等方面进行授课；工作过程中注重"老带新""传帮带"，为新人成长提供空间；注重年轻医师学习培训，每季度赠送励志书籍，定期送医护人员赴清华、我国香港地区、新加坡培训学习，外派国外学术交流；积极向省、市推荐专业技术拔尖人才、河南优秀医师等。通过一系列措施，优秀医师、护理人员脱颖而出，进入国家、省、市学会任职。

三是重踏实干事之人。在医院中层干部、护士长竞聘上岗过程中，采取"三推荐、两考试、六公开"的办法，对竞岗职位实行差额推荐、差额酝酿、差额表决，通过"一述职、三评价、一研究"程序，对干部任职情况全面考核。

4. 服务：以人为本，以心换心

"以人为本"，首先是以病人为中心。医院通过扩展候诊区、优化流程、推出医卡通等措施提升病人满意度。每天安排督导人员到门（急）诊、住院部发放满意度调查表；住院管理处每月对部分住院病人发放满意度调查表；医患关系服务科、纪检监察室每月抽查回访；各病区每月召开一次工休座谈会；医院领导进行突击查房，根据家长反映的意见、要求，逐项答复、解决。门诊病人满意度从原来的85%提升到95%。住院病人满意度从88%提升到97%。

其次是以职工为核心。郑州市儿童医院从不以牺牲职工利益为代价，坚持全心全意为职工服务，凝心聚力。成立读书协会、书画协会、摄影协会、羽毛球协会等六个文化协会，开展读书讲座、书画比赛、摄影比赛、乒乓球赛、羽毛球赛等活动丰富职工生活。为职工建立完善健康档案，为困难职工办理困难补助，全心全意服务职工，维护职工权益。

5. 发展：专业化、集团化、品牌化

一是专业化。郑州市儿童医院不断加大科技创新力度、学科建设力度、人才引进力度、科室建设力度，确立了科有特色、人有专长、专中求精、精中求尖的专科建设目标，逐步形成"以名医带动名科，名科吸引和培育名医"的良性循环，成立了"十一大诊疗中心"、4个省级医学重点（培育）学科。

二是集团化。集团化是市场经济条件下的竞争需要，郑州市儿童医院大力实施优质儿童医疗资源倍增工程计划，建设和发展四个医院、三足鼎立的大发展格局。中原儿童医

疗集团的框架已构建，一个值得期待的儿童医疗集团正在崛起。

三是品牌化。品牌是医院文化建设的关键任务之一。郑州市儿童医院将文化工程纳入"十二五"战略规划中，将文化建设和品牌树立提升到医院战略落实的重要保障的地位，打造独具儿童诊疗特色的医疗集团。

6. 品牌：医者父母心

品牌理念的树立来源于市场竞争，竞争要求品牌理念具备行业共性和自身个性，是医院核心价值的体现，是医疗质量和服务信誉的保证，富有文化内涵和情感内涵。"医者父母心"正是如此。郑州市儿童医院人以一颗"愿为天下患儿之父母"的博爱之心，同情家长、理解家长、包容家长，打造敢于担当的责任品牌。天之大，唯有父母之爱最为无瑕。儿医人懂得童心、营造童趣、呵护童年。为儿童造福，把健康的孩子还给父母，建设充满关爱的爱心品牌和特色品牌。医院品牌建设中，树立理念只是前提，落地才是要务，正确的品牌战略、科学的工作思路，是以文化为导向，导入"品牌"理念的关键。

多年来，郑州市儿童医院不断探索塑造和提升医院品牌的有效方法，坚持走"扩规模、增内涵"双提升发展之路，逐步形成了"名院名科名医"的"三名"品牌战略，使人才强院、专科强院、文化强院、品牌强院的四强战略有机统一起来，最终汇聚成一股强大的品牌力量。

讨论题：

1. 请归纳一下郑州儿童医院企业文化的理念层、制度层和行为层的主要内容。

2. 你认为，郑州儿童医院在企业文化建设方面有何特色？

3. 结合郑州儿童医院企业文化案例，阐述企业文化的功能。

📁 本章小结

1. 企业文化的结构应包括精神文化、制度文化、行为文化和物质文化。精神文化是现代企业文化的核心层，包括企业价值观、企业宗旨、企业愿景、企业精神和企业伦理等。制度文化包括一般制度、特殊制度和企业风俗。行为文化包括企业家行为、企业模范人物行为和企业员工行为。物质文化包括企业产品、企业名称、标志、标准字、标准色、厂徽、厂旗、厂歌、厂服、企业外貌以及企业对员工素质形成的实体手段。

2. 企业文化的物质层、行为层、制度层和精神层密不可分，它们相互影响、相互作用，共同构成企业文化的完整体系。其中，精神层决定了制度层、行为层和物质层；制度层是精神层、行为层和物质层的中介；物质层和行为层都是精神层的体现。

3. 对于企业文化可以从各种不同的角度去研究、划分，从而得出各种不同的企业文化类型。比较经典的分类方式如：迪尔和肯尼迪按照企业经营活动的风险程度和企业及其雇员工作绩效的反馈速度，将企业文化划分为强悍型、工作娱乐并重型、赌注型和按部就班型文化；卡迈隆和奎因按照灵活性—稳定性和关注内部—关注外部，将企业文化划分为宗族型、活力型、层级型和市场型文化；科特和赫斯科特依据企业文化与组织长期经营之间的关系,将企业文化划分为强力型、策略合理型和灵活适应型文化;梅泽正和上野征洋根据行动基本方向与对待环境的态度将企业文化划分为自我革新型、重视分析型、重视同感型、重视管理型。

4. 企业文化的基本特征是指企业文化本身所具有的内在的、本质、共性的表现,主要包括客观性、稳定性、开放性、非强制性、独特性、渗透性和系统性。

5. 企业文化的主要功能包括导向功能、凝聚功能、员工士气激励功能、约束功能、辐射功能和推动功能。

复习思考题

1. 解释企业价值观、企业宗旨、企业愿景、企业精神和企业伦理的概念。
2. 联系实际说明企业文化的四个层次及其相互关系。
3. 如何正确认识企业文化管理与制度管理的关系?
4. 简述迪尔和肯尼迪的四种企业文化类型。
5. 简述卡迈隆和奎因的四种企业文化类型。
6. 简述科特和赫斯科特的三种企业文化类型。
7. 简述梅泽正和上野征洋的四种企业文化类型。
8. 结合本企业的情况谈谈你所在企业属于什么类型的企业文化。
9. 企业文化有哪些基本特征?
10. 企业文化的功能是什么?

第 **3** 章 企业文化策划

学习目标

通过本章的学习,掌握企业文化诊断的各种方法,了解企业文化诊断的常用工具。重点掌握企业文化精神、制度、行为和物质四个层面上的策划内容、策划要点以及策划方法,领会企业文化策划的关键技术。

先导案例

百年品牌张裕的企业文化设计

1. 张裕理念文化的构建

1892 年,爱国华侨张弼士先生,以张姓加上"丰裕兴隆"之"裕"字,在烟台创建了张裕集团的前身——烟台张裕酿酒公司。以今天的眼光来看,张裕从其成立之日起,就蕴含了浓厚的历史和文化的色彩。其带有极强"实业兴邦"意味的企业理念,在当时就左右了百年张裕的经营之道。今日,张裕的企业精神已经演变成了"爱国、敬业、优质、争雄"。不难看出,这种企业理念的动态变化,是基于传承了百年的张裕理念和更具备时宜的时代演变。它既成就了张裕的企业之魂,也成就了张裕酒业的酒魂。正因为如此,主流在西方的葡萄酒文化才被张裕擎在手中,当成了输出生活新主张、培育消费文化的利器。这既是张裕对整个中国葡萄酒行业的贡献,也是张裕爱国、敬业、奉献社会的企业理念的具体体现。这也使张裕从中得到了自己想要的东西。正因为如此,张裕才不遗余力地传播着自己独特的品牌文化,以建立起自己具有竞争力的品牌形象。

2. 张裕行为文化的构建

基于上述理念的行为文化,就是与消费者等企业利益关系人进行互动沟通,满足他们需要的文化。在这方面,张裕人认为,建立国人葡萄酒消费文化的重心,就在于倡导一种健康、时尚的新生活主张。但如果要将之很好地实现,在白酒文化压倒一切酒文化的中国,显然是要付出很大代价的。因为,这个建立文化认同的过程,实际上就是张裕称雄市场的过程。

张裕在理念文化的履行及行为文化的构建上，主要做了如下努力：其一，从 1997 年开始，在全国各大城市进行中国葡萄酒百年文化巡回展，回顾中国葡萄酒业的过去，认清现在和展望未来，普及葡萄酒知识。巡回展期间的举措，包括展览，也包括在电视、报纸、杂志上开设葡萄酒知识专题讲座和专栏等形式。其二，建立葡萄酒博物馆，开放张裕百年大酒窖，以大量的名人手迹和相关图文资料、实物展现了张裕所具有的别的企业无法企及的文化底蕴和历史厚度。其三，建设融葡萄种植、酿酒、休闲、旅游于一体的葡萄庄园，推出高档的庄园酒，为张裕葡萄酒文化增添了新的内容和品位。其四，修复张裕公司百年旧址，以文物向世人彰显张裕的光彩。其五，做好"国际葡萄酒城"文章；积极参与、积极组织有关葡萄酒的国内、国际会议，与国内外同业交流信息。这既为张裕葡萄酒穿上了个性化的外衣，又进一步奠定和显现了张裕这"中国葡萄酒之王"无法逾越的地位。其六，印制"葡萄酒文化与张裕产品""张裕往事"等各种精美的文化宣传物，传播葡萄酒文化和张裕品牌文化。

3. 张裕物质文化的构建

历经百年文化沉淀与文化营销的张裕，在物质文化的构造方面，同样值得许多企业学习。例如当我们一想到烟台、想到葡萄酒或看到一些有关葡萄酒的图文，抑或与人谈起葡萄酒，我们会想起张裕；当我们一见到张弼士先生的头像，大酒窖或者是具有历史文物价值的张裕公司老门头，就知道它们属于张裕，等等这些，都是张裕这种强势文化企业所具备的强势文化渗透的特征。这些亦最终成就了张裕今天的市场地位，亦成了张裕在新的世纪中参与国际化竞争，成为世界葡萄酒业中一个强势文化品牌的基石。

3.1　企业文化诊断

文化在企业管理中的作用随着企业文化研究的深入日益受到人们的重视，与此同时，在管理实践领域也提出这样一个问题：能否像其他学科一样，企业文化也能够确立一套公认的评价体系，以便于对现有的企业文化状况进行诊断和测量，进而对后续的企业文化策划、实施和变革提供依据。

3.1.1　企业文化诊断的步骤

企业文化的诊断大致可以分为四个主要步骤，即资料收集、企业内外部环境的调查、企业与外部的关系分析和现场调查。其目的是从定性和定量两个方面了解、评价企业文化的现状。

1. 资料收集

企业文化虽然是企业共同成员所形成的价值观，但其也会形成该企业特有的行为模式和规范，并通过一定的制度、行为、符号等表现出来。企业各不同职能部门之间虽然工作性质不同，但是它们都具有统一、共同认可的一个或少数几个比较清晰的价值观念。而这些观念往往会反映在企业的各种资料之中，包括企业员工行为规范、员工手册、内部期刊、报纸等，还有各方面的规章制度，尤其是人力资源制度，如招聘、考核、薪酬、培训、奖罚等。在这一阶段收集到的书面资料往往会有很多，这时我们就要从中整理出与企业文化相关的内容，这样可以精简大量的资料，而且又有利于逐步总结和归纳出企业的价值观，为今后的文化建设提供依据。

2. 企业内外部环境的调查

企业文化受到内部、外部环境的影响，它会随着环境的变化而变化。因为，企业是环境的产物，只有对所处的环境和内外条件做出全面正确的分析和判断，企业才能找准自己的定位，确定出切实可行的奋斗目标。

企业环境和条件分析一般包括下述内容：

（1）企业所处的经济环境、政治环境、社会文化、地域文化等整个社会环境的分析；

（2）产业和行业发展状况分析；

（3）竞争者、合作者、销售商及其他利益相关者分析；

（4）企业的生产经营状况分析，包括企业的产品性质、产品市场占有率、投资收益率、组织结构及信息沟通方式、企业的生产工艺水平及产品的创新能力等；

（5）企业内部其他因素分析（包括领导者特征分析、企业重大历史事件的影响等）。

3. 企业与外部的关系分析

企业作为社会系统的一个部分，它每时每刻都在同外界进行交往和联系。而企业奉行的交往原则，在很大程度上是由企业的价值观和社会责任感所决定的。在是否注重外部环境的变化，用什么态度对待顾客，能否为消费者不断地提供新产品或新的服务项目方面，不同的企业可能会有差别很大的处理方法与态度。尤其是在如何处理企业同顾客的关系方面，更能表现出不同企业之间文化的优劣与否。

4. 现场调查

企业文化的作用若是整体一致的，它就会综合地反映在企业内部每一个员工的观念、态度和行为中。通过深入细致的现场调查，可以深入地理解企业员工对企业的态度和企业价值观的渗透程度。现场调查的过程中更多需要与企业里的人进行互动，可以是自上而下，分层进行，也可以是大规模一次进行。企业文化的诊断，其实也是一次全体员工的总动员，因此，最好是在开展工作之前，由公司主要领导组织召开一次动员大会，使得员工明白对企业文化进行诊断的目的，调动员工的积极性，增强参与意识。现场调查具体包括以下三种方法。

1）第一种方法：访谈法

"访谈"是一种研究性的交谈，是研究者通过口头谈话的方式从被研究者那里收集第一手资料的一种研究方法。根据文化诊断的需要，可以采用以下两种访谈方式：

个别访谈。往往一个企业文化的形成与企业的创始人或领导者的价值观、文化理念息息相关，所以要了解一个企业的文化，首先，要从了解领导班子的思想入手。其次，就是员工，包括中基层干部和基层员工。作为企业的一分子，他们最能感受到文化的存在和影响，而他们对企业文化的感知、感受能帮助我们从不同角度了解、认识这个企业的文化。

为了避免他人(尤其是权威人士)的影响,保证访谈内容的可靠性、真实性,需要对上述各种人物进行多对一或一对一的个别访谈。

公司高层访谈提纲示例①:

A. A 企业文化现状总体描述

(1)您了解自己的企业文化吗? 您知道企业领导层信奉什么? 职工又信奉什么? 他们认为对提高企业的竞争力和凝聚力来说什么东西是最重要的?

(2)您是否可以用一句话总结目前 A 的企业文化?

(3)您认为这种企业文化是如何形成的?

(4)我们所在的行业有怎样的文化特征?

(5)我们所在的地区有怎样的文化特征?

(6)您认为我们的文化有哪些地方是优秀的,应该保留的? 又有哪些是应该摒弃的?

(7)企业现有的文化是不是符合企业的需要?

(8)关于我们公司文化欠缺的地方,请您举出具体的实例。

(9)您认为形成一个公司文化都有哪些因素在起主要作用?

(10)目前有哪些因素对我们公司的文化建设产生了比较大的影响?(正面、负面的影响)

B. A 企业文化现状具体描述

Ⅰ 物质层面

(1)公司有无内部交流刊物、报纸或者其他媒介?

(2)在公司形象上,您认为还应该做哪些工作?

Ⅱ 行为和制度层面

(3)目前我们会对员工的哪些行为做出奖励,公司里模范的员工代表都有谁? 他们的特点或者说他们被称为模范的原因是什么? 您认为什么样的员工才是最理想的?

(4)公司的规章制度是否健全? 是否有盲点或误区、亟待改善的地方?

(5)公司制度的执行情况如何? 制度是否有陈旧、不根据实际情况更新的现象?

(6)公司的奖惩制度是不是可以适度地管理好员工,使员工感觉到约束的同时还有很强的积极性从事工作?

(7)员工没有按照制度进行工作的原因是什么? 问题出现在哪里? 是制度本身有问题还是制度制定得不合理?

Ⅲ 精神层面

(8)A 倡导的核心价值观是什么?

(9)企业如何看待员工?

(10)如何看待用户?

(11)如何看待合作者?

(12)如何看待社会责任?

C. 谈谈我们公司的领导

(1)您认为什么样的领导才能称为是合格的乃至优秀的领导者? 我们公司是否有这

---

① 资料来源:王璞.企业文化咨询实务.北京:中信出版社,2003:234~238.

样的领导者？他们是谁？

（2）有哪些领导对我们目前的文化起主导作用？请您对这几位领导做一下描述。

（3）领导对我们公司文化的影响有多大？希望您可以举出具体事例。

（4）公司领导是如何提高自己的个人魅力的？

（5）公司领导是采取何种方式与员工沟通的？

（6）公司是否创造出一种自由讨论和言论自由的氛围？

D. 谈谈我们的未来

（1）在您的心目中，我们公司理想的文化应该是怎样的？

（2）我们如要建成这样的文化需要做出哪些努力？

E. 谈谈我们的员工

（1）公司对待员工持有怎样的观点和指导原则？

（2）公司理想中的员工是怎样的？

（3）公司对目前员工的表现是否满意？您认为应该怎样提高公司对员工的吸引力和员工的满意程度？

（4）对于员工的奖惩是如何执行的？

分类座谈。由于时间及各种原因的限制，企业除了极个别人物能够保证进行个别访谈，大多数情况是进行分类的座谈。这时候可以采取一对多、多对多的形式，尽可能地让参加座谈的人员多讲，让他们围绕企业文化谈谈自己的认识和理解。作为文化诊断的一种方式，分类座谈能够提供不少关于企业文化的信息。但需要注意的是，因为人多（往往会有3个以上），会因为从众压力或利益相关，说出与他们内心真实想法不一致的话。这时候，就需要对访谈的资料进行分析和辨别。

2）第二种方法：问卷调查

问卷调查是采用测量工具对企业文化进行定量研究的一种方法，也是目前在企业文化诊断中较常用的重要方法之一。关于问卷调查的工具和内容，将在下一节做具体介绍。这里需要强调的是，目前企业文化问卷有很多，需要选择一个适合中国企业实际情况的问卷，才能说明问题。另外，对于问卷的发放和回收，最好在比较正式的场合，采用现场填写的方式，对于不清楚的地方，可以进行现场解释，同时可以解除答卷人员的顾虑，保证问卷的质量。

3）第三种方法：案例解剖

案例解剖是文化诊断的另一种方式，通常是对企业历史发生的重大事情或关键事件进行深入的分析，有助于我们能更好地理解现存文化形成，尤其是企业某些特殊观念、行为产生的缘由。例如，海尔有名的"砸冰箱"事件，说的就是CEO张瑞敏带领全体员工宁可把不合格的冰箱砸碎，也不愿意有瑕疵的冰箱存在的事件。该事件向全体员工传递了这样一个信息：海尔要求质量第一。又比如"大地瓜洗衣机从获取信息算起，3天设计图纸，15天产品上市"，反映出的是海尔要求"快速反应，马上行动"。

另外，为了能客观地诊断企业文化的现状，必须要选择恰当的诊断人员。一般来说，对一个企业进行文化诊断，其人员的选择主要有两个渠道：

① 本企业中的具有丰富的管理经验，资历较深的管理人员。

② 外聘的一些经营管理方面的专家和学者。这两类人员各有优缺,可取长补短,相互合作。比如诊断方法的设计、诊断工具的选择,可以主要由专家学者来承担;在具体的实施方面,则应当主要依靠企业自身的调查人员。

3.1.2　企业文化诊断的工具

问卷调查是企业文化诊断中的一种重要方法,目前有两类常用的企业文化诊断问卷。

1. 用于企业文化类型诊断的工具

该类工具的主要目的在于判断某企业的企业文化属于哪种类型,或者具有哪些特征,目前的发展现状如何。西方学者对企业文化诊断的方法和工具较多,主要有:

1) Hofstede 的企业文化测评量表

荷兰学者霍夫斯坦德(Geert Hofstede)是最早对企业文化进行测量的学者之一。在对北欧多家企业实证研究的基础上,将企业文化分为三个层次:价值观层、管理行为层和制度层。

(1) 价值观层三维度:职业安全意识、对工作的关注、对权力的需要。

(2) 管理行为层六维度:过程导向—结果导向、员工导向—工作导向、社区化—专业化、开放系统—封闭系统、控制松散—控制严密、注重实效—注重标准与规范。

(3) 制度层一维度:发展晋升—解雇机制。

在霍夫斯坦德的企业文化测量维度理论基础上发展出来的 VSM94 量表(value survey module 94)在西方企业界已经得到广泛的应用和认同。

2) Quinn 和 Cameron 的 OCAI 量表

Quinn 与 Cameron 在竞争性文化价值模型(CVF)的基础上构建了最具代表性的测评工具 OCAI(organizational culture assessment instrument)量表。OCAI 量表将主导特征、领导风格、员工管理、组织凝聚、战略重点和成功准则作为测量的判据,共有 24 个测量项目,每个判据下有四个陈述句,分别对应宗族型、活力型、层级型和市场型四种类型的企业文化。该量表的突出优点在于为组织管理实践提供了一个直观、便捷的测量工具,在辨识企业文化的类型、强度和一致性方面很有效。

3) Denison 的 OCQ 企业文化测量量表

Denison 认为,企业文化是一套价值观、信念及行为模式,并构成组织的核心体。他首先对 5 家组织进行深入的个案研究来构建理论模型,并进一步以 764 家组织的 CEO 为样本,通过实证研究进行了假设验证。Denison 开发的 OCQ(organizational culture questionnaire)量表包含两个成对的维度(内部整合—外部适应和变化—稳定)所划分的 4 个象限,分别对应 4 种文化特质:适应性(adaptability)、使命(mission)、一致性(consistency)和投入(involvement)。适应性(包括组织学习、关注顾客、应变能力)、使命(包括战略方向/目的、企业目标、愿景)、一致性(包括核心价值观、一致、协调与整合)和投入(包括授权、团队导向、能力发展)。

虽然 Denison 的 OCQ 量表包含更多的子维度,在揭示企业文化内容方面显得更为细致,但是,各文化特质概念之间的相关性很高,说明各特质之间的区分效度还有待进一步的检验。

此外,除了以上 3 种企业文化测量工具外,Chatman 构建的企业文化剖面图、Schein 的企业文化理论框架和韦斯特的"组织气氛"量表等企业文化测量工具也都得到广泛的应用。但是,需要注意的是,由于我国特殊的经济环境和文化背景,我们在借鉴西方的企业文化测量工具时还要将其进行本土化,并开发出适合我国国情和企业特点的企业文化测量体系,比如以下两个量表。

4) 郑伯埙的企业文化价值观量表

中国台湾地区著名心理学家郑伯埙教授是较早成功进行本土化企业文化测量研究的学者。他认为企业文化是一种内化性规范信念,可用来引导组织成员的行为。他构建了 VOCS(values in organizational culture scale)量表,共分为 9 个维度:社会责任、敦亲睦邻、顾客导向、科学求真、正直诚信、表现绩效、卓越创新、甘苦与共、团队精神,他认为这些文化维度又可以进一步聚合为外部适应价值和内部整合价值两个高阶维度。VOCS 量表是完全本土化的量表,在中国企业文化测量方面具有开创性,但是比较抽象,回答者不易理解。

5) 刘理晖和张德的企业文化量表

刘理晖和张德主要从组织对利益相关者的价值判断和组织对管理行为的价值判断两个角度将企业文化分为 12 个构成要素,分别为:长期—短期导向、道德—利益导向、客户—自我导向和员工成长—工具导向(基于组织对利益相关者判断角度);学习—经验导向、创新—保守导向、结果—过程导向、竞争—合作导向、制度—领导权威、集体—个人导向、沟通开放—封闭性、关系—工作导向(基于组织对管理行为的价值判断角度)。依据构成要素提出了企业文化的四种特性:动力特性、效率特性、秩序特性和和谐特性,形成了本土化的企业文化分析模型,并进行了实证研究。

2. 用于企业文化相关因素评价的工具

这类工具的主要目的在于了解企业员工状况、员工对企业的方方面面所持的看法,以及企业文化的影响因素等。如国家体改委经济体制与管理研究所和中国人民大学外国经济研究所提出的企业文化评价指标体系,包括四大类指标,共 52 个具体指标。

第一类:反映企业成员素质的客观指标

包括:①性别;②年龄;③文化程度;④参加工作时间;⑤现在职务;⑥在本企业的工作时间。

第二类:反映企业成员与企业文化有关的一般价值观念的指标

包括:⑦对目前社会中存在的各种职业性组织的偏好;⑧对自己所在企业的社会地位及个人晋升机会的重视程度;⑨对收入的重视程度;⑩对增长自身才干、发挥自己工作能力的重视程度;⑪对工作稳定的看重程度;⑫对工作轻松的看重程度;⑬对企业和工作的参与意识;⑭个人的奋斗精神、独立意识;⑮对自身身心状态的自我感觉。

第三类:反映企业成员关于企业的观念的指标

包括:⑯企业以追求利润为主要目标;⑰企业以为社会做贡献为主要目标;⑱企业以维护员工个人利益为主要目标;⑲观念上对技术、技术人员的重视程度;⑳观念加上报酬的因素后对技术、技术人员的重视程度;㉑在观念、报酬、责任综合考虑时对科技、科技人员的重视程度；㉒观念上对管理、管理人员的重视程度；㉓观念加上报酬的因素后对管理、管理人员的重视程度；㉔在观念、报酬、责任综合考虑时对管理、管理人员的重视程度；㉕个人与企业的关系；㉖企业内同一班组成员间的关系；㉗同一行业内的企业之间的关系；㉘对同一班组内的人员间收入距离的接受程度；㉙对企业内各部门间收入距离的接受程度；㉚理性评价企业的程度；㉛从感情出发评价企业的程度；㉜评价企业以个人利益实现的程度为标准；㉝理性地评价企业中人的行为、人际关系；㉞从情感、道义出发评价企业中人的行为、人际关系；㉟对工作、评价人从经济效益出发；㊱对工作、评价人从协调人际关系出发；㊲评价人时重视能力的程度；㊳评价人时重视品质的程度。

第四类：企业成员对企业状况的主观评价

包括：㊴对企业内机构设置状况的评价；㊵有无厂歌；㊶有无体现企业精神的口号；㊷企业精神的口号有无效果；㊸产品知名度；㊹企业知名度；㊺企业横向沟通状况；㊻企业纵向沟通状况；㊼企业沟通缺乏程度；㊽企业靠人治的程度；㊾企业靠制度运行的程度；㊿对企业效益的评价；(51)有无自豪感；(52)职工在企业中得到关心、重视的程度。

除了使用已有工具外，企业也可以根据自身情况开发设计新的调查工具。

3.1.3 诊断结果应用

企业文化诊断是个系统工程，是定量分析与定性分析的相互结合。定量的诊断方法（即采用企业文化量表进行大规模测验的诊断方法）与定性的诊断方法（即采用观察、访谈甚至参与企业活动等方式来了解分析企业的文化内涵和文化状态）结合使用，既能保证企业文化诊断的全面性和深刻性，又能反映出特定企业环境下的文化各异性。因此，企业文化的诊断也常常分阶段进行。阶段的成果应该以报告的形式提交，其中包括第一阶段的定量测评报告，第二阶段的定性分析结果以及第三阶段的最终诊断报告。诊断的结果应用于如何建设有特色的企业文化，并针对调查的结果，对核心理念的梳理，以便进一步完善企业文化建设。企业文化诊断的结果一方面有利于经营者定期评估企业文化竞争力的优势、劣势，并不断完善；另一方面便于企业文化项目进一步实施，包括企业理念的提炼、企业文化战略规划等。此外，企业文化的诊断，也可以作为企业文化变革的一项重要准备工作。

3.2 企业文化策划的内容

为了形成独具特色的企业文化，企业必须有目的地进行企业文化建设。而企业文化的策划就是企业文化建设的重要内容，是企业文化实施的基本前提。

企业文化的策划包括四个主要层次：企业精神文化的策划、企业制度文化的策划、企业行为文化的策划以及企业物质文化的策划。

3.2.1 精神文化的策划

企业精神文化的策划是企业文化策划的核心，它是在充分反映社会、文化和管理的未来趋势的基础上，对企业长期积淀的精神财富和对未来的发展追求进行的理性升华，用以规范企业日常的行为和管理,关注和指导企业长远的发展。

企业精神文化策划的主要内容包括企业愿景、企业宗旨、企业价值观、企业精神和企业伦理等的设计。

1. 企业愿景的设计

企业愿景是企业全体人员内心真正向往的关于企业的未来蓝图,是激励每个成员努力追求和奋斗的企业目标。企业愿景是对企业前景和发展方向的一个高度概括,可以由对企业未来 10～30 年的远大目标的表述以及对该目标的生动描述两个部分构成。例如,福特把它的"让汽车的拥有民主化"的远大目标描述为"我要为大众造一种汽车,它的低价格将使所有挣得相当工资的人都能够买得起,都能和他的家人享受上帝赐予我们的广阔大地。牛马将从道路上消失,拥有汽车将会被认为理所当然"。微软公司将"让世界上每一台计算机都因为微软而转动"的远大目标具体描述为"要使每个家庭,每张桌子上都有一台计算机;同时,他们使用着微软的软件"。

企业愿景的设定应该回答企业未来的发展是个什么样子的根本性问题。企业在构建自己的愿景的时候要把握方向,这种方向既可以表明企业将成为什么样的企业,也可以表明企业未来将从事什么产业,更可以表明企业未来在市场、顾客、同行业中的地位。例如,成都一家名叫"蚂蚁搬家公司"的企业确立的企业愿景就是:"建成四川最大的搬家公司。"这个目标定位是准确的,符合该公司的实际情况,几年来在成都行业竞争中异军突起,但如果该公司把愿景确定为建成一个世界 500 强,那就好高骛远了,企业发展可能适得其反。

企业愿景的提炼,尤其是企业远大目标的提炼,应该用一些简练、明了、激动人心的文字加以表述。例如对某个塑料生产企业的企业愿景的提炼过程,最初的备选方案有四个(见表 3-1),基本上都是将长远目标定位为在国内一流塑料生产基地,以生产为主导放眼未来。同时,还列出了一些目标,有远景目标,也有近期目标;有总体目标,也有分目标,既考虑前瞻性,又考虑现实性,形成一套目标体系。

表 3-1　某公司企业愿景的备选方案

方 案 内 容	说　明
备选方案 1: 安全化工、绿色化工、高效化工 建设中国最大的一流塑料基地,成为世界知名的塑料产品供应商,造福社会,回报国家	前面是对化工效果的描述,后面提出了具体的目标:要成为什么样的企业
备选方案 2: 建一流基地,育一流人才。创世界知名品牌,做世界最有竞争力的企业	对企业、对员工发展都提出了要求,但后面目标过高
备选方案 3: 建全国一流的塑料基地,创国际一流石化企业	两个"一流",用词重复
备选方案 4: "六力"企业: 班子有团结力,职工有向心力,技术有开发力,市场有应变力,产品有竞争力,资产有增值力	从六个具体目标提要求,概括性不强

资料来源:张德,潘文君.企业文化.北京:清华大学出版社,2007:134～135.

但企业愿景的提炼必须简洁、凝练、准确。例如"中国最大"和"中国一流"的推敲，一些企业往往是大而不强，而今后公司的发展目标是强调质量和效益，而不是一味地追求规模和人数，"最大"并不是企业的长远目标。通过几次修改和提炼，最终形成企业愿景的核心内容——"建设国内一流塑料基地，打造世界知名塑料品牌"。

2. 企业宗旨的设计

企业宗旨是关于企业存在的目的或对社会发展的某一方面应做出的贡献的陈述。明确了企业的宗旨也就明确了企业自身存在的意义。企业宗旨应当是崇高而又现实的，它是企业家心中真实理念的写照。企业宗旨还应当具有这个企业所在的行业特点、民族特点、国家特点。表 3-2 所列是国内外一些著名企业的企业宗旨。

表 3-2　国内外一些著名企业的企业宗旨

企 业 名 称	企 业 宗 旨
宝洁公司	我们生产和提供更佳品质及价值的产品，以改善全球消费者的生活，作为回报，我们将会获得领先的市场销售地位和利润成长，从而令我们的员工、我们的股东，以及我们的生活、工作所处的社会共同繁荣
IBM 公司	无论是一小步，还是一大步，都要带动人类进步
戴尔电脑	在我们服务的市场提供最佳客户体验
荷兰银行	透过长期的往来关系，为选定的客户提供投资理财方面的金融服务，进而使荷兰银行成为股东最乐意投资的企业及员工最佳的生涯发展场所
美国电话电报公司	建立全球电话服务网络
联想电脑公司	为客户利益而努力创新
蒙牛	使每一个中国人都能喝上牛奶
华为公司	聚焦客户关注的挑战和压力，提供有竞争力的通信解决方案和服务，持续为客户创造最大价值。创造世界最优秀、最具创新性的产品

一般来说，企业宗旨有一个历史的形成过程。一个企业新建之初，其宗旨都比较模糊或比较简单，大致局限在经营范围的陈述上。随着企业的发展和对经营过程的体验，其宗旨会逐步成熟和完善。不同企业的宗旨陈述详略不一，表达方式也不相同。大体而言，设计企业宗旨一般要包括顾客、产品和服务、市场、技术、财务、价值观、自我认知、公众形象、对员工的态度与责任等。

小案例

希尔顿酒店的企业宗旨

希尔顿酒店的企业宗旨是：被确认为世界最好的第一流的酒店组织，持续不断地改进我们的工作，并使为顾客、员工、股东利益服务的事业繁荣昌盛。对成功地完成我们使命至关重要的是：

人：这是我们最重要的资产，参与、齐心协力和承担责任是指导我们工作的价值观。

产品：这是指我们提供的活动、服务和设施。它们必须被设计和经营得具有高品质，能始终满足我们顾客的需要和期望。

利润：这是我们成功的最终的衡量标准——衡量我们是否能很好地、很有效率地为顾客服务，利润也是我们生存和发展所需要的。

为实现我们的企业宗旨必须遵循的指导原则是：

质量第一：我们的产品和服务的质量必须使顾客满意，这是我们放在第一位考虑的优先目标。

价值：我们的顾客应该享有在公平合理价格下的高质量的产品，这是指导我们发展业务的价值观。

不断改进：绝不停留在过去的成绩上，通过创造性努力，不断改进我们的产品和服务，并提高我们的效率和赢利率。

齐心协力：在希尔顿酒店，我们是一个家庭的成员，一起合作把工作做好。

完善：我们决不对违反希尔顿行为准则的现象妥协——我们要对社会负责——我们保证遵循希尔顿在公平和完善方面的高标准。

3. 企业价值观的设计

如前所述，企业价值观就是指导企业有意识、有目的地选择某种行为去实现物质产品和精神产品的满足，去判定某种行为的好坏、对错以及是否具有价值或价值大小的总的看法和根本观点。企业价值观的设计对企业精神层中的其他要素的设计都有重要的影响。

设计企业价值观的时候，第一个要解决的问题就是企业的价值在哪里，也就是说企业本身具有哪些价值属性。不同的企业会出现"企业的价值在于创新""企业的价值在于利润""企业的价值在于致富""企业的价值在于育人"等不同的价值观。

小案例

大宝的企业价值观从何而来？[1]

创立"大宝"品牌的著名企业家武宝信，在20世纪80年代进入残疾职工占52%、亏损280多万元的北京市三露厂任职时，面对几百名等待养家糊口的残疾工人，他立下一个决心：要让全世界都知道，有残疾而形体不美的职工，一定能生产出为健全人装饰美的化妆品。并且把"残疾人是我们工厂的第一主人"的标语贴在餐厅的墙上。为了唤起残疾职工比健全人更强的自尊和自信，三露厂把"自强自立"确定为企业价值观。不难看出，把人作为企业的第一要素，帮助残疾职工实现自身价值和做人的尊严，是武宝信和他领导的企业的价值追求。这种"人尽其才"的价值观，在一系列管理制度的保证下得到贯彻，并获得了员工的认同。仅仅两年，企业不仅扭转了亏损，还赢利1 400多万元。同时，以大宝生发灵为龙头的大宝系列化妆品，打入了国际市场，两度登上世界发明博览会的领奖台，填补了中国化妆品获国际奖的空白。

---

[1] 资料来源：黄河涛，田利民.企业文化学概论.北京：中国劳动社会保障出版社，2006：89.

企业价值观的设计流程如图 3-1 所示：

根据企业的愿景和宗旨，结合社会的主导价值观，初步提出企业的核心价值观表述，并在企业各个层级中进行反复讨论	确定企业的核心价值观后，进一步酝酿提出企业的整个价值观体系
把企业价值观体系在全体成员中广泛宣讲和征求意见，反复修改，直到为绝大多数员工理解和支持为止	把企业价值观体系与企业文化各个层次的其他要素进行协调，并作文字上的提炼，形成企业价值观的准确表达

图 3-1　企业价值观体系的设计流程

企业价值观体系不仅要具有时代的特色、行业的特色，更要体现企业的特色和企业家的个性，因而它不能从书本上抄来，不能照搬其他企业的价值观，只能从企业自己的实践，从企业家的实践中提炼出来。例如，星巴克的核心价值观："为客人煮好每一杯咖啡"；可口可乐的核心价值观："自由、奔放、独立掌握自己的命运"；诺基亚的核心价值观："科技以人为本"；海尔的核心价值观："敬业报国，追求卓越"都反映了企业的特色和企业家的个性。

企业的核心价值观，必须进行反复的讨论，方能找到最贴切企业实际的最精华的、最重要的核心理念。例如某食品集团，由于原来没有进行过企业核心价值观的思考，所以一开始在设计时将在访谈过程中企业领导人和各层次员工谈得最多的一句话："共享成功"，作为企业的核心价值观。在第一次讨论时，有人就提出"共享成功"是没有错，但是并不是在企业的各项工作和经营全过程中最注重的东西。对于企业而言，最重要的应该是"创新"，只有不断进取，才能共享成功。这一说法得到了大家的认可，所以在第二稿时，核心价值观改为"持续完善，不断创新"，并进行了相应的解释。在第二次讨论时，又有人提出光创新不行，还必须实干，也有人提出这样没有企业的特色，作为经营食品和物流业务的企业，注重的就是为大众提供方便、快捷和高效的生活享受，所以应该把"便捷"作为指导工作的核心价值观之一。据此，核心价值观又被改为"新、捷、实"。在第三次讨论时，大家又觉得便捷是在工作中要注重的方面，但是与创新、实干相比不是在同一个层面上，建议去掉，而对于创新和实干，大家又进行了进一步的讨论，认为创新很重要，但是要建立在"实"（踏实和讲求实效）和"干"（体现在工作中，积极主动做）上，因此将核心价值观最终确定为"创新，源于实干"。

4. 企业精神的设计

企业精神是企业在整体价值观体系的支配和滋养下，在长期经营管理中经精心培养而逐渐形成的，是全体成员共同意志、彼此共鸣的内心态度、意志状况、思想境界和理想追求。

　　企业精神的设计方法各种各样,可以通过在内部员工中进行调查研究,集思广益,提出企业精神的表达内容;也可以对企业英雄人物的思想和行为进行深入研究,确定出企业最需要的企业精神;还可以由企业领导人决定企业精神的内涵;也可以发挥外部专家的智慧,为企业设计符合企业发展的企业精神。

　　常见的企业精神的表达方式可以归纳为单一式和复合式。

　　单一式,就是用一短语、一短句、一简明的文字来表述企业精神的内容,具有凝练、简明、上口、易记等优点。比如根据行业特点选择短语、短句(北京邮政系统把"一封信、一颗心"作为企业精神);采用警句式,以反映企业特色、信念、追求(宝洁公司"做正确的事"、日产公司"品不良在于心不正");采用比喻式(美国的玛丽·凯化妆品公司把其企业精神表述为"大黄蜂精神");采用口号式(正大集团的"正大无私的爱"、海尔的"真诚到永远")等。

　　复合式,就是用几组文字来表述企业精神的内容,或以一组语句为主,几组语句为辅,综合表述企业精神。例如松下精神表述为"生产报国、光明正大、团结一致、力争上游、文明礼貌、顺应潮流、报恩报德"。北京首都国际机场的企业精神是:"我与机场共发展",附含:"以人为本——主人翁精神;居安思危——竞争精神;同舟共济——团队精神;追求卓越——创业精神。"用几组语言来表述企业精神时,应该注意文字有主有次,若干句之间是彼此有联系的。

　　由于企业精神的表述比较精简,因此也往往需要通过多轮的反复讨论,方能确定。比如,某企业对企业精神的原有表述是:"对顾客真诚,对员工坦诚,对企业忠诚。"但是在第一轮讨论时,有人提出这句话太长,能否合并成:"诚实",然后在解释中展开三诚。而在第二轮讨论时,大家经过仔细考虑,认为"诚实"不足以反映原来的意思,需要再修改,讨论结果是改为"三诚——真诚、坦诚、忠诚",然后同样在解释中展开原有的表述。经过这样的讨论,最终确定了企业精神的表述方式。

5. 企业伦理的设计

　　企业伦理,是指人类社会依据对自然、社会和个人的认识,以是非、善恶为标准,调整人与社会关系的行为规范和准则。

　　1994年,美国、日本和欧洲的企业界领袖在瑞士通过的《CAUX圆桌会议企业商务原则》为企业经营提供了企业伦理的基本准则。CAUX圆桌会议认为:企业的经营活动应基于以"共生"和"人的尊严"二者为基点的伦理观念中,这种基本的伦理观念应该得到所有企业的普遍尊重和严格遵守。"共生"是指为全人类的利益和幸福而共同生活,共同劳作,使相互合作、共存共荣与正当、公平的竞争两者并存;"人的尊严"则是指把个人的神圣不可侵犯性和真正价值作为终极目标,而不是简单地作为达到他人的目的或获得过半票数的手段,即实现真正的"人性化"。

　　企业伦理的设计应该注意以下几点:企业的伦理道德要体现本民族的优秀传统道德;要符合社会公德和家庭美德;要突出企业所在行业的行业道德;要反映企业自身的道德特性。企业伦理设计内容一般包括:忠诚、守信、负责、正直、勤劳、节俭、无私、廉洁、礼貌等。飞利浦(中国)集团在员工行为规范中明确规定,飞利浦(中国)集团的基本目标之一,就是以道德的手段获得利润。飞利浦(中国)集团保证向员工提供安全和健康的工作环境,以及没有歧视、骚扰或因个人行为而不利于工作的工作气氛。它同时明确规定:向与本公司有业务往来或希望与本公司建立业务关系的供应商、客户或其他方面索取或接受礼物或任何形式的酬劳是不允许的。

3.2.2　制度文化的策划

企业制度文化的策划是在精神文化策划的基础上,通过制度体系将企业观念固化下来,进而用以指导和约束企业行为和员工的个人行为。与精神文化的深奥、抽象相比较,制度文化讲究的是具体、实际。

制度文化的策划主要包括企业制度和企业风俗的设计。

1. 企业制度的设计

企业的行为常常被企业制度所规范,企业制度的制定与实施,可以反映出企业的不同行为。企业制度可以分为企业一般制度和企业特殊制度,其中一般制度又可以划分为工作制度和责任制度。

1) 工作制度设计

工作制度是对各项工作运行的管理规定,是保证企业各项工作有序运行的重要保障,包括:计划制度、人力资源管理制度、生产管理制度、服务管理制度、技术管理制度、设备管理制度、财务管理制度、销售管理制度等。每一制度下都有具体的内容,例如人力资源管理制度又包括用人制度、分配制度、激励制度、绩效考核制度、奖惩制度、教育培训制度等。企业的工作制度应该体现行业特点、地区特点、企业特点,同时与企业现在的发展阶段相适应。各项工作制度的设计应该相互配套,形成一个完整的制度体系。

小案例

微软的时间管理制度

微软的时间管理制度又称为"工作任意小时"制度,与传统的从早上九点到下午五点的作息时间相比,微软允许员工自由安排工作时间。这也是微软"家庭式办公"观点的一个表现。微软在大多数情况下没有对工作小时数的设定,这种管理方式靠的是公司对员工的信任、员工对公司所负的责任和每个人对成功的渴望。微软一方面把握住了优秀人才渴望获得认可的心理;另一方面通过为每位员工制定"年度目标"来达到约束员工的作用。假如员工的目标达到了,那么将得到丰厚的奖励,如果做不到,惩罚也是严厉的,甚至有可能失去工作。所以,在微软,每个员工心里都绷着的一根弦:对自己工作的把握。微软的"工作任意小时"是让员工在状态最佳的时候工作,提高了工作效率。

2) 责任制度设计

责任制度是指企业内部各级组织、各类工作人员的权利及责任制度,其目的是使每名员工、每个部门都有明确的分工和职责,使这个企业能够分工协作、井然有序、高效运转。

包括领导干部责任制、各职能机构和人员的责任制和员工的岗位责任制等。责任制度的设计要注意正确处理权责利的关系,将企业的目标体系层层分解,落实到部门和岗位上的个人,并以此作为考核的依据,与其奖惩挂钩,这样才能调动员工的积极性和主动性。常用的比较科学的目标分解方法就是由著名的管理学家德鲁克提出的"目标管理法"。

3）特殊制度设计

特殊制度主要是企业的非程序化制度,如员工评议干部制度,总结表彰制度,干部员工平等对话制度,员工生日、结婚、生老病死的制度等。与工作制度、责任制度相比,特殊制度更能体现企业文化的精神层要素。特殊制度的设计有利于塑造鲜明的、与众不同的企业形象。

企业制度在设计时应该注意与企业文化理念保持一致。两者的契合可以从以下角度入手：

（1）公司明确提出将企业文化理念作为企业制度制定的指导思想,同时在制度执行的过程中,高度体现企业文化理念,将理念的精神落到实处。

（2）依据已经确认的企业文化理念和行为准则,检查企业现行制度中有没有与文化理念相违背的内容,强化与企业文化相融合的制度,修正或废弃与企业文化不相容的制度。

（3）以企业文化理念为基准,对企业制度进行经常性的检查,以适应变化和提升了的理念。通过组织和管理手段,防止刚性的制度对文化理念的侵蚀。

（4）通过必要条件,将企业文化理念的贯彻执行制度化。

2. 企业风俗的设计

企业风俗是企业长期相沿、约定俗成的典礼、仪式、习惯行为、节日、活动等。由于企业风俗随着企业的不同而有所不同,甚至有很大的差异,因而成为区别不同企业的显著标志之一。设计培育新的企业风俗需要体现企业文化的精神内涵,例如,江苏有一家以制造文化用品为主的乡镇企业,把培养高文化品位作为企业目标,于是该企业大力倡导和积极鼓励员工开展各种读书、书法绘画、诗歌欣赏等活动,后来逐渐形成了一年一度的中秋文化之夜的企业风俗,企业员工及家属子女都踊跃参加,展示自己的书画作品,朗诵自己喜爱或创作的诗词散文。这一企业风俗就很好地反映了企业的理念。

企业风俗的设计还需要与企业的发展特点和企业的经济实力相结合。

小案例

IBM 的 "100% 俱乐部"

IBM公司有个风俗,就是为工作成绩列入前85%以内的销售人员举行隆重的庆祝活动。公司里所有的人都参加"100%俱乐部"举办的为期数天的联欢会,而排在前3%的销售人员还要荣获"金圈奖"。为了表示这项活动的重要性,选择举办联欢会的地点也很讲究,譬如到具有异国情调的百慕大或马略卡岛举行。有一个曾经得过"艾美"金像奖的电视制片人参加了该俱乐部1984年的"金圈奖"颁奖活动,他说IBM组织的"轻歌剧表演"

具有"百老汇"水平。当然,对于那些有幸多次荣获"金圈奖"的人来说,就更能增加荣耀感,有几个"金圈奖"获得者在他们过去的工作中曾20次被评选进入"100％俱乐部"。在颁奖活动期间,要分几次放映有关他们本人及家庭的纪录影片,每人约占5分钟左右,该片质量与制片厂的质量不相上下。颁奖活动的所有动人情景难以用语言描述,公司的高级领导自始至终参加,更激起了人们的热情。因此,企业风俗可以起到对内引导、凝聚、约束作用和对外辐射作用。

3.2.3 行为文化的策划

企业行为文化的策划是使企业文化能够从观念的整合过程过渡到行为的整合。只有将企业的理念识别踏踏实实地落实在行为规范上才会收到良好的效果。

小案例

麦当劳公司的行为识别系统

世界上最好的快餐集团之一麦当劳公司,它成功的主要因素应归功于它有着有效地贯彻企业理念的行为识别活动。它在贯彻提供品质上乘、服务周到、地方清洁、物有所值的产品和服务的理念的同时,建立了一整套完整的行为识别系统。为使食品达到标准化,做到了无论国内国外,所有分公司的食品质量和配料都一样,同时规定了各种操作规程和细节,他们坚持不卖味道差的东西,放置时限一到就马上舍弃不卖,如规定汉堡制作后超过10分钟即舍弃不卖等。麦当劳导入的行为识别系统,使其行为统一达到惊人的程度,无论顾客走进哪一家分店,他们都能得到大小相同的份额,同样口味的食品,看到一样的餐饮服饰,享用到一样的服务。为此,麦当劳公司制定了一本厚达385页的程序手册,把最细致的行为动作都描述出来。

行为文化策划的主要内容是员工行为规范的设计。

员工行为规范是企业有意识地提出的员工在企业共同工作中应遵守的行为和习惯的标准。员工行为规范的强制性弱于企业制度,但是它带有明显的导向性和约束力。员工行为规范的倡导和推行,可以形成员工的自觉意识,使员工的行为举止和工作习惯朝着企业所期望的方向转化。

1. 员工行为规范设计的原则

(1) 一致性原则。员工行为规范必须与企业理念要素保持高度一致并充分反映企业理念,成为企业理念的有机载体;行为规范要与企业已有的各项规章制度充分保持一致;行为规范自身的各项要求应该和谐一致,不出现自相矛盾。

(2) 针对性原则。员工行为规范的各项内容及其要求的程度,必须从企业实际特别是从员工的行为实际出发,有针对性。

(3) 合理性原则。员工行为规范的每一条款都必须符合国家、社会公德,即其存在要合情合理。

（4）普遍性原则。员工行为规范的选用对象是全体员工，不仅包括一般员工，也要包括高层领导。

（5）可操作性原则。行为规范要便于全体员工遵守和对照执行，其规定应力求详细具体，具有可操作性。

（6）简洁性原则。制定员工行为规范时不应该面面俱到，而要选择最主要的、最有针对性的内容，做到整个规范特点鲜明、文字简洁，便于员工学习、理解和对照执行。

2. 员工行为规范的主要内容

（1）岗位纪律。岗位纪律一般是员工个体在工作中必须遵守的一些共性的要求，其目的是保证每个工作岗位的正常运转。包括作息制度、请假制度、保密制度、工作态度要求、特殊纪律等方面。比如，有的企业在员工行为规范中明确规定"工作日中午严禁喝酒"。

（2）工作程序。这是对员工与他人协调工作的程序性的行为规定，包括接受上级命令、执行上级命令、独立工作、召集和参加会议、配合同事工作、尊重和沟通、报告的要求等方面。例如，廊坊新奥公司规定员工"复杂的命令应做记录""为避免出错，听完后最好把命令要点重复一遍"。工作程序是把一个个独立的工作岗位进行关系整合，使企业成为和谐团结的统一体，保证企业内部高效有序地运转。

（3）待人接物。对员工待人接物方面的规范性要求不仅是企业塑造企业形象的需要，而且也是培养高素质员工的必要途径之一。待人接物所涉及的包括礼貌用语、基本礼节、电话礼仪、接待客人、登门拜访等方面。例如山东小鸭集团维修人员在上门服务时，根据许多用户装修了住房的情况，在进入用户房门之前一律在脚上套上自带的塑料薄膜，这都是考虑非常周到的行为规范。

（4）环境与安全。企业在环境保护方面对员工提出一定的要求，不仅有利于营造和维护企业良好的生产、生活环境，而且对于塑造良好的企业视觉形象有直接帮助。比如，有些企业提出"饭后将餐具送回厨房，自己清洁垃圾"。另外，帮助员工树立安全意识也是员工行为规范应该包括的内容。针对不同企业的情况，安全规范有很大差别。例如，交通、运输、旅游等行业一般提出安全行车要求，而化工企业则对有害化学物品的管理和有关操作程序有严格规定，电力行业则对电工操作、电气安全有相应规范。

3.2.4　物质文化的策划

企业物质文化是企业精神文化的外在表现。没有精神文化，物质文化只能是简单的装饰品；没有物质文化，精神文化也无法有效地表达和传递。

借鉴企业形象设计(CI)中的企业视觉识别(VI)思想，企业物质文化系统主要包括两大类要素：一为基本要素，它包括企业名称，企业标志，标准字，标准色；二为应用要素，即上述要素经规范组合后，在企业各个领域中的展开运用。包括办公用品，建筑及室内外环境，衣着服饰，广告宣传，产品包装，展示陈列，交通工具等。

1. 基本要素设计

基本要素是表达企业经营理念的统一性基本设计要素,是应用要素设计的基础。

基本要素的设计应该遵循如下原则:

第一,突出企业的个性。基本要素应该与企业所从事的行业、企业价值观等相结合,体现企业自身的特色。

第二,持久性。基本要素一般应具有长期使用的价值。基本要素在各种场合被反复使用,经常出现在企业的各类广告、产品、包装以及其他大众传媒中,如果经常变动,不利于形成稳定的企业形象。

第三,艺术性。基本要素是靠人的眼睛去感受,一定要有美感,才能够建立起高品位的企业形象,给人留下好的印象。讲究艺术性,应注意标志构图的均衡、轻重、动感,注意点、线、面的相互关系,以及色彩的选择和搭配,而且要特别注意细节的处理。

为了在信息传播中达到对内(企业内部)、对外(社会公众)视觉上的一致,从而塑造明确而统一的企业整体形象的效果,在基本要素设计中,企业名称、企业标志、标准字、标准色是最主要的四个要素,应该具有规范性。

1)企业名称

企业名称是构成企业身份的基本元素,是企业外观形象的重要组成部分。在设计企业名称时,须考虑以下 3 方面的因素:

(1)企业所在行业的特点。企业名称首先应体现自己所在行业的特点。例如,在实际中,建筑企业与药品企业当然应该有不同的名称。企业名称首先要以其行业来定义。

(2)企业所生产的产品特点。企业名称还必须体现产品的特点。若企业生产的产品品种单一,也可以其产品来定义其名称。

(3)企业应有的独特个性。企业名称还必须体现和有利于创造企业的独特个性。企业名称是企业个性的文字表现,它不仅对企业经营活动以及员工纪律、士气产生深远的影响,而且对树立企业独特形象具有重要意义。当人们第一次听说或第一次看到某一企业,首先接收到的即是企业名称,并通过这一名称在脑海中形成第一印象。良好的企业名称会直接给人一种耳目一新、过目不忘的感觉。

一个与众不同的、简练的名称,会在公众心中留下深刻的印象。而且在确定企业名称时,能够反映出企业精神的内涵也是非常重要的。例如,日本索尼公司原名"东京通信工业公司",后来才改名"索尼",其含义是"快乐的男孩",寓意是"成长"。这个名称字母较少,读音顺耳,成为企业名称设计的经典。又如中国台湾顶新集团投资大陆成立了顶益食品公司生产方便面,他们听说大陆人喜欢"师傅"这个称谓,给人以朴实、亲切的感受,如果方便面能使人感到亲切和朴实,吃了又使人健康,那该多好啊! 于是,他们注册了"康师傅"这个牌子。

确定企业名称时,还应该仔细研究消费者心理以及市场的发展变化,为企业取一个令人印象深刻,具有时代感和冲击力的名称。例如,日本胶卷市场上曾有两家旗鼓相当的公司相互竞争——富士公司和樱花公司。20 世纪 50 年代,樱花公司在日本胶卷市场上拥有超过一半的市场占有率,然而,随着时代的变迁,富士的市场占有率越来越高,终于击败樱花公司,成为胶卷市场的霸主。根据调查,这场竞争的关键在于企业名称。日文中的"樱花"一词有"桃色""软性""模糊"的意味,而"富士"则和日本的富士山、蓝天、白雪联系在一起,给人以美好的印象。"樱花"受不良印象的影响,各种广告无济于事,只能节节败退。

此外,市场竞争的国际化使企业在参与国际竞争时必须考虑名称的国际性。例如,"联想"最初成立的时候,名称为"中国科学院技术研究所新技术发展公司"。1985 年,随着第一款具有联想功能的汉卡产品"联想式汉卡"推出,"联想"品牌由此诞生。1988 年香港联想开业,采用英文名称 Legend,"联想"第一次成为公司名称。柳传志说,当初联想成立、起名叫 Legend 的时候,联想还只是处于谋生的阶段,完全没考虑到"国际化"问题。但公司发展到现在,"国际化"已经成为联想两代人的梦想,换标的代价必然要付出。Legend 在海外市场被注册的太多,而联想在国外发展就一定要有一个能受到法律保护、能合法销售产品的商标。经过多方研究,名称最后落在了自己创造的单词——Lenovo。Lenovo 由 Le 和 novo 组成——Le 取 Legend 的字头,novo 在拉丁语中则意为"创新"。

2) 企业标志

企业标志是指代表企业的意义明确的统一的标准视觉符号,它可以是企业的文字名称,可以是图案,也可以是文字图案相结合的一种平面设计。企业标志能够将企业的经营理念、经营内容、产品特性等要素传递给社会公众,在整个物质文化系统设计中,具有重要的意义。

企业标志的设计应该兼具企业文化内涵和艺术欣赏价值。一方面,标志的设计要具备独特的风格,将企业独特的个性传递给受众,要巧妙地赋之以寓意,但寓意要准确,名实相符;另一方面,标志在设计上不仅要造型优美,符合美学原理,而且要简洁鲜明,富有感染力。标志的设计选择有以下三类:一是以统一的企业名称和品牌名称作为企业识别标志,如 BENZ、Disney 等;二是以企业名称、品牌名称为基础勾画出新的组合图案以此作为企业标志,如国际商用机器公司的 IBM、麦当劳的"M"等;三是以企业经营理念为企业标志的核心内容。依据上述不同方向进行设计,可产生不同个性和形象特征的标志。一般而言,对于规模较大、市场占有率较高的企业,较适合采用文字标志,若是企业名称和品牌知名度不太高,则通过图形标志能增加标志的识别性和亲切感,较易被认同。

下面是一些著名企业的企业标志(如图 3-2 所示)的设计内涵。

图 3-2　经典企业标志

世界顶级豪华汽车品牌"BMW",无论从它音意俱佳的中文名字"宝马"还是从它蓝白螺旋桨标志,无不蕴含着"BMW"的品牌精神和汽车品位。"BMW"公司最早从生产飞机发动机起步,飞机螺旋桨高速旋转在蓝天白云的背景上画出扇形弧线,概括出蓝白相间四片扇叶的"BMW"标志。译名"宝马"独具匠心,"马"乃载物工具,车的概念显见其中;一个"宝"字让人不禁对马产生美好想象,因为"宝马香车"古已有之。"BMW"栩栩如生的视觉品牌形象令人耳目一新，几十年来"BMW"公司不断演进、变革，蓝白螺旋桨的主题却始终如一，成为其企业精神不可分割的一部分，显示了其品牌文化的迷人魅力，也获得了巨大的商业成功。

海尔企业文化的核心是创新。它是海尔 20 年发展历程中，产生和逐渐形成特色的文化体系。"创新"，伴随着海尔从无到有、从小到大、从大到强、从中国走向世界，海尔文化本身也在不断创新、发展。随着海尔的不断壮大，企业的新标志也应运而生，与原来的标志相比，新标志主色彩从红色变为蓝色，体现科技创新与智慧洞察的视觉感受。LOGO 中的"i"上方的点从"方点"变成了"圆点"，体现了两层含义：一是圆点代表地球，体现海尔是一个全球化品牌，正是通过虚实融合为全球用户提供引领的服务与解决方案；二是圆点代表网状组织中的一个个节点，顺应了海尔网络化战略下组织架构从正三角颠覆为倒三角，进一步扁平为节点闭环的网状组织，每个基本创新单元都是一个节点，各个节点相连汇聚成海尔开放的平台。

3）标准字

标准字是指经过设计，用以表现企业名称或品牌的字体。标准字与企业标志联系在一起，具有明确的说明性。标准字不同于普通字体，在形态、粗细、字间连接与配置等方面，都作了细致严谨的规划，与普通字相比更美观，更具特色。而且同一企业可能有几种标准字形式，它们之间具有连贯性，这种连贯性对企业形象特质作了极好的诠释，整体上体现了企业的个性特征（如图 3-3 所示）。

图 3-3　企业标准字

企业标准字应传播明确的信息，说明的内容要简单易读，才能符合现代企业讲究速度、效率的精神，具有视觉传达的瞬间效果。汉字与字母的设计应力求清晰、准确、规范，注意二者之间的配合。我国企业以前有请名人题字的传统，用正、草、隶、篆等多种字体来书写企业名称。但随着科技的进步，企业往往倾向于追求明确化、系统化的经营风格，传统的名人题词由于往往表达个人风格，不能传达企业的经营理念和文化背景。从字体上而言，书法字体自由书写，易读性不高，结构不够规范，延展性不高；而且书法字体的个性太强，难以找到与其他要素的结合点，尤其是与英文字体组合时，缺乏系统性的问题更为严重。因此，标准字的设计，应经过全面的计划和实施，以创作出独具企业风格的字体。

另外，对于企业标准字的具体造型如字形的方长、高扁、样式风格及字体的内嵌等的设计应该注意以下四个方面的内容：一是确定企业名称的字体，包括英文字体或中文字体的选取、字体的表现形式、字体是集中成一行还是迁就特殊的空间分写成几行。二是确定标准字字体是固定成阳体（以明亮的底色配之以暗色的字体）还是阴体（以深暗色的底色配之以明亮的字体），或根据具体情况确定其他明暗程度不同的字体。三是确定企业名称的书写方式，是水平书写还是垂直书写，还是依据情形的不同用不同的书写方式。四是确定字距的大小、紧密、字形的弯曲程度。字体的颜色与底色的颜色，以及深浅程度等。

4）标准色

企业标准色是指企业指定某一特定的色彩或一组色彩系统，运用在企业的视觉传达设计的媒体上，通过色彩的视觉刺激和心理反应，以表现企业的经营理念、组织结构和经营内容等。由于色彩的不同感觉，它不但会使人产生各种不同的感情，而且可能引起从精神、情绪导致行为的变化。各种色彩所能引起的心理效应见表3-3。

表3-3 色彩的心理效应

色 彩	感 情 倾 向
红色	生命、热烈、喜悦、兴奋、忠诚、斗争、危险、烦恼、残暴
橙色	温馨、活泼、渴望、华美、成熟、自由、疑惑、妒忌、不安
黄色	新生、单纯、庄严、高贵、惊讶、和平、俗气、放荡、嫉妒
绿色	生长、活力、和平、青春、新鲜、安全、冷漠、苦涩、悲伤
蓝色	希望、高远、安详、寂静、清高、空灵、孤独、神秘、和谐
青色	神圣、理智、信仰、积极、深远、寂寞、怜惜
紫色	高贵、典雅、圣洁、温厚、诚恳、嫉妒
金色	华美、富丽、高级、气派、庸俗
银色	冷静、优雅、高贵
白色	纯洁、清白、干净、和平、神圣、廉洁、朴素、光明、积极
黑色	庄重、深沉、坚毅、神秘、消极、伤感、过失、死亡、悔恨
灰色	谦逊、冷静、寂寞、失落、凄凉、烦恼

资料来源：张德，吴剑平. 企业文化与CI策划（第2版），北京：清华大学出版社，2003：256.

标准色的设计既要鲜明地显示企业独特个性，又要与消费者心理相吻合。例如，IBM在选择标准色时，对于如何选择与众不同的极有个性的色彩，颇费了一番脑筋。最后，选择了"蓝色"作为公司的标准色，以此象征高科技的精密和实力。从此，"蓝色巨人"成为美国公众乃至世界公众最信任的公司之一，并在美国计算机行业占据霸主地位。又如可口可乐的红色，洋溢着青春、健康、欢乐、向上的气息；富士胶卷的绿色，使人联想到森林、绿树，给人以娇艳欲滴的生命感；海尔的蓝色，使人联想到大海的宽广，表现出海尔阔步世界的理想。

另外，标准色的开发，应避免和各国的民族偏好冲突。在法国，人们不喜欢绿色，因为它会使人想到纳粹军服，那里的男孩惯穿蓝色，小女孩惯穿粉红色。法国还忌讳绿色的地毯，因为该国在举行葬礼时有铺撒绿树叶的习俗。德国因政治原因而忌用茶色、黑、深蓝色的衬衫。德国的清洁工的服装和垃圾车是橘黄色的。在荷兰，代表国家的颜色橙、蓝色十分受欢迎。特别是橙色，在节日里广泛运用。瑞士十分喜爱三原色和同类色相配，并喜欢国旗上的红色和白色。巴西出于迷信，认为紫色代表悲伤，茶色象征着不幸。在马来西亚，黄色为王室所用颜色，一般人不能穿用。

2. 应用要素设计

通过基础要素来统一规范各项应用要素，达到企业形象的系统一致。高水平的视觉设计系统是对企业形象进行一次整体优化组合。不是将基础要素一一搬上应用领域就算了事,而是必须考虑到基础要素在企业建筑、产品包装、办公用品等各类不同的应用范围中出现的时候,既要保持同一性,又要避免刻板机械。应用要素的设计主要包括以下6个方面:

1) 企业建筑

企业建筑是企业的一部分,它不仅是企业生产、经营、管理的场所,而且是企业的象征。企业建筑物的风格代表了企业的经营风格,使公众能清楚地了解企业的性质特征和独特的形象,以及其深刻的文化内涵。在美国,一些著名公司都注重自己企业的建筑风格,特别是注重企业总部大楼的建造形式,力图充分体现公司的特点,并尽可能给顾客留下深刻印象,达到树立企业形象,宣传企业的目的。如位于匹兹堡的美国钢铁公司大楼,整个建筑物的装修都采用钢铁材料,人们只要一看到这些建筑,就能够立刻对企业的性质和独特的风格留下深刻的印象。新华通讯社的新建主体建筑外形像一枚巨型航天火箭点火待发、直插蓝天,展现出建设世界一流通讯社的雄心壮志和组织形象。

2) 环境形象

所谓企业环境形象,是指企业厂房概况与企业厂区四周概况,也就是企业环境从直观上给公众的整体感觉和印象。具体地说,它包括厂区建筑物、构筑物的布局、厂区的卫生绿化、材料堆放以及企业的合理布局等诸多内容。楼房布局合理、院内绿树成荫、空地绿草覆盖、道路清洁卫生、标语口号醒目、厂区门面设计合理,并且所有这些浑然一体,形成独特风格,对鼓舞员工士气、增加凝聚力具有非常重要的作用。

例如,微软研究院拥有舒适的环境。大学校园叫 campus,微软研究院也叫 campus,这正是微软舒适环境的写照。其中包括花园式的拥有大量鲜花、草坪的园区,还有美丽的Bili 湖。篮球场、足球场更是充满了校园气氛。舒适的自然环境为微软人提供了优雅的工作环境,成为高效工作的保障。

3) 办公室环境

对于企业管理人员、行政人员、技术人员而言,办公室是主要的工作场所。办公室的环境如何、布置得怎么样,对于置身其中的工作人员从生理到心理上都能产生一定的影响,进而会影响工作人员的工作效率。办公室的家具与陈设品的选择应与空间性质、空间风格协调一致。其造型、色彩、质地也应服务于企业气质、企业性质,更应体现企业文化特征及企业精神,不能只图漂亮好看或新颖别致。

例如,西安联想分公司办公环境在色彩处理上,对墙面、形象墙、家具织物等部位采用与标识字体、企业色一致的蓝色,以营造一种积极进取、团结诚信的工作氛围;室内光环境的设计主要采用冷色光,再配以少量暖光衬托,可体现出沉静大方、明亮广阔的联想空间;纯色、冷色、直线条、织物或皮革质地的家具则给人现代时尚、简约明快的感受;陈设品多选用意境深远的挂画、字幅或造型简洁的陶瓷摆设,更能营造出沉稳大气、高雅别致的室内情趣。在形象墙、地面、前台立面、柱面等部位,还反复出现企业标识"LENOVO"字样,同时辅以大量灯箱、招贴、挂旗等形式以强化企业功能及企业精神。并以此作为联想集团标准化装修,同时应用于厂房、车间、展厅等其他功能的室内空间,使之具有统一的形象。

4）办公用品

办公用品是企业信息传达的基础单位，办公用品在企业的生产经营中用量极大，扩散频繁，而且档次、规格、式样变化多端，因此，办公用品是企业物质文化表现的有力手段，具有极强的稳定性和时效性。企业识别应用系统中的办公用品主要指包括信封、信笺、名片、邀请函、贺卡、会员卡、贵宾卡、公文纸、笔记本、资料夹、各类财物单据、企业公章、员工徽章、水杯、烟灰缸等。

办公用品的设计应注重以下 4 个重点环节：

① 引入的企业识别标志及变体、字体图形、色彩组合必须规范；

② 所附加的企业地址、电话号码、邮政编码、广告语、宣传口号等，必须注意其字形、色彩与企业整体风格的协调一致；

③ 对于办公用品视觉基本要素的引入，以不影响办公用品的使用为原则，并在此基础上增加其美感，如纸张中的基本要素，应位于边缘一带，并根据心理学的视觉法则，一般应位于整个版面的上方和左方，以留出足够的空间；

④ 对于办公用纸的选择，一般应选择质量较好的纸品，而不能由于成本原因而因小失大。

5）衣着、服饰

企业员工的衣着和服饰具有传达企业经营理念、行业特点、工作风范、整体精神面貌的重要作用。企业对于员工服装的统一规定，能使员工将自己和企业紧密地结合在一起。员工衣着和服饰的设计，既是对企业员工的形象设计，也是对企业形象的设计。

企业员工的衣着和服饰的设计开发遵循以下原则：

① 由于不同的工作性质对服饰有不同的要求，因此在衣着和服饰的设计中应注意适用性原则。首先要考虑员工的岗位，如生产车间的制服，要求穿着舒服的同时要耐脏易洗、方便作业；服务岗位的服装，则应设计得体面、大方，并且具有一定的特色，一般女士应为套裙，男士应为西装等。同时也要考虑季节因素，应设计多套服装。

② 制服的设计要基于企业理念，体现企业特色，表现出企业是现代的还是传统的，是创新开拓的还是温和亲切的企业形象属性。

③ 要基于行业特色，表现出医院、邮电、学校、宾馆、商业等已为大众认同的服装模式。

④ 考虑视觉效果，通过色彩、标志、图案、领带、衣扣、帽子、鞋子、手套等表现出整体统一的视觉形象。

⑤ 员工服装也可以与已设计好的基本要素相搭配，在保持整体风格一致的前提下将企业的标准字做成工作牌或标徽或直接绣在制服上，并以标准色作为制服的主要色调，以其他不同的颜色代表不同的岗位性质。这样企业员工的服装能整体体现企业的视觉形象，从而成为企业又一个传播文化的窗口。

6）产品包装

包装是产品的延伸，它不仅是产品功能的描述，而且还可以结合企业的经营理念，通过塑造商品的个性和形象，进而树立良好的品牌形象和企业形象，向公众传递企业的物质文化。

包装设计要考虑的最主要的因素就是如何体现和树立企业整体形象。企业应将物质文化的基本要素应用于包装之中,包装材料、包装色彩、包装文字、包装图案等因素应与企业的名称、标志、品牌、标准字、标准色、印刷体等基本要素相统一,而且,其整体视觉效果应与企业的整体形象相一致。

① 就企业标志而言,包装上应将企业标志置于统一的固定位置,用统一的背景或统一的构图予以衬托,使企业名称处于主导地位,从而取得良好的视觉效果。

② 对于企业标准字而言,应当成为包装的中心,因为包装上一般有大量的文字说明,消费者往往通过标准字和文字说明来辨认产品。企业可以通过对比的手法加强其明视度,造成视觉上的冲击力。

③ 企业的标准色应该成为包装的主色调,至少应成为包装上较为突出的颜色。

④ 包装图案就像企业的宣传画,清楚、便于理解的包装图案具有审美功能和产品形象定位的功能。例如,万宝路香烟盒上的暗红与纯白搭配,加上黑色的 Marboro 商标,使人联想到西部牛仔的阳刚之美和不凡气度。另外,对于同一企业的不同产品,企业还可以使用系列包装,仅在包装款式、文字说明等方面做一些改动,而在企业名称、标准字、标准色、企业标志、产品品牌、商标等方面保持同一风格,以实现系列产品的扩散效应。

3.3 企业文化策划的技术

企业文化的最大的特点是能够体现一个企业的文化个性,没有个性也就谈不上企业文化了。企业文化的策划过程中最主要的一点就是所设计的企业文化符合企业的实际,体现企业的鲜明个性,因此需要在以下三个方面下工夫。

3.3.1 突出企业文化的民族性

企业文化根植于民族文化的土壤中,企业价值观、行为准则无不刻有民族文化的烙印。从世界其他国家的企业文化对比中,我们可以看到,民族文化的性质在很大程度上决定和影响着企业文化的特征。例如日本的大和民族文化,它所派生的日本企业文化,着眼点放在运用职工的"集体智慧",力求"协调""合作",并格外强调职工对企业、企业对社会、领导对下属的责任感,因而就有了"和亲一致、顺应同化、感谢报恩、产业报国、奋力向上、献身组织"的特色。而在英、美这些带有浓厚个人英雄主义色彩的国家,则强调企业经营者的素质和能力,强调个人创新,所以"发展个性、鼓励竞争、争创第一、走向国际"构成了他们企业文化的特点。产生上述两种不同类型的企业文化,无疑是民族文化差异的影响,是东西方企业面临的不同社会环境和职工思想意识的深刻作用所致。所以,中国的企业要发展企业文化,建设中国特色的企业文化,必须坚持中华民族文化的独特性。鉴于日本传统文化与中国传统文化有着极其深厚的历史渊源,我国的一些企业就试图套用日本企业文化的模式,以传统的价值观为核心,对中国传统文化中某些与现代市场经济客观要求相矛盾的价值观念和道德标准进行更新和改造,借此创建中国特色的企业文化,以达到企业经营成功和民族经济腾飞的目的,事实上却起不到应有的作用。那么,怎样才能创造出中国特色的企业文化呢? 首先,还是不能离开中国几千年来遗留下来的传统民族文化这个根本,因为只有民族的东西才是最有特色的;其次,对于中国传统民族文化要加以批判性利用,取其精华,去其糟粕,比如在中国传统文化中,在家族内以家族利益为最高目标,强调家族团体重于个人,个人无条件服从家族团体;强调家族内部以伦理关系为基础的和谐与稳定。企业文化应该继承这一特点,从而培育企业的集体主义精神。其中,需要特别注意的是:

① 强调群体精神的精华;

② 去除原有的压抑个性、封闭保守的糟粕;

③ 保留人与人之间的相互关爱、相互尊重的传统;

④ 借鉴儒家"以和为贵"的思想,建立和谐的人与人之间的关系。

同时,对日美等国在企业文化的成熟经验也要坚定地吸取,只有这样,我们的企业文化才是真正具有中国特色的。因此,我们企业建立企业文化应着重突出职工的主人翁地位、企业对国家对民族的义务,企业对社会的责任感、尊重知识、尊重人才、企业经营者与员工同呼吸共命运等内容。

3.3.2　锤炼企业文化的个性

1. 企业价值观准确概括企业文化个性

时下有相当一部分企业在明确企业价值观时,仅仅模拟其他企业文化的语言文字,提出几句口号或标语,都是团结、进取、拼搏、求实、开拓、创新等不同组合。众多的企业都用同一面目去描绘企业的价值观,而不讲究企业的具体特点,造成雷同,使企业文化失去企业个性。那么,如何确立核心价值观呢? 通常可以通过关键小组访谈或问卷方式进行初步调查,再根据企业发展的要求进行选择。价值观可以是一两条,也可以是一组系列观点。我们可以根据重要性,选择出最具企业特色的价值观作为企业核心价值观。

例如,某企业原本提倡过许多观念,诸如学习的观念、实干的观念、安全第一的观念、精益求精的观念、服从大局的观念、追求完美的观念。经过调查了解,企业的管理者都是从基层提拔起来的,十分务实。企业内部形成了崇尚先进的传统,经常搞一些评比活动,大家相互学习、争创一流的风气很盛。为了进一步引导员工向更高的目标迈进,企业领导决定把学习、务实、进取作为核心价值观。但是,只用"好学、务实、追求完美"等方式来表达核心价值观,有些过于通俗。虽然可以产生亲切感,但缺乏震撼力和视觉冲击力,对广大员工来说没有什么新鲜感。于是,选择了《礼记·大学》中的一句话:"强学力行,止于至善"来表达,效果很好。

又如,日本索尼公司的企业精神是"土拨鼠"精神,土拨鼠在茫茫的黑夜里总是不停地挖掘,体现了索尼公司的开拓创新精神。索尼公司提倡:"干别人不敢干的事","永不步人后尘,披荆斩棘开创没人敢于问津的新领域。"这是一种很难确定方向、失败了外人也很少知道其艰辛的开拓,因而最需要的是暗地里持续不断使劲的"土拨鼠"精神,这种精神使索尼公司取得了一项又一项举世瞩目的成就。

2. 个性语言雕塑企业文化个性

市场上企业数量众多,企业成功之道往往大同小异,难免有许多企业着意彰显的个性形象雷同。然而,企业是由人来创造,没有两个企业的成长过程是完全一样的,企业的存在本来就是唯一的、具有个性的。所以,即使与同行或其他行业企业的文化产生相似的地方,企业文化的个性也可以通过企业的特色语言来填补。

更像自己,是企业文化建设过程中避免雷同、彰显个性的语言标准。譬如,同样是德才兼备的人才观念,有的企业就用自己领导人的一句话——"在自己岗位上把工作做得最好的就是我们所要的人才"——来表示。又如《华为基本法》第一条写进"永不进入信息服务业……"与"华为专注信息设备业"意思相似,但效果大为不同,这种语言风格正是华为个性精神的体现。

3. 生动形象展现企业文化个性

在企业文化导向定位明确后,通过某些动植物生动形象的特性表现,巧妙地与企业文化进行嫁接,这样企业的文化个性魅力就会以更直观的方式显现出来。

例如,天鸿集团(大型房地产公司)选取"鸿"作为其文化的形象代表。鸿即是大雁。古人即有大雁传信之说,大雁有着诚信的品质。科学家告诉我们,在雁阵中大雁飞行的速度比单飞高出 71%,鸿雁是高绩效团队的典范。鸿雁分工明确、组织有序,中途休息时,领头鸿雁安静休息、调整体力,青壮派鸿雁负责觅食、照顾年幼或老龄雁。大雁的优良习性,正好符合天鸿的诚信文化、高绩效团队文化和制度至上文化,选择鸿雁作为自己的文化形象代表,更加突出地展示了天鸿文化的个性魅力。

如果用动植物形象作为企业文化的"代言人",其他的动植物选择还非常多。譬如,大象具有诚信、实力、稳健、敏锐的特性,蚂蚁具有顽强的生命力、团队的特性,狼具有坚毅、勇敢、团队、智慧的特性,仙人掌具有坚忍、耐劳的特性。

3.3.3 从企业故事中提炼企业精神

企业故事是企业文化工作者的重要研究对象。企业故事不仅具有多侧面、多层次的文化人类学内涵,而且通过对故事的诠释、提炼和升华,可以探讨出很多具有很深管理哲学道理的东西。企业故事的编辑演绎过程主要包含以下 3 个步骤。

1. 征集

企业故事是企业人创造的,因此它必然蕴藏于企业中,成为企业极为重要的文化资源,面向全体企业人广为征集企业故事,这是开发企业这种文化资源的有效方法。在企业故事的演绎上,应当积极引导全体员工挖掘本企业、本人的故事,建立起有本企业特色的"企业故事库"。

2. 选择

企业故事必须要有导向性。讲企业故事并不是茶余饭后为了消闲而进行的漫无边际的"扯淡"。这就是说,并不是本企业发展过程中的所有人和事都可以提炼出本企业的企业精神和企业理念。本企业的特殊发展阶段,特定的社会背景和时代主题等决定了企业故事必须具有典型性,必须体现本企业的特色。因此,在广泛征集企业故事之后,对征集到的企业故事做出正确的"选择"和"甄别"，这是演绎企业故事必不可少的环节。企业故事选择的标准应当是：这些故事能反映出本企业员工所肩负的使命和责任感，进而才能提炼出企业精神和企业理念。

3. 诠释与提炼

一个原生态的企业故事，往往具有多侧面多层次的文化人类学内涵，因此对于原生态的企业故事做出合理性的诠释就显得尤为重要和必要。事实也表明，通过对企业故事的诠释、提炼和升华，可以探讨出许多具有深刻哲学意味的东西，从而表现出企业文化精神和理念。通过将发生在企业里的人、事、物的现实经验、事迹具体化与形象化，可以从这些事迹或故事里明确作为该企业的员工应该做什么，追求什么与不应该做什么，追求什么，从而理解本企业文化的内涵与意义。

分析案例

双良集团引入 CIS[①]

双良集团有限公司地处长江三角洲的核心腹地，素有"江海门户""锁航要塞"之称的江阴市。于 1982 年创业起步，经过三十年的专注与创新，已经从单一的中央空调制造业发展成为集机械制造、化工新材料、酒店服务于一体的大型综合性企业集团，名列中国机械工业 500 强、中国民营百强、中国工业行业排头兵企业。

双良集团在创业过程中，已经形成具有特色的企业文化。但是这些企业文化在集团员工中并没有得到普遍的认同。随着集团的成长和壮大，外聘的职业经理人日益增多，企业文化的认同感不强，员工在日常工作中不能够体现价值理念，集团的企业文化建设上还存在着诸多问题。突出表现为责任心不到位，合作意识不够，创新观念薄弱。例如，员工对创新的理解仅仅局限于高层次的经营和项目的创新或技术的创新，而没有将创新与个人的本职工作结合起来，没有把创新理解为包括观念创新、制度创新、管理创新、工作方法创新、工作方式创新的综合体。而在工作中，员工的危机意识淡薄，集团内部没有形成良好的组织氛围。

没有文化上的普遍认同的企业就没有凝聚力，结果，员工对集团的未来发展战略不清楚，无法形成一个共同的愿景。与此相对应，集团也没有非常透彻和系统地向员工描述集团的发展战略和愿景，员工把集团定位于标准的私营企业，很多员工心里有一个难以破解的"打工情结"，因而对集团有一种距离感和疏远感。

为了解决这一问题，2000 年，双良集团高层决定正式实施企业形象识别系统战略（Corporate Identity System，CIS），全面导入 CIS 三大系统。这个 CIS 系统包括集团的理念识别（MI）、行为识别（BI）和视觉识别（VI）三大部分。CIS 是企业形象管理工具，是实施名牌战略的有效手段。双良集团专门成立了工作小组，邀请外部专家设计了全新的 VI 体系。

---

① 资料来源：石伟.组织文化（第 2 版）.北京：人民大学出版社，2010：176～177.

双良集团的视觉设计主要包括三大部分：一是基础要素，包括标志、标准字、标准色、辅助色、双良小超人等；二是基础要素组合，包括标志与企业名称的各种组合（横式、英文等）；三是应用要素，包括厂房、餐厅、服装、标示、广告、运输等7大系统。

双良集团的视觉设计是根据集团的定位、理念来展开的。所以它能完成大厦理念的视觉表达。大厦的标志以四方圆角的造型为主视觉形象，是稳重、值得信赖的体现；双良的标准色是蓝色和绿色，蓝色寓示整洁、精巧，绿色体现精致、典雅，与企业形象相吻合。

CIS传播是企业形象导入工程的重点工作，内部传播和外部传播都非常重要。双良集团利用一切手段广而告之。例如江阴国际大酒店是直属江苏双良集团的四星级涉外旅游饭店。它东枕中国跨度最大的江阴长江公路大桥，西连长江轮渡码头，北倚风光旖旎的江阴黄山风景区。风景秀丽、交通便利。更由于江阴国际大酒店高99.8米，共28层，是江阴市的最高建筑，也是江阴跨世纪标志性工程和展示江阴面貌的形象工程。集团将双良集团的标准色和标志制成霓虹灯。夜幕降临时，熠熠闪光的蓝色和绿色的灯光，连同"双良集团"的标准字展示了双良集团焕然一新的形象。而在内部传播过程中，集团运用《双良报》、展板、会议等形式，迅速使新的识别系统和寓意为员工所熟悉、了解。

在行为识别层面上，集团领导深知制度的重要性，他们继续外聘外部专家，对集团的经营管理现状进行专项调查研究。专家对集团的内部管理状况有客观准确把握之后，经过半年多的工作，在集团开展了职位与评估、绩效考核制度设计、薪酬制度设计方案的制订。新制度的实施规范了员工的行为，"二次创业"的口号深入人心，员工的士气、归属感逐渐加强。

在理念识别方面，双良集团提出了"人以信为立，企业以信为诚"，"失败不责难，成功给重奖"，"个性、胆量、肚量、公平、本领、奉献"的用人标准，"追求自然与科技的和谐"等理念，这些不仅凝聚着集团高层的思索，也逐渐得到员工的普遍认同。新的核心价值观"学习才能进取、创造方为永恒"取代了原来的"以人为本"，用以来提升集团的核心竞争力，促进集团的文化管理，双良集团的企业家和企业家精神，合理的、严格的管理制度，良好的企业形象等使得双良集团在新世纪继续追求卓越，实现企业的使命和目标。

讨论题：

1. 结合案例分析：如何使企业文化能够带有鲜明的企业个性特征？
2. 企业文化的策划应该考虑哪些因素？

本章小结

1. 企业文化的诊断大致可以分为四个主要步骤，即资料收集、企业内外部环境的调查、企业与外部的关系分析和现场调查。其中最重要的一步是通过现场调查了解企业内部的真实情况。现场调查主要采用访谈、问卷调查以及案例剖析的方法进行。在问卷调查过程中，国内外的学者提供了较多的比较成熟的企业文化诊断问卷，企业也可以结合自身的实际情况自行开发诊断工具。

2. 企业精神文化策划是企业文化策划的核心，其主要内容包括企业愿景、企业宗旨、企业价值观、企业精神和企业伦理等的设计。

3. 企业制度文化的策划是在精神文化策划的基础上，通过制度体系将企业观念固化下来，进而用以指导和约束企业行为和员工的个人行为，主要包括企业工作制度、责任制度、特殊制度和企业风俗的设计。

4. 企业行为文化的策划是使企业文化能够从观念的整合过程过渡到行为的整合，最常见的策划方式就是设计企业员工行为规范。

5. 企业物质文化是企业精神文化的外在表现，其策划内容主要包括企业名称、企业标志、标准字、标准色、企业建筑、环境形象、办公室环境、办公用品、员工衣着服饰、产品包装等。

6. 企业文化的策划过程中最主要的一点就是所设计的企业文化符合企业的实际，体现企业的鲜明个性，因此需要在以下三个方面下工夫：一是要突出企业文化的民族性，吸取中国传统文化中的精髓部分；二是反复锤炼企业个性，企业价值观必须能够准确概括企业文化个性，而不是千篇一律，并辅助以个性语言和生动形象来雕塑企业文化个性；三是从企业故事中提炼企业精神和企业理念，通过对故事的诠释、提炼和升华，理解本企业文化的内涵与意义。

复习思考题

1. 企业文化诊断的目的是什么？
2. 企业文化诊断的主要方法有哪些？
3. 联系实际，说说如何策划企业的精神文化。
4. 企业制度文化策划的主要内容有哪些？
5. 企业员工行为规范的设计原则和内容是什么？
6. 举例说明企业物质文化策划的内容与方法。
7. 如何使企业文化能够反映企业个性？

第**4**章　企业文化实施

学习目标

通过本章的学习,领会企业文化建设规划的原则,了解企业文化建设规划的主要内容,重点领会企业文化实施的七种主要方法,掌握企业文化实施的组织保障,理解在企业文化落地过程中企业文化与人力资源管理的关系。

先导案例

中粮集团"五抓并举"推动企业文化建设

中粮集团以传达贯彻中央企业企业文化建设推进会议精神为契机,结合集团改革发展实际,扎实推进企业文化建设。

一是抓认识的提高,进一步明确企业文化建设在推动企业战略转型中的地位和作用。通过学习领会中央企业企业文化建设推进会议精神,集团党组深刻认识到:推动中粮战略转型,既要重视物质的力量,更要重视精神的力量,抓企业文化就是抓生产力、抓企业文化就是抓企业核心竞争力、抓企业文化就是抓企业软实力,中粮已经到了必须下大工夫、硬功夫、真功夫以抓企业文化来推动企业持续、快速、健康发展的新阶段。董事长、党组书记宁高宁认为,一个不重视企业文化建设的经营者是不高明的经营者,不抓企业文化是失职,抓不好企业文化是不称职,并以身作则、率先垂范、身体力行推进企业文化建设。

二是抓班子的充实,进一步调整充实中粮集团企业文化建设领导小组。根据集团近年来领导人员变化情况和集团新的管理架构,调整充实了集团企业文化建设领导小组。集团董事长、党组书记宁高宁亲自挂帅担任组长,党组成员、纪检组长柳丁任副组长,同时明确集团直属党委办公室作为责任主体,具体承担企业文化建设的牵头抓总工作。

三是抓规划的完善,进一步修订、完善《中粮集团企业文化建设三年规划》。以国资委《关于加强中央企业企业文化建设的指导意见》为指导,按照"建设先进企业文化,打造核心竞争力,逐步建立起具有本行业、本企业特色的先进企业文化建设体系"的要求,紧密结合集团面临的新形势、新任务,进一步修订、完善《中粮集团企业文化建设三年规划》,切实增强科学性、指导性、实践性和可操作性。

四是抓试点的带动。集团准备从 34 个业务单元中筛选 2~3 家规模相对较大、员工相对较多、工作基础相对较好的业务单元进行试点，通过种好"试验田"，树立标杆，总结经验，推广典型，带动全集团的企业文化建设。

五是抓载体的运用。企业文化实际上是无所不在、无处不在的。近期，集团准备以国庆过后即将召开的中粮集团第八届职工运动会为契机，结合中粮集团的品牌和新的司徽的发布，全面体现"大中粮、无边界"的理念，生动诠释"自然之源、重塑你我"的品牌理念，全面展示团队建设成果，全面展现中粮员工的风采，弘扬企业的核心价值观，积极传播具有中粮特色的企业文化。

4.1　企业文化建设规划

企业文化建设规划也称为"企业文化建设纲要""企业文化发展纲要""企业文化建设战略"等，是企业进行文化建设的统领性文件，对企业在一定时期内的文化建设具有十分重要的指导意义，也是企业文化年度计划、项目计划制定的基础和依据。

4.1.1　规划的原则

企业文化建设规划的原则是在企业文化建设过程中必须遵循的基本要求，主要包括如下七项原则。

1. 行动化原则

企业文化建设是理论在组织中的实际运用，因此，必须围绕组织目标，将文化管理的理念体现在组织的各个领域，让企业文化和组织成员的工作结合起来。

2. 战略化原则

企业文化建设是企业的一项根本性、基础性建设，是整个企业发展战略的组成部分。企业文化建设规划不同于企业文化年度计划、项目计划，它所规划的是企业文化的战略性建设计划，而不是具体的作业性计划。

3. 长期化原则

企业文化建设规划一般是对三年至五年，甚至更长的时间内的企业文化建设的总体构想、目标、实施方法进行设计，属于长期计划，是一种指导企业长时期实施企业文化建设，进而对企业文化进行积累和提升的规划。

4. 系统化原则

一方面，企业文化建设与企业战略、组织结构、人力资源等方面共同构成企业管理体系。另一方面，企业文化建设规划涉及企业文化建设的方方面面，包括精神文化建设、制度文化建设、行为文化建设和物质文化建设。因此，在实施企业文化时，必须考虑各个方面的条件和影响因素，才能使企业文化融入整个管理之中。

5．全员化原则

企业文化建设必须着眼于全员、立足于全员、归属于全员。第一，要把组织成员赞成不赞成、拥护不拥护、认同不认同作为检验企业文化成熟度的关键标准；第二，要从组织成员的价值观中抽象出基本理念，经过加工、整理、提炼，上升为组织的价值理念；第三，企业文化要在全体成员中达成共识；第四，要使全体组织成员成为企业文化的积极推行者、自觉实践者，充分发挥企业文化的主体作用；第五，组织要把培养人、提高人、发展人作为立足点，提高全员素质。

6．实效化原则

注重实效，需要我们以科学的方法和务实的作风，做到文化设计有针对性，制度建设有可操作性，文化推进有可控制性。因此，在企业文化建设中，要求认真务实，重实际，办实事，反对形式主义，避免急功近利。要立足于组织实际，把企业文化的核心理念和行为规范深入落实到每一个环节，化为每一个组织成员的自觉行动，从而真正收到实效。

7．层次化原则

企业文化建设是一个动态化发展的过程，因此企业文化建设规划也不是一个单一的计划。它可以进一步分解为若干个年度计划和若干个子项目计划。

4.1.2　规划产生的客观基础

只有在认真分析企业所处的客观环境、把握企业开展文化建设的有效资源的基础上提出企业文化建设规划，才能保证企业文化建设的顺利实施。客观基础包括企业生产经营情况和发展趋势、企业文化建设资源等。

1．企业生产经营情况和发展趋势

如果企业生产经营遭遇重大困难，前途莫测，那么企业文化建设的目标就应着重于振奋广大员工精神、共渡难关，使企业寻找到突破口；如果企业处于蒸蒸日上时期，那么企业文化建设的目标就应集中于戒骄戒躁、增加创新意识、提高学习能力，使企业更上一层楼等方面。

2．企业文化建设资源

企业文化建设是一个具有全局性的战略实施过程，为此必须有与其相匹配的战略资源作为支撑。这些资源涉及面很广，主要包括：

企业人力资源，包括企业的经营管理人员、生产技术人员、辅助生产人员等；

企业财力资源，包括企业的现金流量、融资能力、债务负担能力、资金培植能力等；

企业物力资源，包括原材料、厂房设备、存货等；

企业技术资源，包括企业产品技术能力、研究开发能力、技术创新能力等；

企业信息资源，包括企业内外部信息搜集、传递、整理、利用能力等；

企业管理资源，包括企业的管理层次、组织结构、决策能力等；

企业市场资源，包括企业的市场地位、用户群体、营销渠道等；

企业环境资源，包括企业的内部环境资源（生产生活环境、工作氛围、上下级关系等）和外部环境资源（经营所在地的经济环境资源、企业信誉资源、企业用户间关系、企业与政府关系、与银行等金融机构关系、同业联盟关系等）。

企业文化的建设过程，也是企业内外部资源的整合过程，能否充分利用企业的内外部资源关系到企业文化建设的成功与否。

4.1.3 规划的主要内容

1. 企业文化建设的发展阶段、环境与优劣势分析

在对企业文化进行盘点、分析、诊断的基础上，进一步对企业文化发展的政治、经济及人文环境作系统分析，厘清企业自身的优势和劣势，找到外部环境带来的机会和威胁，以此判定企业文化建设目前处在什么阶段？有哪些建设成就和经验？还存在哪些问题？企业将在哪些方面加速发展？会对企业文化建设提出什么要求？等等。这部分内容是提出企业文化建设规划的原因。

2. 企业文化建设的指导思想

企业文化建设的指导思想可以从政治化内涵、科学化内涵、人本化内涵、市场化内涵四个方面进行概括，体现鲜明正确的政治导向和科学发展观的要求，体现以人为中心的现代管理的主旨，体现创新与竞争的市场经济伦理。这部分内容的表述要有本企业的特色，避免千篇一律。

3. 企业文化建设的总体目标

企业文化建设的总体目标是企业进行文化建设期望获得的成果，是企业文化建设规划内容的核心。确定企业文化建设的总体目标，主要是明确在规划期内企业文化建设所达到的层次、特征和效果。总体目标的规划应该遵循以下 5 个原则：

（1）企业文化建设总体目标应综合考虑企业发展和员工的实际利益，而不应仅仅是企业股东或经理层自己的目标。

（2）企业文化建设总体目标应与企业所在行业的特点与发展趋势相一致，力争使企业文化能够长期支持企业在行业中立足。

（3）企业文化建设总体目标应具有企业自身的特色，按照企业独特的经营管理特点来实施，可以借鉴但绝不能模仿别人。

（4）企业文化建设总体目标应该是清晰的、可操作的和可测量的，应该是紧密结合企业实际情况的，应该是从弘扬企业整体经营管理优势及着手解决企业的实际问题开始的。

（5）企业文化建设总体目标应该结合中国的文化传统并注意吸收国内外优秀企业的先进经验。

4. 企业文化建设的阶段性目标

企业文化建设总体目标从时间上可以分解为年度计划目标,包括企业文化建设的主要步骤和每年度应该完成的核心任务;从内容上可以分解为若干方面的分目标,如企业精神层建设目标、企业制度层建设目标、企业行为层建设目标和企业物质层建设目标,分目标下还可以具体划分为若干定性和定量的指标。

5. 企业文化建设规划实施的组织保障

制定这部分内容的目的是明确为了保障企业文化建设规划的顺利实施,企业在领导体系、人员配备、资金预算、教育培训等方面所应提供的各项保障措施。

小案例

中国电信安徽阜阳分公司印发企业文化建设三年发展规划[①]

阜阳分公司企业文化建设三年发展规划为 2013—2015 年,总体思路是通过全员参与、共同落实,进一步加强企业文化建设的各项工作,把深化企业文化建设和文明创建工作有机结合,通过企业文化促进文明创建,通过文明创建弘扬企业文化,进一步凝聚力量、鼓舞斗志、提升竞争力、增强综合实力,发挥企业文化对公司转型发展的引领作用,实现阜阳电信的飞越发展。

规划成立阜阳分公司企业文化建设推进工作领导小组,组长由公司党委书记总经理担任,成员由公司党委成员及各部门负责人组成。领导小组办公室设在党群工作部,负责企业文化建设的组织牵头和日常协调工作、理论和实践的研究等工作。

总体目标是根据省公司企业文化建设指导意见确定的总体目标,结合分公司企业文化建设的现状和企业发展整体要求,争取用三年左右的时间,建设具有阜阳分公司特色的企业文化体系,员工对"亮剑"精神等核心理念知晓率达到 95%,认同率达到 90% 以上;经过三年的不懈努力,到 2015 年,使公司"创新、服务、集约、运营"四大能力得到大力提升,收入增长率超过行业平均水平,收入市场份额实现正增长。

建设原则是领导率先,全员参与;突出特色,力求实效;运用载体,搞好结合;整体推进,富有特色。

实施步骤为三步走。一是文化推进年 2013 年 1 月至 12 月,把学习宣贯、推进"亮剑"精神文化理念落地作为企业文化建设的出发点。最大限度调动员工积极性,促进企业有效益增长,到 2013 年年末,实现收入市场份额 25.8% 的目标任务。做法是大力宣贯丰富"亮剑"精神及相关理念内涵,通过宣传教育,倡导企业精神和企业价值观,为全体员工所熟知、认同,并内化到行为上,努力实现员工对理念掌握程度要达到 95% 以上。优化和完善企业管理各方面的管理流程、规章制度和管理办法并分类汇编、印发。设置先进典型风采展示区,重点区域布放企业文化用语画框,形成企业文化视觉系统,让员工在耳濡目染

---

① 资料来源:中国电信集团公司思想政治工作网。

中，受到统一的教育与提示，振奋精神、提振士气。实施员工满意度提升各项工程，建立员工思想动态分析制度。加强工作作风建设，提升服务基层水平。实施启智工程，提升员工技能水平。持续开展岗位创新、合理化建议活动。营造以业绩论英雄的工作氛围。

二是行为养成年 2014 年 1 月至 12 月，以"管理提升、习惯养成"为主题，通过文化建设活化良好行为，把企业精神、价值观、经营理念、行为准则等融汇到企业的规章制度、工作机制和工作体系中，推进企业文化从文本认同向制度约束进而向人格化体现的转变，使企业文化真正成为指导生产经营的基本价值理念，成为企业和员工自觉实践的精神支柱。通过努力，实现收入市场份额达到 26.8% 的目标任务。员工对本阶段工作认可率≥80%。做法是明晰职责要求，规范员工行为。推进班组文化建设，彰显团队个性。推广先进的工作经验和操作法。完善公司激励约束机制，建立更加科学的绩效评估体系。

三是完善提升年 2015 年 1 月至 12 月，主要是对企业文化建设进行总结完善，并在此基础上巩固升级，提出新三年企业文化建设规划。通过努力，实现收入市场份额达到 28% 的目标任务。员工综合素质达标率≥80%。做法是总结新经验，形成企业文化建设评估报告。总结三年文化建设管理实践亮点和成果，出版企业文化建设汇报总结材料，通过实物、图片、影像、文字等展示企业文化成果。理顺文化体系和层次，初步形成独具特色的市、县、班组三个层次文化建设格局和体系。适应新形势，制定企业文化建设新规划。

4.2　企业文化实施的方法

人是企业文化实施的主体，企业文化的开展和推进离不开企业中各个层次的个体和总体的力量，同时在企业文化的实施过程中还应该从人性化的角度，采用各种易于被员工接受的方式，才能使企业文化，尤其是企业的核心价值观真正落实。

4.2.1　领导垂范法

著名企业家张瑞敏在对媒体记者谈到他个人在海尔充当的角色时指出："第一是设计师，在企业发展中如何使组织结构适应企业发展；第二是牧师，不断地布道，使员工接受企业文化，把员工自身价值的体现和企业目标的实现结合起来。"企业领导者作为企业文化的缔造者、倡导者和管理者，其示范作用，可以有效引导员工的行为和思考方式，是企业文化建设实施的关键。

企业文化并不像战略、组织机构、人力资源等管理职能一样清晰可见，也无法在短期内见效。要使组织中的每一个人相信并愿意去实践企业共同的价值理念，企业领导的身体力行是关键。在实施企业文化的过程中，领导者光是口头讲"这就是我们的价值观"是不够的，如果想让这种新的价值观深入到企业中去，领导者本身就应该成为企业核心价值观的化身，领导者的行为示范作用更为重要。

第一，领导者以身作则来引导员工的行为。领导者应当做到：

① 表里如一。对本企业的价值理念确信不疑，信守不渝，诚心诚意地贯彻执行，而不是内心一套，外表一套，表里不一，内外相悖。

② 言行一致。忠实于自己的承诺，嘴上怎样说，行动上就怎么做，而不是说一套，做

一套,言行不一。

③ 带头履行文化价值理念。凡是号召员工做的,自己首先做到;凡是不让员工做的,自己首先不做,处处、事事带好头。

④ 事事做员工表率。不以善小而不为,不以恶小而为之。一言一行都不偏离企业文化价值理念,大事小事都做员工的表率。例如,英特尔总裁巴雷特为了实现公司质量至上的信念,在受到日本竞争对手的强大压力的时候,亲自研究每一条有关竞争者如何设计、管理业务的信息,公开的和学术上的不同渠道都给他带来灵感,同所有员工一起,从头到尾改进了英特尔的制造流程,保证了技术制造商的领先。

第二,领导者通过象征性的行为表现出自己对企业文化始终如一的关注。特雷斯·迪尔和阿伦·肯尼迪的《企业文化:现代企业的精神支柱》一书中就讲到了通用电气公司前任董事长韦尔奇的一个故事。

那时候杰克·韦尔奇还是一个集团的主管经理。他为了表示出对解决外购成本过高的问题的关注,在办公室里装了一台特别电话,号码不对外公开,专供集团内全体采购代理商使用。只要某个采购人员从供应商那里争得了价格上的让步,就可以直接给韦尔奇打电话。无论韦尔奇当时正在干什么,是谈一笔上百万美元的业务,还是同秘书聊天,他一定会停下手头的事情去接电话,并且说道,"这真是太棒了,大好消息;你把每吨钢材的价格压下来两角五分!"然后,他马上就坐下来起草给这位采购人员的祝贺信。

第三,领导者通过天天讲时时讲反映出对企业文化的重视。领导者要抓住价值观体系,全神贯注,始终不渝。例如斯堪的那维亚航空公司的简·卡尔岑以服务作为经营的宗旨,从不放过任何一个微小的机会反复强调服务。你从来听不见他谈论飞机,他总是谈论乘客。他非常注意用词:斯堪的那维亚航空公司不再是"以资产为中心的企业",而是以"服务为中心的企业",不再是"技术型或经济效益型的公司"而是"市场型公司"。

此外,领导者应深入到企业的各个部门之中。几乎毫无例外,他们在"现场"要花费很大的一部分时间,尽可能多地与组织中的人员接触。领导者还可以提倡为公司的价值观做出努力并举行竞赛,给予公开奖励,以激励别人群起而效之,以及指派特别工作小组负责实现基本价值观方面的短期项目。这些方式在领导者打算强化企业价值观时是相当见效的。

小案例

山姆与沃尔玛的幽默文化①

沃尔玛是由山姆·沃尔顿创立的。1945 年山姆在美国小镇维尔顿开设了第一家杂货店,1962 年正式启用"沃尔玛公司"的企业名称。经过 40 年艰苦奋斗,山姆以其独特的发展战略以及出色的组织、激励机制,终于建立起全球最大的零售业王国。它以物美价廉、对顾客的优质服务著称于天下。在沃尔玛内部有一种独特的文化氛围,它体现了一种团队精神,一种美国人努力工作、友善待人的精神——沃尔玛人一方面辛勤工作,同时在

---

① 资料来源:罗长海,陈小明,等. 企业文化建设个案评析. 北京:清华大学出版社,2006:45~47.

工作之余自娱自乐。这种文化是员工努力工作的动力之源，也是沃尔玛获得成功的最独特的秘密武器。而这种文化是沃尔玛董事长山姆创造的。其"幽默"文化有以下 3 个方面的特点。

1）以幽默鼓舞员工

沃尔玛董事长山姆在工作上非常严厉，但在工作之余却非常喜欢寻求乐趣。著名的"沃尔玛式欢呼"就是山姆的一大杰作。1977 年，山姆赴日本、韩国参观旅行，对韩国一家看上去又脏又乱的工厂里人群欢呼口号的做法很感兴趣，回沃尔玛后马上试行。这就是后来著名的"沃尔玛式欢呼"。在每周六早上 7：30，公司工作会议开始前，山姆总会亲自带领参会的几百位高级主管、商店经理们一起欢呼口号和做阿肯色大学的拉拉操。另外，在每年的股东大会、新店开幕式或其他一些活动中，沃尔玛也常常集体欢呼口号。

2）以幽默赢得顾客

沃尔玛是从小镇上发展起来的，小镇生活总的来说相当乏味，因此需要自己想一些办法制造一些热闹的气氛。山姆对于能增添乐趣的事总是不忘尝试。沃尔玛经常组织各种各样的游戏娱乐顾客，包括诗歌朗诵等轻松、愉快的促销方式获得顾客的欢迎。它不仅提升了公司在顾客心目中的形象，增加了公司的销售额，而且也让顾客感受到沃尔玛幽默的企业文化。

3）自上而下的幽默

如果企业家表现出幽默并鼓励员工工作时享受乐趣的话，员工就会对工作持有更积极的态度。沃尔玛在这一方面做得很成功。山姆和他的助手们都非常懂得幽默，只要是能令大家开心的事，他们都会很高兴去做。例如 1984 年，山姆与当时的高级主管格拉斯打赌说当年税前利润不会超过营业额的 8%，但最后超过了，为此，山姆穿着奇装异服在华尔街上跳呼啦舞，并被记者刊登在报纸上，还特别注明他是沃尔玛的董事长。在沃尔玛，高级主管遭受愚弄是正常的事。山姆认为这也是公司文化的一部分，它使企业上下级更为贴近，沟通变得更加容易。

幽默的企业文化表达，使每一位员工有一家人的亲切感。这种企业文化的建立充分展示了山姆领导的艺术。

4.2.2　造就楷模法

企业楷模，又称企业英雄，是企业为了宣传和贯彻自己的文化系统而为企业员工树立的可以直接仿效和学习的榜样。企业楷模是企业价值观的人格化体现，更是企业形象的象征。许多优秀的企业都十分重视树立能体现企业价值观的企业楷模，通过这些英雄人物向其他职工宣传提倡和鼓励的东西。

肯尼迪和迪尔认为："如果说价值观是文化的灵魂，那么英雄人物就是价值观的人格化，并集中体现了组织的力量所在。英雄人物是一种强有力文化的中枢形象。"他们将企业英雄划分为两种类型。第一种类型是和公司一起诞生的"共生英雄"，也叫创业式英雄，指那种创办企业的英雄。共生英雄在数量上很少，多数是公司的缔造者。他们往往有一段艰难的经历，但面临困难仍然有抱负、有理想，并终于把公司办起来了。在我国民营企业中，有许多这样的英雄。例如，联想集团的创始人柳传志、深圳华为的任正非、搜狐公司的张朝阳等。第二种类型是企业在特定的环境中精心地塑造出来的,被称为"情势英雄"。共生英雄对企业的影响是长期的、富于哲理的,可为全体职员照亮征途,而情势英雄对企业的影响是短期的(多则几年、少则几个月甚至几天)、具体的,以日常工作中的成功事例来鼓舞企业员工,使其他员工从英雄人物身上认识到英雄人物同自己一样,也是平凡的人,他们能成功,自己也一样能够成功。情势英雄一般为企业普通员工和部门管理人员。

在企业精心塑造出来的情势英雄中,又可以区分为:

(1)出格式英雄。这些人行为古怪,常常故意违反文化准则;但他们聪明过人,有独特的见解,工作能力较强。"出格"人物在强文化公司中具有很高的价值,他们推动公司不断地向前发展。

(2)引导式英雄。这是高级管理人员为了有力地推行经营改革,通过物色合适对象而树立起来的英雄。例如,美国电话电报公司,原来是一个没有竞争对手、接受政府管理的实体,其榜样人物是能够迅速装好电话并保证质量的人。后来,该公司不再受政府管理,参与市场竞争,面临经营改革,于是聘请IBM公司从前的一位管理人员麦吉尔担任市场经营的副总裁,他从小就习惯于竞争环境,善于识别和适应市场的各种特征,符合改革需要,就是引导式英雄。

(3)固执式英雄。这是坚韧不拔、锲而不舍、不达目的绝不罢休的人物。例如,3M公司一位职员试制新产品一年而未成功,结果被解雇,但他并不因此就离开公司,而是不取报酬继续试制,终于试制成功,而被公司晋升为副总裁,并被尊为固执式英雄,为该公司铸造了一条"做你所信奉的事"的价值观。

(4)圣牛式英雄。这是忠于职守(如卷起袖子只知道工作的高技术人员)、坚持传统、乐于奉献的人物。例如,一个制造大型精密仪器的公司中的一位工程师,为了检查一台声音不太正常的机器而把耳朵贴近机器,结果机器爆炸而烧焦了他的半张脸。但当他治愈后,他自豪地展示着一张破了相的脸。他就是一位圣牛式英雄,他的奉献精神,使人们不仅不觉得他那张脸可怕,反而为此而尊敬他。

企业楷模是在企业实践中逐步成长起来的,但最后真正成为人所敬仰的楷模又需要企业的精心培育。企业在造就楷模时主要应做好以下三个方面的工作:

(1)善于发现楷模"原型"。企业楷模在成长的初期往往没有惊人的事迹,但是他们的价值取向和信仰的主流往往是进步的,是与企业倡导的价值观保持一致的。企业的领导者应善于深入员工,善于透过人们的言行了解群体成员的心理状态,以及时发现具有楷模特征的"原型"。对楷模"原型"不要求全,而要善于发现其"亮点"。

(2)注重培养楷模。企业应该为所发现的楷模"原型"的顺利成长创造必要的条件。增长其知识,开阔其视野,扩展其活动领域,为其提供更多的文化活动的参与机会,使其增强对企业环境的适应性,更深刻地了解企业文化的价值体系。培养楷模切忌脱离员工,应该使楷模具有广泛的员工基础。

(3)着力塑造楷模。通过对楷模"原型"的言行给予必要的指导,使他们在经营管理活动或文化活动中担任一定的实际角色或象征角色,使其得到锻炼。当楷模基本定型,为部分员工所拥护以后,企业应该认真总结它们的经验,积极开展传播活动,提高其知名度和感染力,最终使之为企业绝大多数员工所认同,发挥其应有的楷模作用。

同时企业还应该注意对企业楷模进行奖励，这种奖励不应该只是一种报酬，而更应该是一种精神价值的肯定，一种文化的激励与象征；不应该只着眼于楷模本人，而更应该是着眼于能够产生更多的楷模。因此，优秀的企业在如何奖励企业楷模这个问题上往往"别出心裁"。比如上海宝山钢铁集团，对在宝钢勤勤恳恳工作达到一定年限的职工颁发奖章鼓励，分设铜牛奖、银牛奖、金牛奖，以纪念牛年(1985 年)一期工程投产，并激发老黄牛的埋头苦干精神。

4.2.3　员工培训法

企业文化的教育培训是企业文化实施的基础工作。企业文化的落实需要员工的认同和配合，但员工受到惯性思维、传统情节和既得利益的影响，不会主动接纳新文化。因此在实施阶段，需要在企业文化领导小组或企业文化部的统一部署下，会同相关部门，对全体员工进行系统的培训和宣讲，让员工能够真正理解本企业的企业文化的内涵、发自内心地认同和拥护企业文化。

企业文化的教育培训可以整合在企业的培训管理制度之中，将企业文化的培训作为重要的培训内容之一列入新员工培训、老员工在岗培训、专题培训之中。企业文化的培训应该是一种全员培训。因为企业领导层的价值观和信仰，只有反映和代表了全体员工的观念、信仰，对企业管理才有意义。同时，通过企业文化全员培训集聚的企业凝聚力，能紧紧地将员工分散的个体力量，聚合成团体的力量和行为，使每个员工对企业产生浓厚的归属感和荣誉感。

1. 全员培训的目标

一般全员培训目标的设置主要有三种：①理念目标。培训后，受训者在生产经营理念上有什么新的转变；②行为目标。培训后，受训者将明确在工作中应该怎么做；③结果目标。通过全员培训要获得什么最终结果。例如，海尔兼并红星厂后所进行的全员培训，其理念目标为：从原咨询认证中心派出质量控制人员，教育新员工接受海尔的企业文化，树立新的质量观。行为目标为：建立健全质量保证体系，建立行之有效的奖罚制度，使产品走向市场有可靠的保证。结果目标为：能够在较短的时间内生产出受市场欢迎的新产品。

2. 全员培训的层次性原则

全员培训并不意味着平均使用力量。为了提高培训投入的回报率，在全员培训的基础上，必须有重点，分层次，按需施教。如高层管理人员，应在明确企业战略规划基础上，着重在如何提升企业理念、倡导企业精神、改革企业制度方面进行培训；中层管理人员应该在如何贯彻落实上述内容上进行培训；基层管理人员，他们对企业文化的理解，直接影响到普通员工的劳动积极性和对企业的忠诚，通过培训应该使他们懂得如何将企业价值观和企业理念，转化为员工的行为，懂得如何指导下属员工发挥团队精神，发挥员工的潜能，调查员工的积极性；而对于新进企业的一般员工，则应该将培训的重点放在企业创业史、企业传统以及企业文化的一般宣讲上。

3. 培训方式

企业文化的培训方式多种多样,具体采用哪种培训方式,要根据培训对象以及要取得何种培训效果而定。一般而言,培训方式有讲授法、演示法、案例法、讨论法、视听法、角色扮演法、行动学习法、商业游戏、在线培训、学徒制、工作轮换等。各种培训方法都有其自身的优缺点,为了提高培训质量,达到培训目的,往往需要各种方法配合起来,灵活使用。

4. 培训效果评估

培训效果评估可以帮助培训者全程审视培训的各个环节,同时使培训对象更清楚自己的培训需求与目前水平的差距。从而增强其未来参加培训的愿望,进而间接促进培训的深入开展。评估的内容包括:

① 企业员工对企业价值观与企业精神的认同度,可以采用问卷法、访谈法等方法进行测评。

② 企业美誉度和知名度,这一方面实际上是在测评企业文化培训后,企业员工行为改变对企业的影响程度的大小,可以在培训开展后的相当一段时间后进行,然后把测评结果与培训之前的结果相对照。

③ 销售额和企业利润率,这两方面的测定分析实际上是对企业文化培训效果的效益性的分析,也就是企业文化培训对企业经济效益取得的贡献有多大。

小案例

日本的企业文化培训[①]

① 归属感教育

在日本,几乎所有的企业都将本企业奋斗史和现状编印成小册子发给员工,让员工认真学习。通过学习使员工认同企业,为成为该企业的一员而自豪。这样做是要树立企业在员工心目中的高大形象,使新员工引以为骄傲,为成为该企业的一员而自豪,从而增强员工对企业的归属感。日本企业特别强调对企业的忠诚,以各种形式教育员工,要把忠于企业作为自己一切行为的基本准则,要求每个员工都必须牢固地树立起"我是公司一员"的观念,并且对公司的一切都担负起责任。这种教育训练不仅限于对新员工,对老员工亦不例外。

② 人格和精神教育

日本企业界流行着"塑造人先于制造产品"的观念,注重员工人格的培养和精神教育。名刀是由名匠不断锻炼而成的,同样员工的人格培养,也要经过千锤百炼。松下认为,造成社会混乱的原因,可能在于忽略了身为社会人应有的人格锻炼,就会在商业道义上产生不良影响。人格比知识更重要。恶劣环境往往是人才成功的催化剂。松下强调真正的教育是培养一个人的人格,知识的传授只是教育的第二意义。一个具有良好人格的人,工作

---

① 资料来源:李彩容.日本企业精神训练对我国企业思想政治教育的启示.广东科技,2009(10):49～51.

环境条件好，就能自我激励，做到今天胜过昨天，明天胜过今天，即使在恶劣的环境或不景气的情景下，也能克服困难，承担压力，以积极的态度渡过难关。

③ 塑造"企业人"

日本企业通过唱社歌、戴企业标志等活动，向员工灌输"家族主义"观念。在企业文化教育中反复告诫员工："一个人属于一家公司是最重要的，企业是员工的终身依靠。"它们认为，唯有企业与员工相互认同，才会真正融为一体，员工才能真正成为企业人。因此它们在员工中一直宣传"企业是大家"的思想，并且千方百计把企业变为一个大家庭，悉心照料员工的一切，对员工的工作、生活和未来发展负起全面责任。企业这样做不仅使"企业人"教育变得极具说服力和卓有成效，而且也表明了企业确实把员工当成了命运与共、休戚与共的伙伴，它必然会打动、感染员工，使员工由衷地把自己与企业一体化，并以这个家庭的一员——企业人，去自觉关心和促进企业的发展。

④ 营造精神训练的和谐外部环境

日本企业倡导"和谐高于一切"，追求和睦的人际关系。"和谐高于一切"，也即儒家的"和为贵""中庸之道"思想的现代应用。日本企业管理的经验证明，企业内部各类人员在利益上是一致的，可以在和谐的氛围中为企业的共同目标而奋斗。日本大金工业株式会社，是全球著名的商用空调和氟化工产品生产企业。在亚洲金融危机中该企业做到了一不收缩撤退，二不裁减人员。为此，公司想了许多办法，诸如限量招工、实行内部转岗分流、对部分员工进行再培训等。它们认为，留住员工是企业的社会责任，而员工也会为企业渡过难关贡献出它们真诚的热情。经过共同的努力，企业活力依旧高涨甚至股票也不跌反升，就像井上社长所说："这就是我们企业文化的精髓——'人和'的理念在起作用。"

4.2.4　宣传推广法

有一家企业搞企业文化建设，为了塑造企业形象，在厂门口做了三尊雕像。大门做成了两个大拇指的造型，门口两侧一侧是一匹奔腾的千里马，另一侧是一头低着头的垦荒牛。企业的本意是想告诉管理者和员工：大拇指表示永远做同行第一；用千里马的精神、速度来发展企业；用老黄牛的精神来做好本职岗位工作。然而，雕像做出来后，由于没有认真地做好宣传解释工作，管理者和员工的认识也就不一样。有的管理者认为，雕像的意思是，大拇指表示我们单位是老总一个人说了算，我们都当牛做马。而普通员工认为，大拇指表示我们单位是老总一个人的，与我们没有关系，中层管理者就会吹牛拍马[①]。

这个故事告诉我们，在企业文化建设的实践中，不少企业有很好的企业文化内容和精神实质，但是一直未能够得到很好的传播和扩散，未能求得管理者和员工的接受和认同，致使在内部没有产生企业文化的导向、教化、凝聚等作用，在外部没有形成企业文化的扩散力、影响力和竞争力。究其原因，主要在于对企业文化的宣传推广没有予以足够的重视和充分的运作。

企业文化宣传推广，是指企业通过内外部渠道向员工、通过产品服务向社会传播企业

---

① 资料来源：黄河涛，田利民. 企业文化学概论. 北京：中国劳动社会保障出版社，2006：110.

文化并取得认同的过程。一般而言,企业文化的宣传网络存在两种形式:一种是正式网络,如企业创办的刊物、报纸、闭路电视、企业广播、宣传栏、内部局域网等;另一种是非正式网络,如非正式团体内部的交流、企业内的小道消息等。另外,编制企业文化手册也是一种有效的宣传推广的方法。

1. 企业文化宣传的正式网络

(1) 企业报刊。企业报刊分为企业刊物和企业报纸两类,比如华为公司的《华为文摘》和《华为人报》。报道内容主要包含:

① 企业生产经营管理方面的重大事件和重大政策、方针、决定以及企业主要领导的重要讲话;

② 企业各方面、各部门工作的报道和介绍;

③ 企业人物报道和专访;

④ 企业内外的各种信息及有关经验、资料;

⑤ 企业员工的工作体会、心得及作品;

⑥ 企业的公共关系活动消息等。

(2) 企业广播、电视。企业广播、电视的内容或栏目设置一般分为两大板块。一大板块是娱乐节目,例如,企业广播站在员工休息时间播出的音乐等,是企业文化的间接传播方式;另一板块是新闻板块,主要是报道、播发企业内外的新闻、人物介绍、事件追踪等,是直接的企业文化传播途径。

(3) 企业宣传栏、广告牌。用作宣传、公告、通知的橱窗、墙报、黑板报、公告栏等宣传栏和广告牌,是我国企业使用最早且用得最多的企业文化宣传推广的传统模式。其内容可以包括:

① 宣传企业的最高目标、宗旨、精神、作风以及工作的计划、方针、措施、要求等;

② 介绍企业及部门的工作成绩、经验和企业的产品、服务;

③ 宣传介绍企业的劳动模范、先进工作者等各类英雄人物的事迹;

④ 反映员工的思想、工作、生活、学习情况;

⑤ 发布各种消息、通知等。

(4) 企业局域网。企业可以在 Internet 上建立自己的网站,并建立内部 BBS 进行企业文化宣传。企业网络不仅是一种企业文化内部的传播渠道,也是向外部传播企业文化的重要途径,具有传播速度快、不受时空限制、信息容量大等优点。

除上述介绍的几种途径外,企业还可以利用企业文化书籍,如《联想为什么》《北京同仁堂史》《四通与四通文化》等都是对各企业的企业文化比较全面的介绍和反映;企业可以通过开辟厂史室、荣誉室等专用场所,利用图片、文字展示和实物陈列等方式,介绍企业的发展历史、英雄模范、技术特色和主要产品等;很多企业都印制了精美的企业文化宣传画册,以图片、文字的形式综合地反映企业文化在内的整个企业概况。

2. 企业文化宣传的非正式网络

美国学者迪尔和肯尼迪在他们的《企业文化》一书中,认为在每一个企业中都存在"讲故事者、教士、幕后提词者、传播小道消息者、秘书消息提供者和小集团等"，他们传播、修饰和强化其价值观的主观意愿与员工们希望更多地了解企业中的每一件事情、每一个人的好奇心理和主观需要结合在一起，就形成了非正式的文化网络。

（1）讲故事者。是指那些把发生在企业里的逸闻趣事，按自己的观点进行传播和扩散的人。企业里的每一件事或每一个人都可能是他们故事加工厂的原料。讲故事是传达信息、统一行动的有力方式，在正向积极意义上，它起着保持文化凝聚力，并给员工们以行动指南的作用。

（2）教士。这类人物多为企业元老，他们对企业的历史了如指掌，熟悉企业的每一重大事件，往往会不知疲倦地讲述企业的辉煌历史和企业英雄事迹。教士的作用：一是传播企业的基本价值观；二是为企业高层管理者提供决策所需的历史资料和先例；三是帮助遭受失败、挫折和灰心失望的员工找回信心。例如一家公司的年轻经理来到"教士"的办公室，向他倾诉："我的上帝，我已被任命到南美分公司干 18 个月。我即将离开，为此前来请教。唉，这又有什么用呢？"在他要离开办公室的时候，"教士"委婉地告诉了他，公司总经理如何在巴西工作了 10 年的故事。这位年轻经理虽然并不知道他的前景究竟如何，但是他会产生这样的想法而离去："说不定我也会在分公司待上 10 年，然后爬上总经理的职位。"教士正是通过这种方式，让那些灰心的员工找回信心的。

（3）幕后提词者。决策者周边类似"特别助理"式的人物。他们虽未担任某种正式职务，但是却能呼风唤雨，任何想办某件事的人都想听取幕后提词者的主意。这些人有两样重要本领：一是善于察言观色，迅速、准确地体察上司的想法；二是在周围建立了一套联系支持网络。幕后提词者一般与上司有着特殊的关系，高度忠诚是他们个人形象的重要组成部分。

（4）传播小道消息者。他们能够把小道消息迅速地扩散到企业的每一个层面，因此具有较强的渗透力和影响力。与讲故事者、教士、幕后提词者不同，他们并不创造企业英雄人物，也不讲大道理，更不接近企业里的大人物，而是以特有的方式传播企业价值观、提高英雄人物的地位，因此他们的作用也是不可低估的。

（5）秘书消息提供者。企业的秘书是文化网络中的一个重要信息源。由于特殊的工作关系，有时他们也会直接扮演教士和幕后提词者的角色。例如，他们有时甚至比总经理还更详细地告诉人们：企业到底发生了什么事，谁明升实降，发生在老总办公室里的争论或在车间里谁对谁开了一个令人发窘的玩笑，等等。秘书消息提供者还有一个特别功能，就是通过小道消息网络把上司的功绩传播和扩散出去。

（6）小集团。在企业中两个或两个以上的人为了达到共同的目的，秘密地聚集在一起，形成互相照应的小集团。小集团的成员或者在同一车间工作，或者具有共同的爱好，或者由于职位关系相互接触频繁等。小集团往往拥有各种信息沟通渠道，内部交流频繁，容易形成一致的价值观和共同的经验，它们对小集团以外的其他人员的活动具有较大的影响力和控制力。

非正式网络具有传播速度快、影响面大的特点，又存在着失真率高甚至误导的问题。所以非正式网络的建设应该是以引导为主。比如管理者要经常发掘或创作反映企业价值观的故事或消息，并有意识地向非正式网络中的人员传递，特别是向传播小道消息者和小集团传递,可以运用和发挥非正式网络所具有的生动、灵活、迅速等特点,将企业所希望的文化信息广泛地传播和扩散开来,同时又能潜移默化地影响员工的思想观念,从而改变他们的行为、习惯,达到企业所希望的目标。另外,为了防止非正式网络的副作用,还需要加强企业宣传的正式网络的作用,保障正式渠道的信息畅通,以避免网络人物的不实宣传。

3. 编制企业文化手册

"企业文化手册",有的企业也叫"员工手册",是表达企业文化建设成果的一种文本形式,是企业文化建设的重要成果,也是宣传推广、传播企业文化的重要方式。

企业文化手册的编制,意味着企业文化建设的正式实施,在相当长时期内指导企业文化建设的方向,推动企业的发展。编制企业文化手册,并无严格的规定。一般而言,企业文化手册可以包括以下 4 项。

1)序言(或概论)

主要概述企业的发展历程,当前的发展态势,今后的发展规划,特别要阐述企业文化的重要意义。

概述内容也可以用企业领导为手册所写的序言和企业简介的形式加以介绍。

2)主体部分

着重阐述企业独具特色的企业文化特征,企业文化宗旨。主体部分是本企业的企业文化宣言或企业文化总纲。

3)实体部分

详细地、全面地刊载已整合审定的企业理念文化体系、企业行为文化体系,展示企业的物质文化体系。企业歌曲、企业誓词也可刊载在此实体部分中。

对于企业理念,可进行适当的必要性说明和内容阐释,还可附录相应的经典文化故事,以使抽象的理念便于理解。

企业文化手册还可插入适当的漫画,以增加手册的生动性和可读性。

4)附则

刊载有关说明性条款,如执行时间、解释权、手册修订等。

小案例

七匹狼企业文化手册目录

序

一、品牌释义

二、品牌沿革

三、品牌诉求

四、企业文化模式概括

五、七匹狼企业文化宣言

六、经营理念

七、企业精神

八、经营指南

九、顾客价值链式经营管理

十、企业核心价值观

十一、狼的十大处世哲学

十二、狼之文化(弱肉强食——强者

文化）

十三、七匹狼的品质承诺

十四、七匹狼的营销观念

十五、七匹狼的管理哲学

十六、七匹狼的经营目标

十七、七匹狼的企业宗旨

十八、七匹狼的人才观念

十九、七匹狼的办公文化

二十、七匹狼的企业文化标语

4.2.5　制度检查法

企业制度受企业文化的统率和指导，反过来，企业制度能促进企业文化的形成。由于企业制度中规定了企业整体以及员工个体遵循的行为规范，从中我们不仅看出这个企业崇尚什么、反对什么，即企业信奉的价值理念，而且可以看出这个企业的做事方式与风格。所以，企业制度本身能体现企业文化。当管理者认为某种文化需要倡导时，他可能通过培养典型的形式，也可能通过开展活动的形式来推广和传播。但是要把倡导的新文化渗透到管理过程，变成人们的自觉行动，制度则是最好的载体之一。员工普遍认同一种新文化，可能需要经过较长时间，但是如果在企业制度中体现企业文化，则可以加速员工对企业文化的认同，促进企业文化的实施。

企业制度与企业价值观念不一致，是使企业价值观念停留于企业领导人的倡导和企业的宣传却不能成为员工的行为的主要原因之一。例如，一个企业的领导人认为，创新对于企业的生存和发展来说是非常重要的，所以在企业价值观念中将创新作为企业的核心价值观之一，并在各种场合宣讲创新的重要性。但在该企业中，员工并不热衷于创新，也不重视创新。企业的领导人很不理解，并将原因归结为员工的素质差，认识不到创新的重要性或不善于创新。而事实上，在进行企业文化诊断时，却发现员工之所以不重视创新或不热衷于创新，是因为企业尽管在提倡创新，却并没有将创新成果与员工的个人利益挂钩，也没有具体的措施保证员工能够开展创新活动。由于制度与企业主张不配套，以至于员工认为企业提倡创新做的是表面文章，所以也就不当一回事。而3M公司在宣扬创新的重要性的同时，不仅采用分权制度，容许研究人员有15％的时间进行他们自己所喜爱的任何研究计划，还创设了一个内部创业投资基金，制定了一条规则，规定每个部门年销售额的25％应该来自最近5年推出的新产品，从而将"创新"的核心理念落到了实处。

因此，在明确企业价值观念之后，应该将价值观念进一步落实到工作规范中去。对企业原有的制度进行系统的梳理，以剔除、修改与企业文化理念不相适应的部分，在原有的制度中增加与该制度相关的价值观念及其相应的规则。例如，薪酬制度必须根据企业的报酬理念来重新设计，营销管理制度则根据营销理念、客户理念、市场理念等相关理念来做进一步完善。只有坚决抛弃与文化价值观念相背离的各类规定，把企业的制度和企业文化对应起来，才能真正以价值观念引导员工的思维，以制度规范员工的行为，并使企业文化能够在员工工作中得到切实的落实。

德胜洋楼的制度化管理①

德胜(苏州)洋楼有限公司(以下简称德胜)成立于1997年,是美国联邦德胜在中国苏州工业园区设立的全资子公司。德胜从事美制现代木(钢)结构住宅的研究、开发设计及建造,是迄今为止中国境内唯一具有现代轻型木结构住宅施工资质的企业。

这是一家真实到令人震撼的公司,它把农民工改造成高素质的产业工人,它建造的美式木结构住宅的质量标准超越了美国标准,它的员工手册一经发行就被誉为中国企业的管理圣经,这一切成功源自它把朴素的价值观融入管理制度中,在制度约束和人性化管理之间力求平衡。

制度管理要体现企业文化理念。德胜公司的企业文化核心是:诚实、勤劳、有爱心、不走捷径。对于散漫惯了的农民工,德胜首要任务就是让他们学会敬畏制度和遵守制度。德胜负责人曾经说过:"一个不遵守制度的人是一个不可靠的人,一个不遵循制度的民族是一个不可靠的民族。"为了保证制度能够"融入员工的血液",所有员工,在每个月的1日和15日的晚间都要集中在一起召开制度学习会,每次学习某一方面的制度条例,学习时间为半小时。会议采取接龙形式,由在座的员工每人朗读一句话,以保证大家的注意力不分散。每月两次的制度学习会旨在给大家反复灌输遵守制度的重要性,久而久之,这些制度规定就在员工的脑子中生了根,成为无形的约束。

2004年8月,德胜在第7次战略会议上,为解决连续发生的几次返工事件,提出了程序化管理,专门成立了程序中心。编制程序是程序中心主要工作内容之一,将比较固定的或天天要做的、例行性的、非例行性的工作都进行程序管理,及时总结、固化、改进。

但从制度结构来看,德胜制度的原则条款、执行程序、检查程序三者之间的比例,大约为1:2:3。德胜制度共39页,其中第一章的"职工守则"主要是原则性条款,只占3页多篇幅。在39页制度中,针对原则条款的实施执行标准、方法、具体措施等执行程序,占了较大篇幅,包括奖惩条例,每半月一次的制度学习,试用职工条例,申明与承诺,培训与复训制度等。

检查程序的分量最大,也最完整、最系统,它是德胜实行制度化管理的最大特色。经过长期的探索试验和总结,德胜创造出了许多别具一格而又严密有效的监督检查程序,如德胜公告、解聘预警程序、企业听证会程序、权力制约规则、1855规则、个人信用系统、程序中心、质量与制度监督系统、神秘访客制度等。

德胜公司主张,说到就要做到,坚决反对提出一些做不到的、无法实施操作的制度要求。凡德胜制定的制度,都有详细的可操作的执行程序和检查程序,特别是检查程序,更是制度组成中的重中之重。比如,制度要求员工不得接受客户的礼品和宴请,这是原则条款,针对这一原则条款,德胜定出了更具体的执行细则:不得接受20支香烟以上,100克酒以上的礼品,20元以上的工作餐,违者一经查实立即开除。

---

① 资料来源:温德诚.德胜管理:中国企业管理的新突破.北京:新华出版社,2009.

谁来检查督导？德胜人力部要非常正式的给 200 家供应商和合作商寄发反腐公函和员工表现反馈表,每年两次,雷打不动。而且其中 10% 的供应商,公司还要派专人上门(或暗访)调查采购员的工作和品德表现。供应商、合作商首次与德胜洽谈业务时,就要签"禁止回扣同意书",希望供应商也能理解德胜的制度,支持和配合德胜的反腐工作。这样的检查工作非常有效,客户也很配合,认真回函。公司成立至今,腐败行为少之又少。

4.2.6 礼仪固化法

企业文化礼仪是指企业在长期的文化活动中所形成的交往行为模式、交往规范性理解和固定的典礼仪式。礼仪表面看来似乎是一种形式,但它不仅是企业价值观的重要体现,而且可以使企业规章制度和道德规范具体化为固定的行为模式,对制度和规范起到强化作用。具体而言,企业文化礼仪在企业文化实施中的作用总结为以下 3 个方面:

(1) 企业文化礼仪体现并固化了企业价值观。企业是由价值观派生的,为价值观而存在的,企业文化礼仪是一种独特的传播企业价值观的方式。通过履行一定的礼仪程式,不仅可以使员工接受和认同价值观,同时,也推动了员工将其内化为自身的观念和行为。

(2) 企业文化礼仪体现并固化了企业道德要求。在进行这种程式化和固定化的礼仪活动中,员工们自觉或不自觉地接受了一定的道德规范,如许多领导与员工们每天见面都互相问好,而有些企业的领导则趾高气扬,颐指气使。这两种不同的礼仪既反映了不同的企业道德水准,也反映了不同的企业人际关系。

(3) 企业文化礼仪可以增强企业的凝聚力和向心力。社会心理学研究表明,人具有相互交往和群体聚集的心理需要。企业举办的各种礼仪活动,有助于产生彼此认同的群体意识,并消除人际隔膜,增进情感,无形中增强企业的凝聚力和员工的向心力。

企业文化礼仪一般包括如下内容:

(1) 工作性礼仪,是指与企业生产经营、行政管理活动相关的带有常规性的工作习俗与仪式。建立这类礼仪的主要目的是为了警示员工履行自己的职责,进而规范员工的行为。这类礼仪一般包括早训(朝会)、升旗仪式、表彰会、庆功会、拜师会、攻关誓师会及职代会等。比如,有的企业举行的班前宣誓仪式,要求员工在走向工作岗位之前集中宣誓,诵读公司精神与有关理念,以达到振奋精神、激荡思想,进而规范行为之效。而海尔集团要求员工下班之后,在 6S 大脚印(在海尔车间人口处和作业区醒目的地方,设置一块 60 厘米见方的图案,上面印着一对特别明显的绿色大脚印,代表清理、整顿、清扫、整洁、素养、安全)上反省检讨一天的工作,旨在提醒下班员工,其责任区是否按"6S"要求做了,即使做了,做得是否符合标准。

(2) 生活性礼仪,是指与员工个人及群体生活方式、习惯直接相关的习俗与仪式。这类习俗与仪式的目的是增进友谊、培养感情、协调人际关系。其特点是:气氛轻松、自然、和谐;具有民俗性、自发性和随意性;具有禁忌性,避免矛盾和冲突,抑制不良情绪,禁止不愉快的话题,要求人们友好和睦相处;具有强烈的社会性,有些礼仪直接由社会移植而来,又常常是由非正式组织推行,并在企业中广泛传播。这类礼仪一般包括婚庆会、联谊会、祝寿会、运动会、欢迎会、文艺会演及团拜活动等。

(3) 纪念性礼仪,主要是指对企业具有重要的纪念活动中的习俗与仪式。这类习俗与仪式的目的是使员工产生强烈的自豪感、归属感,增强自我约束力,其特点是突出宣传纪念活动的价值,烘托节日欢快气氛,强化统一标志,穿着统一服装,戴企业徽记,举行升旗仪式,唱企业歌曲等。这类礼仪主要是指厂庆、店庆及其他具有纪念意义的活动。

(4)服务性礼仪,主要是指在营销服务中接待顾客的习俗与仪式。规定这类礼仪的目的主要是提高企业服务质量和服务品位,满足顾客精神需要。其特点是:具有规范性,执行不能走样;具有展示性,即对外展示企业良好的精神风采,有特色的服务习俗与仪式能够成为企业文化的一景;直接反映企业营销活动的内容和特点。礼仪执行好坏直接或间接影响企业的声誉和效益。这类礼仪主要指企业营业场所开门、关门礼仪、主题营销礼仪、接待顾客的程序规范和语言规范、企业上门服务的礼仪规范等。

(5)交往性礼仪,主要是指企业员工在社会公众联系、交际过程中的习俗与仪式。这类礼仪表现了企业在待人接物、处理公共关系的良好风格,体现了企业对员工、顾客、竞争伙伴和相关公众的尊重,使企业在内外公众中形成良好的形象。比如有的企业还特别设立"家属答谢日",以表达企业员工家属对员工工作支持的感谢,该节日对于加强员工家庭与企业之间的联系,提供员工对企业的忠诚度有一定的作用。有的企业定期举办"开放日",让社会公众参观企业的生产情景,以增进公众对企业的了解、信任。交往性礼仪包括接待礼仪、出访礼仪、会见礼仪、谈判礼仪、宴请礼仪以及送礼、打电话、写信礼仪等。

小案例

三九医药公司的文化仪式[①]

(1)誓师仪式。在每年的年终总结会后,公司举行誓师仪式,表达实现新目标的决心,激励员工的士气。考虑销售公司地区的分散特点,将全国划成四个大区,公司领导到片区去举行誓师仪式。

(2)团委活动。团委定期组织一些文体活动,实现加强沟通交流、提高情操、增强员工体质等目的。在活动中尽量考虑不同部门员工之间的交流,通过这种非正式的团体活动来实现沟通的目的。

(3)新员工入职仪式。组织新员工入职仪式和联欢活动,表现公司对新员工的重视和关心,增强新员工的归属感和荣誉感。

(4)升旗仪式。每周一在总部和有条件的片区举行升旗仪式,轮流由员工将一面国旗,两面三九厂旗升起,同时播放国歌和三九厂歌。

(5)三九健康操。每天上午10点(10分钟),总部和片区的员工在各办公区域的位置上做早操。早操体现了健康、积极的精神面貌。

(6)亲情关怀计划。体现组织对员工的关心和爱,具体活动包括员工生日计划等。

(7)有计划地组织社会公益活动。如植树、献血、健康咨询、"3·15"宣传日、希望工程捐助等。

---

① 资料来源:中国就业培训技术指导中心组织编写,企业文化师(国家职业资格二级).北京:中国财政经济出版社,2007:117.

（8）跨部门的交流活动。组织一些活动来加强片区与总部之间、部门之间的交流，如培训、旅游、兴趣小组等。

（9）对重大成功事件和优秀个人或团队的表彰仪式。当有大的销售订单完成，优良的创新措施等重大的成功事件发生时，相关领导为该个人或团队举行表扬仪式，以示祝贺和肯定。

4.2.7　情境强化法

企业文化的实施还要利用情境强化来实现，即通过营造一定的情境，让员工自觉体会其中隐含的企业文化理念，从而达到自觉自悟的效果。

企业的理念是抽象的，不宜把握，更不宜入脑入心。怎样克服这一企业文化建设的"瓶颈"呢？"情境强化"是一把金钥匙。如果情境设计得巧妙，就可以发挥其视觉冲击力大、印象深刻等特点，有效地把企业理念渗透到员工内心里。情境强化法的关键，在于情境的设计。应该针对不同的环境、不同的参与者，营造不同的氛围，展现不同的场景，以充分发挥这一特定场景的视觉冲击力和心灵震撼力，收到振聋发聩的效果。例如著名的张瑞敏砸冰箱的例子。

1984年创建的海尔冰箱厂因经营不善亏损数百万，新厂长张瑞敏临危受命，拉开了革故鼎新的序幕。正当一切艰难开始时，发生了一件颇有争议的事情。由于生产过程的问题，几十台有瑕疵的冰箱从生产线上下来。这样的产品当然不能投入商场，于是有职工建议作为公关品送人，有人建议当做职工福利分发下去。张瑞敏此时却做出了一个技惊四座的举动：挥起锤子把有质量瑕疵的冰箱统统砸毁。张瑞敏宣布："因为大家过去没有质量意识。不是你们的责任应该是我的责任，但是今后再有问题就是你们的责任，今后谁再出质量问题，就扣谁的工资。"在许多海尔人看来，那锤子不仅砸在冰箱上，更砸在了海尔人心里。张瑞敏"砸冰箱"之举，就是利用情境的视觉冲击力，达到了触及灵魂的目的。

文化理念故事化也是情境强化的一种途径。企业文化的核心理念大都比较抽象，表现为本企业标榜的思维模式、价值观念和精神意识。企业理念要真正地进心入脑，内化为员工生产生活的内在动力，就要借助于生动活泼的故事，以人们喜闻乐见的形式进行宣传和渗透。

故事的选择可以分为以下三种类型：

第一类：寓言类故事。如蒙牛集团的企业文化强调竞争，它们通过非洲大草原上"狮子与羚羊"的故事将这一文化生动活泼地体现出来：清晨醒来，狮子的想法是要跑过最慢的羚羊，而羚羊此时想的是跑过速度最快的狮子。"物竞天择、适者生存"的自然法则对于企业的生存和发展同样适用，即不管你是总裁还是小职员，为了保住自己的职位，都应该尽心尽责，全力以赴。

第二类：企业外部发生的真实案例。如果采用真实故事来传达企业理念，其强化效果可能更好。

例如，摩托罗拉把公司数十年经营历史和成功经验总结为"精诚为本与公正"，并确定为自己的企业理念。摩托罗拉的CI手册中有这样一段话："诚信不渝——在与客户、供应商、雇员、政府以及社会大众的交往中,保持诚实、公正的最高道德标准,依照所在国家和地区的法律开展经营。无论到世界的哪个地方进行贸易或投资,必须为顾客提供最佳的服务。"

这种理念不仅写在了手册中,还通过一些情境强化的手段,传达到每位员工的心里。公司的企业伦理顾问艾罗斯常年用一个真实的案例来教育和提高摩托罗拉经理层的每一个人。这一案例发生在 1992 年,EIAI 公司的货机在阿姆斯特丹遭遇空难,造成这场灾难的原因主要是引擎螺栓的设计问题,波音公司的主要责任是设计上的错误和质量控制上的疏漏。实际上,波音公司很早就已经发现这个问题,但是没有引起足够的重视。艾罗斯就是用这个沉重的教训,告诫摩托罗拉的经理们:企业必须认真对待产品反馈信息,不断改善产品设计。摩托罗拉在培训中之所以引用这个事故案例,不是制造恐惧感,而是通过情境来强化员工的道德观念和责任感。[①]

第三类:企业内部的真实故事。将企业中的真人真事与文化理念故事化相结合,也是很好的一种情境强化的方法。在提炼和设计企业文化并进行培训和教育之后,有一部分人能够直接认同和接受下来,并用自己的实际行动来带动和影响其他员工,他们就是企业的骨干。这时,企业把发生在他们身上的故事介绍给全体员工,使他们身上所体现的价值观发挥更大的辐射和示范效应。

例如,海尔的"真诚到永远"的企业理念就曾在这一故事中得到充分体现。在 2002 年春节的前几天,北京石景山区有一个海尔的用户买了一台海尔彩电坏了,很着急。海尔北京分公司吴经理亲自上门维修,在双方约定的晚上 8 点到达,但这个用户不在,门上了锁,灯却还亮着。怎么办? 等! 一直等到第二天早晨 6 点用户回来时,才进门维修。吴经理和他的助手整整在门外冻了一夜,邻居请他们进门休息,被他们婉言拒绝。这件事深深感动了那位用户和他的邻居,也充分体现海尔"真诚到永远"的最佳服务精神。而且,这一故事一经企业内的广泛流传,也同样鼓舞了全体员工,起到了良好的英雄模范作用。

4.3 企业文化实施的保障

为了保证企业文化的顺利实施,使企业文化尤其是企业价值观能够在组织内部落地生根,为企业全体成员所接受,企业必须在企业文化的实施过程中提供以下五个方面的保障。

4.3.1 建立企业文化领导小组

作为企业文化的发起者,企业最高领导者的主要工作就是要组建企业文化实施的领导团队,对企业文化的实施进行全员、全方位、全过程的领导和管理。一般而言,企业文化领导小组(也可称为企业文化建设委员会)的组成人员包括:企业最高领导者、各中层部门经理(各部门负责人),适当情况下,还可以吸收来自外部的企业文化咨询专家,或者企

---

① 资料来源:张德.企业文化.北京:清华大学出版社,2007:214.

业一线员工中具有代表性的人员加入。

企业文化领导小组的主要工作包括以下 5 点：

（1）确定企业文化建设的宗旨，也就是要向公司全体成员说明为什么要进行企业文化建设。领导小组应该通过各种渠道，将企业文化建设的方向性问题向企业全体成员进行大量的宣传与贯彻。

（2）制定公司企业文化建设的原则，如历史总结与不断创新和发展相结合的问题、理念体系与行为体系相结合的问题、文化建设形式与内容相结合的问题、过程不断优化和内容适时调整的问题、外部效应和内部效应相结合的问题等。

（3）对公司的企业文化建设进行准确定位，同时，要对由于公司内外部环境的变化而可能引发的企业文化发展方向的变化提出指导性原则。

（4）对公司企业文化建设的工作目标、推进计划与时间安排做出规定与指示，明确企业文化建设的分期目标，并制定一定的管理过程加以控制。

（5）确定公司企业文化实施的管理体制、运行与保障机制，对于企业文化实施过程中可能因制度、组织或者个别管理者的阻碍而出现的问题，领导小组必须旗帜鲜明地表明自己的态度。

4.3.2　构建企业文化工作机构

企业文化实施是一个长期的过程，领导小组作为一个决策和协调机构，无法承担具体的实施职能。因此，在领导小组之下，应该建立一个高效精干的工作机构。这个机构的名称，可以叫做"企业文化部""企业文化中心"等。企业文化部的成员，应该由那些热心企业文化建设并有一定企业文化基础知识，在以后企业文化的建设中将成为骨干的人员组成。

企业文化部的基本工作职责：

（1）全面负责公司企业文化建设战略方案起草及部署和日常行政事务管理工作，制定公司内部企业文化建设及其管理方面的制度、规则。

（2）做好公司企业文化建设的日常管理工作，严格按照企业文化管理模式的基本规定，主持与贯彻落实企业文化活动及企业管理理念的总结、传播、实施和提升。

（3）负责对企业各部门及下属子公司的相关制度建设进行指导，督办下属公司及部门执行公司各项企业文化实施方面的管理制度，如工作与服务标准、对外形象、工作职责、业务流程、协作管理、考核办法等。

（4）负责企业内部企业文化建设方面文件的起草、印刷、收发、保存、督办等工作。

（5）负责策划、组织、通知召开公司企业文化建设方面的各种会议，做好相关会议的记录、归档工作。

（6）根据企业发展的不同阶段，定期进行文化自我诊断，或者邀请外部专家共同诊断，负责企业文化建设调研工作计划制订及相关调研工作，定期做出企业文化建设调研报告，制定企业文化建设新思路的可行性分析及具体操作计划，向企业领导提出相关研究报告。

（7）负责公司企业文化及企业形象的策划、宣传工作，做好企业文化的外部宣传和社会效益提升活动及企业品牌形象塑造工作。

（8）负责公司企业文化建设方面的对外接待及相关公关工作。

（9）负责公司高层、中层及一般员工之间的沟通管理工作。

（10）负责公司下属部门企业文化建设工作人员需求计划的制定、招聘、筛选、录用、劳动合同签署及日常工作网络的建立与管理。

（11）负责新员工岗前培训，讲授企业历史、企业文化等方面的知识，负责公司所有与企业文化建设相关的教育、训练工作。

4.3.3　设立专项资金

企业文化建设不仅要纳入日常管理，而且还要有资金的支持，否则这项工作难以顺利开展。因此，企业应该设立企业文化建设的专项资金，由企业文化部控制使用。具体的资金额度，由企业根据自身的实际情况制定。资金的使用去向主要包括：

（1）宣传费用：企业形象设计费用、公关费用、公益广告牌费用、新闻发布会费用、各种企业文化宣传手册、企业文化书籍、画册、标语和条幅的印刷与制作费用等。

（2）教育培训费用：培训教材费用、外请专家讲座费用、参观学习费用等。

（3）文娱活动费用：关于文化建设的活动，如演讲比赛、征文、晚会、研讨会、团队建设、文体比赛等所需的费用和奖品。

（4）企业文化设施建设费用：企业文化展览室、厂史展览室、产品展示厅、阅览室建设和维护的费用。

（5）部门建设费用：人员配备费用、办公设备购买费用等。

4.3.4　企业文化建设动员

在企业文化建设之初，企业员工往往对企业文化有不同的认识，比如有的员工认为企业文化就是企业中的思想政治工作或精神文明建设；有的员工认为企业文化就是企业形象标志、宣传口号等；有的员工则可能认为企业文化是一个说不清的、比较虚的东西。如果企业员工对于企业文化没有共同的理解，企业文化建设实施也就会无所适从。因此，在企业文化建设实施之初的第一步就是通过各种方式统一大家对企业文化及其作用的认识。

为了使企业员工对企业文化有所了解，可以采用如下两种方法：

（1）通过邀请专家做专题讲座进行理论指导，使员工对企业文化的内涵和作用等大致有所了解。

（2）在此基础上，由企业领导者对企业全体员工进行本企业文化的宣讲，要达到以下几个目的：一是使员工进一步加深对企业文化重要性的认识；二是使员工感受到本企业对企业文化建设工作的重视，意识到企业今后将按文化理念来指导各项工作，并且违背企业文化理念将影响个人利益，从而增强学习企业文化的自觉性；三是对企业的基本主张有一个大致的了解，进而奠定其进一步学习企业文化理念的基础。

另外，还可以通过选派相关人员（企业领导、企业文化工作机构人员或企业中优秀员工代表）到先进企业参观学习和交流的方式，使相关人员对于企业文化的梳理、企业文化的表现形式和作用有更直接的感受。

4.3.5　建立企业文化考评机制

企业文化的建设实施必须有反馈和考评机制。在企业文化实施过程中,对情况的反馈和阶段性效果的评估以及对企业各部门和员工贯彻实施企业文化建设情况的考评时实行"实时纠偏",是保证企业文化建设能够长期坚持下去的一种较好手段。

建立企业文化考评机制的作用体现在:一是通过考核明确奖惩对象。通过考核,及时发现先进典型,并予以奖励,对企业文化在员工中的生根落地具有极大的促进作用。二是通过考核可以表明企业实施文化建设的决心。考核越严厉,表明企业越重视。三是通过考核可以塑造长期行为。企业文化具有长期性,如果没有形成制度,很难使一种新理念得到认同并长期存在。因此考核制度作为企业文化实施的重要保障,应该被很好地应用。

在企业文化实施的过程中,企业可以指定专门部门对公司各部门、分公司和各位员工贯彻企业核心价值观的状况进行考核,并将这种考核结果纳入企业日常的绩效考核当中,给予一定的权重(如 5%～10%)。因此,企业在进行企业文化实施贯彻力度的考核时,最好由人力资源部门主导整个考核过程,企业文化工作机构只是参与和配合人力资源部门的工作,而且只限于考核与企业文化实施有关的指标。

具体的考评内容可以分为三个方面。第一,对企业文化实施的领导层面和设计层面进行考评。可以包括以下内容:

① 企业文化实施方案、计划、措施须经过高层领导充分讨论,以保证体现领导层的真实意愿;

② 高层领导要定期对企业文化实施情况进行分析研究,提出明确意见;

③ 企业文化要素在与本行业发展规划和国家政策保持一致性的前提下,符合本单位的情况,具有本单位的特点;

④ 企业文化实施方案要与经营管理有机结合,其措施和具体办法具有可操作性。

第二,对员工进行企业文化教育培训工作的考评。可以包括以下内容:

① 有计划地对企业文化核心要素及单位发展战略、目标、重大决策等进行教育;

② 领导经常向员工宣讲企业文化,与员工的沟通渠道畅通;

③ 员工对企业文化的核心要素普遍了解;

④ 员工对企业文化核心要素普遍认同。

第三,对企业文化建设实践层面进行考评。只有把企业文化的各要素贯彻到企业经营管理的每一个环节,变成具体的规章、制度、措施、流程和规范等,并持之以恒地严格执行,才能够逐渐培养员工的文化自觉性。

4.4　企业文化实施与人力资源管理

4.4.1　企业文化贯穿人力资源管理

企业文化贯穿着人力资源管理活动的全过程。企业文化规范和引导人力资源招聘、培训、绩效和薪酬管理工作的进行，为人力资源管理提供潜在的规范与约束，使人力资源管理与开发深刻化。人力资源管理活动必须在企业文化的规范下开展，各项活动必须与企业文化相一致；同时，有效的人力资源管理也会对企业文化起着积极的改进和塑造作用。

不同的企业文化必然会导致管理方式的不同，人力资源管理作为管理的主要内容，自然也要受到企业文化的影响。企业文化对人力资源管理的影响，主要表现在它能够影响甚至决定人力资源管理的方式、内容等。不同的企业文化，影响到人力资源管理的具体活动。追求自由、崇尚冒险竞争、依靠规章制度、以自我为中心的企业文化，其人力资源管理活动具有开放性，注重能力、创造和竞争。强调人与人、人与事的和谐关系，群体意识和社会责任感强烈的企业文化，其人力资源管理活动具有整体性，强调奉献与团结精神。

企业文化一旦建立，企业内部就会采取一些措施将其核心理念融入人力资源管理之中，进而来维系企业文化。企业员工招聘过程、绩效管理过程、培训和职业开发活动以及晋升程序，进一步确保了企业雇用的是适应这种文化的员工，奖励的是支持和拥护这种文化的员工。那些挑衅企业文化的员工会受到惩罚。而且通过人力资源管理活动使得抽象的企业文化的核心价值观融入员工日常工作实践之中，员工就会日复一日地受到企业文化的熏陶并对其作出反应。这样，对企业文化认同不够的员工就会不断地修正自己原有的价值观和思维方式，加强对企业文化的认同感。

例如海尔运营理念中的人才理念是"赛马不相马"，很多渴望成功的企业认为这个理念打破了传统的"伯乐相马"模式，为企业人才的选拔和成长提供了很好的机会，于是纷纷仿效。但是，经过一段时间却发现，根本无从下手、无法操作。歧视，这中间正是缺少了将企业文化理念贯穿到人力资源管理之中。海尔的"马"指的是企业所需要的优秀人才，要运用人力资源管理方法中的工作分析、职位设计、岗位任职条件分析以及素质模型分析等手段，才能知道企业为了取得竞争优势、实现战略目标需要做哪些工作，要做好这些工作需要的是具备什么素质的人。海尔在职员工和准备来海尔工作的人他们的素质是否与岗位要求相适应，经过这一系列工作才能将合适的人放在合适的岗位上。但仅仅做到这一步还是不够的，因为企业是不断发展的，员工是不断变化的，"赛马"的过程其实是对员工工作的过程进行观察、指导和监控的过程，需要对员工的工作业绩给予评价和指导，还需要在职位评价的基础上确定员工的薪酬等级，结合业绩评价结果给予奖惩和激励，同时将优秀的员工提升到更重要的工作岗位。这一系列关于"马"和"赛马"的工作需要系统的人力资源管理策略、管理方法和管理流程来支持[①]。而只有将企业文化理念贯穿到人力资源管理的各个环节之中，才能使企业文化真正落地。

4.4.2 人力资源管理承载企业文化

1. 招聘管理与企业文化

招聘是人力资源管理的第一个环节，引进的新员工必须是有潜力成为企业文化人的

---

① 资料来源：王吉鹏.企业文化建设——从文化建设到文化管理(第 4 版).北京：企业管理出版社，2013：147～148.

员工，也就是说，是能够经过培育成为企业文化人的人。因此从招聘阶段就要以企业文化，尤其是企业价值观念为导向。企业人力资源管理者要通过有目的的公关活动和广告宣传，让潜在的员工了解企业的文化，特别是企业的基本价值观念、基本的原则和宗旨。

要用合理的测试手段分析判定应聘者的价值倾向与企业的价值观体系是否一致，包括面试流程、场地布置、时间安排，都要体现出企业的文化。在制定职位"入职要求"时邀请企业文化主管人员参与，制订相应的员工发展政策，培养与发展那些与本公司企业文化契合度较高的员工。

有调查显示，新员工对公司的了解，除了网络、报纸、亲友等途径外，更重要的是通过面试的程序。科学、高效、专业的面试方法和流程，会给应聘者很好的印象，也是最初了解企业文化的开始。

2. 培训管理与企业文化

在企业文化导向的人力资源管理体系中，企业的培训包括对员工工作技能的培训和对员工价值观的培训两大方面。在对新员工的培训方面，培训内容应该满足新员工的文化诉求。他们应当对组织的过去、现在、文化以及未来的愿景有宏观的认识，并且了解政策和程序一类的关键事项，如组织的标准、行为规范、上级的期望、组织的传统与政策，包括进入组织的各种手续、资讯获取的方法、工作时数等。对于已经入职的员工，也应定期组织企业文化方面的培训或研讨会，以不断深化员工对新的企业价值观的理解。尤其针对企业中高层员工，应定期组织企业文化创新和变革方面的培训，以便让管理人员更加重视企业文化的建设，并且为其进行文化创新和变革提供理论框架和工具。同时，员工的培训应与员工的职业生涯规划相结合。企业文化导向的人力资源管理体系的终极目标是人的发展和自我价值的实现。结合员工的职业生涯规划开发培训体系，能使员工切实感受到企业中以人为本的企业哲学，使员工受到自己喜欢和愿意接受的培训，进而成为某一领域的专家。

3. 绩效管理与企业文化

成功的企业的绩效评估系统都会体现出特定的企业文化。不同的企业文化对绩效评估的标准和重点是不同的。例如，对于注重"团队精神"的组织，绩效评估会突出对"合作""奉献"及"对团队的影响"等体现团队精神和团队业绩的相关要求的考核，并且增大这些分指标的权重。而对于强调创新与竞争的组织，在绩效评估体系中就会突出对个人业绩与个人能力的评价。

另外，可以将企业文化所倡导的理念，变成详细的制度写入员工手册，并按照标准来执行和进行考核，把内在的约束在一定程度上变成外在的约束。例如企业文化强调诚信的重要性，那么在员工绩效考核上就应考评员工在取得绩效过程中是否遵循了公司的诚信原则。员工的绩效固然重要，应成为员工绩效考核的主要依据，但公司同时也应了解员工怎样获得的绩效。有的员工通过欺骗的手段来增加销售额，虽然绩效不错，但是却违背了企业的诚信原则，给企业的长期发展带来大于其个人业绩的损失。通过对员工是否遵守公司原则和价值观的考评，可以督促员工用正确的方式去获得业绩，从而最大化公司的长期利益。

阿里巴巴的绩效管理

阿里巴巴的价值观被称为"六脉神剑",其含义是一剑刺中要害:客户第一;二剑做事:团队合作、拥抱变化;三剑做人:激情、诚信、敬业。

阿里巴巴的绩效管理充分体现了其价值观。

1. 以价值观作为重要考核内容

阿里巴巴的绩效考核主要是看价值观和绩效两个维度,而且同等重要,各占50%。六个价值观,每一个都会细分成五个可以去衡量的行为标准,每个形式一分,从最低的开始,通关制打分,以便于挑选出阿里巴巴优秀的员工,给他们更多的学习和晋升机会。

在六条价值观中,"团队合作""拥抱变化""激情""敬业"这四条是用来弘扬的,而"客户第一"和"诚信"则构成了阿里巴巴的"高压线",具体是:不能作假、不能作弊、不能欺骗客户、不能夸大服务、不能给客户回扣、不能为客户垫款等。很多公司对不诚信或损害客户利益的行为会有很多的处罚措施,但更多的是看事情对公司财务和各方面的影响;而在阿里巴巴,触碰"高压线"的事情犯一次就必须被开除。一位业绩十分突出的销售人员因为欺骗了客户,立刻被开除,一个能力很强的销售员工因为改动了销售数字也被清退。

上述考核制度以前只限于总监以下级别,从2007年开始,公司在这方面做了重大调整:包括总监、副总裁在内的全体员工都需要进行这个考核,对由6个价值观分解成的30种行为方式的考核每个月都要进行,考核结果跟工资、奖金和晋升挂钩。

从2009年开始,马云对各个子公司的负责人不再设置利润、市场占有率等量化的KPI考核,而是以"董事会是否满意"来作为标准。事实上,这一看似虚无的标准是对阿里的高管们提出了更高的要求。

2. "2-7-1"考核法

所有员工每季、每年的业绩、价值观的双重考核,各部门主管都按"2—7—1"原则对员工的工作表现进行评估,即:20%超出期望,70%符合期望,10%低于期望。

在考核过程中,为了保证考核结果的公正性,如果在阿里巴巴员工进行自我评估、主管对员工进行评估时考核成绩在3分以上或0.5分以下,都要用实际案例来说明这个分数。主管完成对员工的评估,同时跟员工进行绩效谈话以后,员工就可以在电脑上看到主管对自己的评价。同时,员工也可以随时找HR,反映考核中的问题。

阿里巴巴的内部沟通也是非常通畅的。阿里巴巴有公开的总裁热线、open邮箱,员工可随时致电、写信给总裁,总裁会及时回复。同时,企业高管还会定期召开圆桌会议,员工可自由报名参加,高管现场解答员工问题;不能当场解决的,也会在一周内制订行动方案。这些问题及回复,也会及时在企业内网、内刊中公布。员工有任何意见、建议,还可以在阿里的内网论坛中畅所欲言——不过,论坛实行实名制,员工可以说任何话,但要对自己说过的话负责。

4. 薪酬管理与企业文化

企业文化对薪酬制度具有内在的规定性，企业文化中的特性对应着薪酬制度中各元素的特征，薪酬制度的设计必须符合企业核心价值观和企业原则，才能真正地被企业所接受。例如，新的公司核心价值观中强调业绩导向，那么在薪酬系统设计上就应该拉大不同表现的员工的薪酬差距，并且真正让那些工作表现好，对公司贡献大的员工受到明确的奖励和赏识，特别是通过薪酬的调整予以体现。

分析案例

潍柴集团文化管理实践透析[①]

潍柴控股集团有限公司是目前中国综合实力最强的汽车及装备制造集团之一。集团拥有员工 5 万余人，2011 年实现营业收入 983 亿元，名列中国机械工业 500 强第 7 位。

潍柴集团是国内唯一一家同时拥有整车、动力总成、游艇和汽车零部件四大业务平台的企业，是国家重点支持的内燃机研发、制造、销售骨干企业，高速大功率发动机产销量居世界第一位，重型变速器产销量居世界第一位。

潍柴集团旗下的分子公司遍及国内 8 省市以及欧洲、北美、东南亚等地区，其控股子公司——潍柴动力股份有限公司是一家 A＋H 上市公司，潍柴重机股份有限公司于 2007 年在深圳证券交易所上市。2012 年 1 月，潍柴集团重组世界最大的豪华游艇制造企业——意大利法拉帝公司，标志着企业产业结构调整和国际化发展迈出了坚实一步。

潍柴集团的快速发展，离不开企业文化的引领与支撑。潍柴集团的企业文化建设实践，具有很好的启示作用。

（一）潍柴集团文化管理的特色

潍柴集团在企业文化管理实践中，逐步培育形成了以"责任、沟通、包容"为核心，以"执行文化、激情文化、创新文化和感恩文化"为特色的文化体系。这些特色文化是潍柴动力发展的动力和制胜的法宝。正是这些特色文化的支撑，使潍柴实现了超常规的发展，并一路赶超成为了国内同行业领军企业。

企业文化理念：责任、沟通、包容

- 责任，是胸怀与激情。潍柴集团上下同心，牢记使命，以为振兴中国装备制造业做出最大贡献为己任，自觉地承担起打造世界重卡、动力系统及汽车零部件驰名品牌，建设国际化集团的重任。
- 沟通，是境界和方法。用沟通增进相互理解，用沟通形成统一意志。
- 包容，是心态与行为。用包容的心态博采众长，用包容的行为合作共事。

---

① 资料来源：黎群．潍柴集团文化管理实践透析．中外企业文化，2012(8)：14～21．

企业文化体系：执行文化、激情文化、创新文化和感恩文化

执行文化的四条原则：

- 第一，忠诚企业，恪尽职守，把事业成功作为历史使命。
- 第二，雷厉风行，令行禁止，把各项指令落到实处。
- 第三，重视过程，关注结果，把每项工作做得尽善尽美。
- 第四，服从全局，团结协作，把团队精神贯穿于工作始终。

激情文化：

- "打造全系列、全领域发动机提供商，成为全球第一"。
- "潍柴是潍坊的潍柴、山东的潍柴、中国的潍柴、世界的潍柴"。
- "中国，前进中有我"。

创新文化的"三不原则"：

- "不关门"——以开放的姿态利用好世界资源。
- "不排斥"——积极利用世界上一切最先进的技术开展自主品牌的建设。
- "不违反"——遵守国际知识产权保护法。

三条途径：

- 一是完全靠自身力量开发自主品牌。
- 二是借助国际技术开发力量，跟踪世界先进技术。
- 三是深化战略合作，合力打造中国动力名牌。

感恩文化：

- 感恩企业。
- 感恩员工。
- 感恩客户。
- 感恩社会。

（二）潍柴集团文化管理的创新方法

1. 企业家主导的管理团队文化建设

1）四项承诺

1999年年初，企业三项制度改革进入攻坚阶段。为痛下决心革除弊端、改善管理，厂长谭旭光代表各级管理团队，向员工作出了"四项承诺"：不断更新知识，提高决策水平，增强驾驭全局的能力；保持高昂斗志，坚定必胜信念，矢志不渝，坚韧不拔，全力实现既定目标；彻底转变作风，廉洁自律，求真务实，为职工做出表率；树立群众观念，发扬民主，爱护职工，做群众的贴心人。

2）四提倡、四反对

2000年，潍柴改革取得阶段性成效，初步实现脱困，生产经营开始走上正轨，全体干部职工为之欢欣鼓舞。谭旭光在3月11日召开的办公会上，结合领导干部作风问题，告诫广大领导干部要戒骄戒躁、继续艰苦奋斗，提出了"四提倡、四反对"：提倡阐明观点，反对掩盖矛盾；提倡身体力行，反对只说不干；提倡胸怀坦荡，反对相互猜疑；提倡表里如一，

反对做小动作。

3）六项准则

2004 年 3 月 11 日，潍柴动力成功在香港上市。针对企业发展面临的新形势和新问题，3 月 17 日，在企业党政联席会议上，谭旭光提出"六条准则"：严于律己，规范行为，不利用职务之便谋取私利；艰苦奋斗，厉行节约，最大限度地发挥资金效益；团结一致，密切配合，凝聚加快发展的合动力；忠诚企业，摆正自我，在实现企业价值中实现自身价值；增强自信，坚韧不拔，不断追求攀登新的目标；加强学习，提高素质，适应国际化发展的要求。

4）六条标准

2007 年，潍柴成功吸收合并湘火炬，企业规模快速膨胀，产值突破 400 亿元，成为装备制造行业的大型企业集团。12 月 4 日，在领导干部会议上，谭旭光提前向全体领导干部发出了金融危机的预警，指出当前领导干部最突出的问题是"浮躁"，并提出领导干部六条标准：敬业奉献、持续创新、挑战标杆、团结合作、国际化素质、诚信与理解。

5）六点要求

2009 年 8 月 21 日，在公司联席办公会扩大会议上，为使领导干部经受住经济危机的考验，适应企业发展，谭旭光提出新时期领导干部的六点要求：创新工作思维、扎扎实实工作、摆正心态位置、倡导表里一致、主动沟通协调、忠诚岗位事业。

6）五做五不做

2010 年 2 月 25 日，在一次工作会议上，为使集团成为重组整合的典范，谭旭光向全体领导干部提出了"五做五不做"：要做团结正气的干部，不做制造矛盾的干部；要做激情干事的干部，不做四平八稳的干部；要做敬业奉献的干部，不做夸夸其谈的干部；要做持续创新的干部，不做僵化保守的干部；要做廉洁自律的干部，不做贪图私利的干部。

7）六个表率

2010 年 2 月 28 日，谭旭光在经营年会上指出，在一个团队中，领导不仅是领路人，更是主心骨，要时时处处起到表率的作用。在新的形势下，各级领导班子要争做六个表率：做相互支持、彼此尊重的表率；做充满激情、干事创业的表率；做廉洁自律、坚守原则的表率；做融合、提升、践行集团文化的表率；做顾全大局、推动资源整合的表率；做科学决策、规范运作的表率。

8）"八不用"原则

2011 年 2 月 5 日，谭旭光在领导干部会议上提出"八不用"原则：不敢暴露问题的干部不能用；不愿承担责任的干部不能用；不善沟通协作的干部不能用；不会带好队伍的干部不能用；不求学习提升的干部不能用；不想主动创新的干部不能用；不让客户满意的干部不能用；不知心存感恩的干部不能用。

潍柴十分注重管理团队企业文化素质的提升。2004 年以来，每年举办领导干部培训班，对全体领导干部进行系统的脱产培训。近三年，还专门组织全体参训干部进行企业文化研讨和提炼，进一步提高了管理团队的企业文化理论水平和实践能力。

2. 集团文化融合

1) 明确集团文化定位

潍柴在集团文化建设中注重以战略为导向,由上而下逐步形成文化共识。首先,从战略层面统一各企业的认识。潍柴对企业战略进行统一规划,通过规划在战略层面确立了企业的使命、价值观、愿景和运营规则。其次,从战略层面提出集团文化核心理念。在战略层面目标的指引下,潍柴提出了"包容、沟通、责任"的核心理念,构建以"包容"为核心的融合文化,以"沟通"为核心的交流文化,以"责任"为核心的执行文化。2011年10月,潍柴又及时将新阶段的核心理念调整为"责任、沟通、包容"。

2) 制定集团文化建设规划纲要

潍柴制定了集团文化建设五年规划纲要。纲要以"一元为主、多元发展,阶段建设、注重实效,以人为本、人企共进,领导带头、指导实践,秉承借鉴、改革创新"为原则,分别确定了集团公司、分子公司、部门、员工的重点工作目标。纲要提出,要通过集团文化建设,把与企业发展不相适应的文化因子进行修正、更改、剔除,形成统一的思想意识,使集团文化服务于企业战略,以顺利高效地实现企业愿景。

3) 健全组织机构

潍柴构建了两级文化领导组织机构:集团成立企业文化研究会;执行总裁任会长;设企业文化办公室;统筹负责企业文化建设工作;结合企业实际开展企业文化研究和交流活动。各子公司成立企业文化建设领导小组,子公司负责人任组长,企业文化专员具体组织开展宣贯、推广、维护和提升工作。

4) 搭建交流平台

潍柴企业文化研究会创办了《企业文化》杂志,组织开展了若干专题理论研究,牵头编辑出版了《潍柴动力企业文化研究论文集》,组织了形式多样的文化建设活动。每年上半年召开一次企业文化年会,下半年在各子公司轮流召开一次企业文化现场会。2010年7月,研究会还在西安、潍坊和株洲三地,成功组织了潍柴动力首届文艺汇演和首届劳模事迹报告会。

5) 开展全员培训

潍柴将企业文化培训纳入年度培训计划,安排专人、专项资金组织实施。一是各单位主要管理团队成员,必须参加每季度一次的脱产培训。二是企业文化专职与兼职人员,每季度必须听一次专家讲座,读一本企业文化专著。三是全体员工通过收看公司网络授课、阅读《企业文化》杂志和参加文化交流活动等方式,学习相关知识,提升文化素质。

6) 建立考核制度

潍柴制订了一系列文化建设工作的考核制度。《企业文化推进考核办法》,将企业文化纳入企业的绩效考核系统,将企业文化建设的量化指标以《党委工作目标责任书》的形式下达到各子公司,纳入子公司的业绩考核体系,形成了企业文化建设工作有效的约束和激励机制。

（三）WOS 管理文化的构建

潍柴在 2009 年 3 月启动了 WOS 项目。潍柴运营系统（Weichai Operating System, WOS）。这是潍柴以集团文化理念为指导,借鉴国内外相关研究成果,结合本企业具体实际,创新开发出来的一个运营操作系统。

潍柴全面推进 WOS 项目,旨在建立一套系统化的持续改进体系,以精益管理的理念不断优化管理流程,全方位提升管理水平,促进集团文化的贯彻落实,并逐步形成独特的运营模式,增强潍柴的核心竞争优势。

潍柴聘请了美国 7Sigma 专家小组,成立了公司 WOS 指导委员会,下设推进办公室和培训办公室,各专业厂配备了相关职能部室,明确了各层次组织的职责。

谭旭光对 WOS 给予了很高的期望,要求全员参与,努力将 WOS 的管理理念融入企业文化建设和管理实践中。

1. WOS 的四个目标

第一个目标：对企业目标进行量化,即建立起科学、合理、全面的运营评价量化指标体系,用于指导企业的运营管理和绩效考核。第二个目标：建立一个标杆,即确定企业的近期、中期、远期挑战性目标,开展赶超标杆活动。第三个目标：建立一支高素质、年轻化的人才队伍,即通过项目的展开,学习先进的管理理念和管理方法,提升人才队伍的国际化水平。第四个目标：提炼优秀的管理文化,即进一步培育潍柴人的共同价值观,提高企业的协同工作能力和竞争力。

2. WOS 的运行步骤

潍柴组建了工厂管理、现场管理、质量管理、采购管理和物流管理等十个功能组。各功能组分别完成远景描述、卓越职能阐述及各职能量化评价标准的制定,展开系统的现场审核,并针对审核发现的差距,组织实施改进项目。每次审核后,各功能组根据实际情况对评价标准进行重新修订,以使评价标准不断优化。

讨论题：

1. 潍柴企业文化管理实践的启示是什么？你认为潍柴集团后续的企业文化建设应如何推进？

2. 企业领导者在企业文化实施中产生什么作用？

3. 潍柴集团采用了哪些方法来使企业文化落地？

本章小结

1. 企业文化建设规划是企业进行文化建设的统领性文件,对企业在一定时期内的文化建设具有十分重要的指导意义,也是企业文化年度计划、项目计划制定的基础和依据。

企业文化建设规划的主要内容包括企业文化建设的发展阶段、环境与优劣势分析、企业文化建设的指导思想、企业文化建设的总体目标、企业文化建设的阶段性目标(包括年度目标和内容目标),以及企业文化建设规划实施的组织保障。

2. 企业文化的落地离不开企业高层领导的努力。首先,领导者通过以身作则来引导员工的行为;其次,领导者通过象征性的行为表现出自己对企业文化始终如一的关注;与此同时,领导者通过天天讲、时时讲反映其对企业文化的重视。

3. 除了领导垂范法之外,企业文化的实施离不开企业全体员工的力量。企业文化实施的主要方法包括造就楷模法、员工培训法、宣传推广法、制度检查法、礼仪固化法和情境强化法。

4. 企业必须提供在企业文化的实施过程中提供以下五个方面的保障:一是建立企业文化领导小组;二是构建企业文化工作机构;三是设立专项资金;四是进行企业文化建设动员;五是建立企业文化的考评机制。

5. 企业应该建立与企业文化相融合的人力资源管理体系,把企业文化的核心价值观体现在招聘管理、培训管理、绩效管理和薪酬管理中。

复习思考题

1. 企业文化建设规划有哪些主要内容?
2. 如何理解企业的高层领导者在企业文化实施中的作用?
3. 如何塑造企业的英雄人物?
4. 如何对企业员工进行企业文化的教育培训?
5. 企业文化的宣传网络包括哪些构成要素?
6. 联系实际,论述如何设计企业的各种礼仪?
7. 为什么要建立企业文化领导小组?应该包括哪些成员?
8. 如何认识企业文化与人力资源管理的关系?

第 5 章　企业文化变革

学习目标

通过本章的学习,理解什么是企业文化变革,掌握企业文化变革的原因、变革的内容,以及变革中遇到的个体和组织层面的阻力,了解企业文化变革的过程模式,领会企业文化变革的实施方法,理解企业生命周期与企业文化变革的关系。

先导案例

福特公司为何进行文化变革[①]

亨利·福特是福特汽车公司的创始人,自从 1905 年白手起家开始,15 年后建立了世界上最大、赢利最多的制造企业,在 20 世纪初的美国汽车市场上几乎占据垄断的地位,福特汽车公司主要依靠公司利润而进行的公司积累就达到了 10 亿美元(这个数字在当时相当大),但到了 1927 年,福特汽车公司却落到了摇摇欲坠、失去市场领先地位的地步。之后的 20 年,几乎每年都亏损,直到第二次世界大战。1944 年,亨利 26 岁的孙子福特二世在没有任何经验的情况下接管了公司,两年后,又将他的爷爷从管理最高宝座赶了下去,引进了一套全新的管理班子,拯救了公司。这次管理革命,实际上是公司文化的一次重大变革,因为通过这次改变,福特汽车公司抛弃了落伍陈旧的文化传统,用德鲁克的话讲:"老福特之所以失败是由于他坚信一个企业无需管理人员和管理,他认为,他需要的只是'所有者'兼企业家,以及他的一些助手。福特与他同时代的美国和国外企业界绝大多数人士的不同在于,正如他所做的每一件事那样,他毫不妥协的坚持其信念。他实现信念的方式是:他的任何一个助手,如果敢于像一个管理人员那样行事、做决定或者没有福特的命令而采取行动,那么无论这个人多么能干,他都要把这个人开除。"

福特汽车公司原有的文化根深蒂固,其文化的核心价值观无法适应市场竞争加剧的外部环境,成为导致福特汽车衰落的主要原因之一。

---

①　[美]彼得·德鲁克.管理:使命、责任、实务;实务篇(珍藏版).北京:机械工业出版社,2009.

5.1　探究企业文化变革

在前面的章节中,我们已经知道企业文化的性质之一就是相对稳定性,只有保持稳定,才会发挥作用,但又相对说明企业文化是会发生变化的,是随着企业自身的成长和外部经营环境的变化而产生变化的。随着全球一体化和信息化的进展,竞争日趋激烈、需求不断改变、产品更新加快,然而企业所运用和遵从的管理手段和工具差异越来越小,各类企业越来越感到难以应对这个世界的变化,这时文化因素的作用则显得日益重要。卡梅隆和他的同事们就曾在 100 多家企业里研究过全面质量管理法和减小规模法,从中获得了有效的第一手资料,研究发现:那些运用这两种管理方法并最后取得成功的企业都是因为它们同时确保了企业文化的改变;而那些失败的企业往往是仅注重这两种方法的作用而忽视了企业文化的相应变化。可见,企业若想顺应环境变化的趋势,就必须适时进行企业文化变革,即改变企业的价值观、思考方式、管理风格、处理问题的方式。

5.1.1　企业文化变革的概念

企业文化变革是指由企业文化特质改变所引起的企业文化整体结构的变化。它是企业文化运动的必然趋势。企业文化变革的根源在于企业生存和发展的客观条件发生了根本性的变化。一方面,它是社会文化变革在企业内的反映;另一方面,它又是企业生存发展的必然要求。当企业原有文化体系难以适应企业经营发展的需要而陷入困境时,就必须通过文化变革创建新的企业文化。因此,企业文化变革是企业文化产生飞跃的重要契机。在一般情况下,企业文化变革对企业文化发展有着促进作用,而在某些特定条件下,企业文化变革也有可能引起企业文化的逆转。

企业文化变革有渐进性变革和突发性变革之分。渐进性变革是一种潜在的缓慢的变革,是企业文化内容在不知不觉之中所发生量变的积蓄过程。新的企业文化特质在缓慢的进程中取代旧有的企业文化特质,这种变革潜移默化地渗透在企业及其成员的常规行为之中。有时渐变到一定程度便难以控制,产生了意外的结果,从而改变了企业文化的整体结构。在这种企业文化的变革中,企业成员感受不到文化变革所带来的强烈冲击。

突发性变革是企业文化非常态的文化特质的飞跃,它常常使企业文化在较短的时间内改变文化结构、文化风格和文化模式。突发性变革是在企业文化渐变的基础上出现的,当企业文化渐变积蓄到一定程度时,便会产生巨大的突破,从而引起企业文化全局的变化。这种变化必然是企业文化深层结构的变化,即构成企业文化核心部分的价值观体系的改变,而不仅仅是人们生活方式、习惯及工作作风的表层变化。企业文化的突发性变革常常对企业成员的思想感情产生强烈的震撼和深刻的影响,迫使人们进行痛苦的选择。

企业文化变革是企业文化发展的必然阶段。正确认识企业文化变革的本质特征,对于促进企业文化的进步具有重要意义。企业应通过对其文化现状的深刻剖析,进行有计划的变革,广泛地吸取异质文化的精华,并且根据客观形势的变化不失时机地推动企业文化的发展。尤其是目前,随着对外开放政策的推行及社会、企业改革的深化,我国企业的内部环境和外部环境都发生了巨大的变化,企业文化表现出比较明显的冲突,这就需要企业进行选择,需要企业抓住这一契机进行企业文化的整合甚至变革,以推动企业文化的进步。

5.1.2 企业文化变革的原因

企业文化变革是一个持续的过程,其最终目的并不仅限于扭亏为盈等短期行为,更重要的是通过变革,使企业对变化万千的外部环境做出快速的反应,以确保企业能在激烈的竞争中保持优势。与其他组织变革的发生相似,任何企业的文化变革也有其产生的原因,按照变革动力的来源可以分为内因和外因。

1. 变革的内在原因

企业文化变革的内因是企业文化本身产生的冲突。文化冲突是指不同形态的文化或者文化要素之间相互对立、相互排斥的过程。它既指跨国企业在他国经营时与东道国的文化观念不同而产生的冲突,又包含了一个企业内部由于员工分属不同文化背景的国家而产生的冲突。只要存在着文化,随着文化的发展,一定会产生冲突,但企业文化冲突不像人类社会文化冲突那样复杂、剧烈,因为企业文化的时间跨度、空间跨度、民族与国家跨度以及文化冲突的动因都是有限的。企业文化冲突可能通过矛盾的缓和、转化而直接得到解决。

那么,哪些因素可能带来企业文化的冲突进而可能带来企业文化的变革呢?

1) 企业的经营管理与领导者素质

企业在其经营管理过程中,可能遇到危机或者需要转换经营模式时,会引起企业文化的变革。当企业陷入重大危机时,除个别的不可抗力或偶然的重大决策失误造成的以外,多半都有深刻的根源,这种根源就与企业的旧文化联系起来,并使管理者认识到危机是文化冲突的结果,这种结果会使企业所有的人都受到心理的震撼,从而使全体成员认识到企业文化与企业和个人前途命运密切相关;此外,当企业需要进一步发展而引入新的经营管理模式时,模式的渗透需要企业内外部的支持和推动,通过企业文化的建设使二者得以兼顾。

此外,企业文化的形成、发展、兴衰和变迁取决于企业领导人的文化素质。领导人有怎样的文化素质,就会领导出怎样的企业文化。领导人可以发动文化变革,促使企业文化变型,也可以采取保守主义态度,阻止和抵御企业文化变型。领导人文化素质的内涵很丰富,但在决定企业文化变迁中起主要作用的,还是领导人文化意识强弱和价值取向的新旧。文化意识强烈、价值取向新异的领导人,比那些文化意识淡漠、价值取向陈旧的领导人更能推动企业文化的变革。

2) 企业发展和战略转变

企业的发展如同一个人的发展,在不同的生命阶段需要不同的文化牵引、规范和支撑,一些企业文化的发展住往跟不上企业财务和组织的成长,这就需要企业及时地变革文化,否则,昨日的成功经验和制胜法宝将成为今天成长的陷阱。20 世纪 90 年代前半期,巨人、三株、亚细亚等企业的财务和组织迅速扩张而企业文化滞后不前,没有能够及时进行企业文化变革,使企业发展走向滑坡或衰败的方向。而华为、TCL 等企业在 90 年代中后期,及时地提出"二次创业"的口号,发动了企业文化变革,引导员工更新经营管理理念,进行经营管理的创新,使企业进入了可持续发展的良性循环阶段。此外,企业文化是为企业战略服务的,企业战略的转变必然要求企业文化随之变革,否则,滞后的企业文化必然制约企业战略的实施。曾经在 IBM 和微软公司任高级主管的吴士宏深有感触地说:"企业不会因个人感情好恶去改变文化,只有在企业的战略改变而原有企业文化不能配合的时候,才会发生改变。"例如,当企业实施差异化战略和建立企业核心竞争力时,企业文化的独特性将越来越表现为这种差异化战略和核心竞争力,通过企业文化的变革与组织的战略进行匹配,进而使战略得以顺利实施。

3) 企业制度变革

新制度经济学认为,只有当正式制度的变革和非正式制度变革相适应,正式制度变革的作用才能显示出来,才能取得成功。企业文化的核心内容是企业的价值观,它是指导企业发展的关键所在。当企业制度需要变革和创新时,一些旧的思想文化观念应该得到及时转变,使人们的思维方式和行为方式尽快与新制度相适应,使改革获得广泛的群众基础,企业文化建设在这方面能为组织创新发展提供内驱力,保证企业制度变革的成功,促进企业的发展。

4) 企业内部文化冲突

在组织内部经常也会出现文化冲突,如主文化与亚文化的冲突、群体文化与个体文化的冲突,这时企业文化就可能会导致变革,当然这是一种自然发生而非企业行为。所谓主文化就是指居于企业核心地位的文化、正宗的文化以及整体的文化。亚文化是指处于非核心地位、非正统的文化或局部的文化。如果企业目前的主文化是落后的、病态的,而适应内外部环境的亚文化在发展的过程中又受到主文化的打压和限制,这种冲突就如福特汽车公司的例子所表现出来那样,最终会带来文化的变革。此外,作为一种群体文化的企业文化又不仅仅是个体文化的简单加总,因此个体文化与群体文化的冲突是普遍存在的。比如中国很多在外企工作的员工在加入公司的时候,都会有些不适应,对公司所提倡的某些价值观不理解或不支持,那么这种社会文化传统和不同社会制度的文化就会冲突;在统一组织内,由于不同的利益要求或者不同的认知观念,也能带来个体文化与企业文化的冲突,最极端的情况就是个体对企业的不满引起的个体文化与企业文化之间的强烈冲突。

2. 变革的外在原因

企业主动对外部环境适应和自身成长过程中做出的变革也要求企业文化变革的配合。今天的企业面临的经营环境是瞬息万变的,既没有常胜的将军也没有所谓的万能战略,政策和法律、经济环境、技术和行业环境的变化都会引起企业文化的变革。

1) 政策和法律的变化

国家的一些关于经济发展政策的转变,国家的一些法律调整,都可能给企业带来有力的甚至是强制性的文化变革。例如我国经济发展的两个转变的战略、国有企业的"三改一加强"改革方案、私民营企业的地位合法化的政策、公司法、消费者保护法等一系列的以市场为导向的政策和法律出台,必将推动企业文化发生大规模的文化变革。

2) 经济环境的变化

迅速增长的经济背景可能给企业带来不断扩充的市场,而整个国民经济的萧条则可能降低企业产品的购买能力,国家税率、利率和汇率等方面的改变也可能通过市场对企业文化变革施加影响。经济全球化和一体化的趋势正在加强,企业的生存环境越来越不稳定。例如我国加入世贸组织后,给现有的企业文化带来了巨大的冲击,为了提高企业竞争力,企业文化变革也是势在必行。

3) 技术的变化

社会技术的进步,深刻地影响企业生产设备和技术的改进以及企业的发展,使企业的生产率得到明显提高,从而影响人们的工作态度和工作方式。例如随着生产自动化和办公自动化技术的发展,特别是当前以网络技术为代表的高新技术的迅猛发展,使企业的经营理念和管理思想都发生了深刻变化。例如由于信息技术的迅速发展和普及运用,企业管理的信息化程度迅速提高,将会给传统的企业组织模式和企业的人际关系带来深刻的变革。

4) 商业生态系统的变化

商业生态系统是一些结构松散的网络,由供应商、分销商、外包公司、相关产品的生产商或服务商、技术提供商及许许多多的其他组织所构成。这些网络影响着企业产品的制造和交付,同时后者也反过来影响前者。商业生态系统中的每一家企业最终都要与整个商业生态系统共命运。因此,整个商业生态系统的发展状况,必将影响企业在系统中扮演的角色和业务运作,进而可能引发企业的文化变革。

5.1.3　企业文化变革的内容

企业文化的变革应该是企业所有变革中最深层系的变革,它涉及企业价值观的变革。企业制度和行为的变革以及企业标识等物质层面的变化。

1. 企业价值观的变革

企业文化变革也并非全盘否定现存的文化特质,企业文化变革是改变原有文化结构中不适应环境变化的部分、不协调的部分,在此基础上建设一种新文化系统。价值观的变革既涉及对企业整体的深层把握,也涉及对企业环境的重新认识。在企业价值观中,管理哲学与管理思想往往随着企业的成长和对外部环境的不断适应发生变化。以海尔为例,在海尔全面推行其国际化战略后,在海尔的价值观中,创新或者说持续不断创新成为最主要的经营哲学,在海尔的宣传中,也可以看到以"HAIER AND HIGHER"(海尔永创新高)代替了海尔发展早期的"真诚到永远"。

2. 企业制度和行为的变革

对企业制度和行为的变革包括对员工和管理者行为规范的调整,设立和取消企业一些特有的制度和风俗。比如,有些企业在建立学习型组织的过程中,制定了从员工到管理层的学习制度;有些企业为加强领导者与普通员工的沟通,建立起相应的沟通制度。这些变革都是为了体现价值观的变化,是企业新价值观的制度与行为载体。

3. 企业标识等物质层面的变化

对企业符号等的变革多数是为了建立企业文化的统一形象,并树立个性鲜明的企业形象和品牌形象。例如,早在 1998 年,当时的北京日化二厂就对企业"金鱼"系列产品的包装和标识进行了重新的设计,使原来混乱的品牌标识得到了统一。2003 年春,联想公司对沿用多年的标识"LEGEND"进行了调整,改为"LENOVO",以强调创新的内涵。

5.2　企业文化变革的阻力

"江山易改,本性难移",说明一个人的本性已经深植在骨子里,很难加以改变。对企业而言,企业文化正体现了企业的内在本性,这种本性也深植于企业各个成员的骨子里。因此,要想对企业文化进行变革是痛苦与艰难的。国际策略变革管理专家史崔伯曾走访了近千家实施激进变革的公司,发现其变革成功率远远低于 50％。一种文化需要很长一段时间才能形成,而一旦形成,它的这种相对稳定和持久的因素是牢固且不易更改的,所以要想变革企业文化将面临相当大的阻力。

5.2.1　个体层面的阻力

1. 个人观念

联想集团董事局主席柳传志在谈到中国民营企业的问题时曾这样说道:"鲁迅曾说:在中国搬个桌子都要流血。是桌子沉吗? 不,是观念问题。孔乙己既考不出名堂又四体不勤,端着读书人的架子端到惨死。是他身体弱吗? 不,还是观念问题。"应该承认:我们最大的问题就是旧有观念对创新思维的窒息。文化变革的首要障碍也是观念问题。很多人否认变革,排斥变革,一般都是基于以下几方面原因。

1) 认为变革不必要

有些人会说,企业运转得好好的,为什么还要变革? 或者就算企业亏损,也将原因归于外界环境的变化,从不会居安思危,也从不从深处分析企业亏损的主观原因。事实上,很多成功的企业在开始变革时是处于一种健全的状况,发起变革的领导人觉察到某些迹象,从而采取主动行为来防止将来的困难。世界著名管理顾问公司——德勤国际集团的首席执行官吉姆·科佩兰曾说:"面对未来,我们唯一能确定的是:未来是不确定的。"这句话说明企业面对的一切都将发生变化。面对变化,企业的唯一应变对策就是变革。尤其是在以网络科技和知识管理为特征的新经济下,变革已成为企业管理中最重要的方面。事实证明,那些根据环境的变化时刻变革的企业才是商场上永远不败的企业,变革是企业永恒的主题。

2) 认为变革会自行发生

假如文化变革会带来好处且它是必要的话,那么文化问题会自行解决,这种想法是错误的。文化的变革和树立是自上而下的,从来没有自下而上的成功范例,这是因为企业文化自身具有极大的反弹阻力,变革需要巨大的权力推动,没有强大的推动力,变革不会发生。变革不是毛毛雨,不会凭空从天而降。

3) 害怕变革

"变化"这个词本身和与它有关的定义就能使人感到害怕,因为变化"意味着一种本质上的差异,有时这种差异会失去原有的特性或达到一种事物替代另一种事物的程度"。无可否认,变革最终会引发一部分人权力和利益的调整。变革会威胁到人们为取得现状所做的投资,对这种投资越多的人,就会越反对变革。当权者一般会担心自己的利益受损、权力丧失、在新文化中的不适应,以及对变化引起的恼怒和对必须面对的老一套在今天不再适用的状态的恼怒,使得他们对变革一开始就持否定态度;员工由于对变革后是否对自己有利看不清楚,同时,变革对于自己的生活和工作的影响也无法确定,因此会规避这种风险,也不会给予变革十分的支持,这就导致变革很难被推动。

2. 个人习惯

企业文化是由所有成员的习惯积累而成的,而习惯则是人们经过长期的自我观察、自我尝试、自我判断之后所形成的在一定情景下的无意识的重复行为。组织员工长期处在一个特定的组织环境中从事某种特定的工作,就会在自觉或不自觉之间形成某种对这种环境和工作的认同和情感,形成关于环境和工作的一套较为固定的看法和做法,即习惯性。这种习惯性建立在时间延续和动作反复的基础之上,逐步沉淀在他们的意识深层,一旦形成,就会在一个较长的时期内影响甚至支配他们的心理活动和行为。除非环境发生显著的变化,否则他们通常总是按照自己的习惯对外部刺激做出反应,而组织变更本身通常意味着某种习惯性的否定。所以,当人们面对变革时,以习惯的方式做出反应的趋向就会成为阻力源。例如,变革企业文化的典型做法是:先确定"应该有的行为",再审慎地制定控制办法。但问题在于,变革者的这种"控制"通常只有几分钟的热度。很多组织的领导热衷于企业文化变革的形式,往往只重视对上级指令的传达。在企业文化变革初期,通常需要召开没完没了的各种会议。忍耐一段时间之后,人们会猛然地发现自己的宝贵时间都花在无聊的会议上了。企业文化变革的努力自然无疾而终,而再度抬头的不良习惯将成为最终的胜利者。

3. 价值观

如果一种企业价值观已深入人心,成为员工思想和行动的准则,那么员工对工作、对自己的信念均根植于此。在这种情况下,一旦这种价值观遭到挑战,员工往往会产生反抗、沮丧和失落的心理。比如,不求有功、但求无过是我们很多人的行为准则,如果一个企业的价值观转变为但求有功、不求无过,且把那些时时尝试着创新但屡败屡战的人树为英雄,而不是以那些虽没有功绩但从不犯错误的人作为楷模,这种价值观的变革必然会受到争议、抵触、反抗甚至排斥,即使人们表面上服从和认同了这种价值观,其内心也未必真正了解和接受。所以这种认可是不稳定的,一旦爆发一个偶然事件就会被误认为必然结果,新的价值观再度成为争议的话题,最终因无法继续贯彻实施而恢复原状。

4. 选择性信息加工

有学者研究认为,个体通过自己的知觉来塑造自己和认知世界,这个世界一旦形成就很难改变。为了保持知觉的完整性,个体有意对信息进行加工,他们只听自己想听的,而忽视那些对自己已经构建起来的世界形成挑战的信息。企业文化变革过程中,人们往往从维护自己利益的角度去感知世界,按照最适合自己心理感受的方式去接收和传播信息,因而会片面地理解环境中的变化或歪曲事实。

5.2.2　组织层面的阻力

在某种程度上,组织的性质是抗拒变革的。组织常常在做日常性任务时效率最高,而第一次做某件事情时则绩效很差。这样,为了保证操作的效率和效果,组织可能强烈地反对变革。此外,部门、团队和正式群体长时间以来已经建立和接受了相当的权力和决策特权,组织变革会破坏既定利益和打破原有的这些权力。概括来说,来自组织层面的阻力主要来自以下几个方面。

1. 组织结构惯性

组织有其固有的机制保持其稳定性,当组织面临变革时结构惯性就充当起维持稳定的反作用力。一种是组织结构层面上的惯性行为。随着企业的不断发展,组织规模的不断膨胀扩大、工作复杂性的提高,往往会相应生出各种有关的结构和系统,此类结构系统的不断生成并相互缠结,最终使组织又不得不依靠它生存。于是,内化于组织结构上的惯性开始出现,使各种组织变革变得成本昂贵,困难重重。这种结构层面上的惯性行为根植于组织中的内在结构系统、操作流程中,受组织内在结构系统的模式、复杂性、相互依存关系的影响。另一种组织的思维惯性,是指在长期的运作中,组织形成的对一定事物的习惯性反应。一旦对新情况做出了反应,组织对以后出现的类似现象就会习惯性地采取相同的做法。组织的惯性思维可以帮助组织稳定现状,但对于组织的进一步发展却会产生阻碍,这种现象在大企业中表现尤为明显。

2. 资源与时间限制

组织变革需要资本、时间以及许多能胜任工作的个体。在任何特定时间里,组织和员工可能确定了应做的变革,但由于资源限制,他们不得不延期或放弃某些所希望的组织变革;另外,许多企业拥有大量的固定资产也可能完全否定一套变革方案。现存的基础设施如体系、技术、设备及组织结构往往是组织以前斥巨额投资建成的,如果要进行变革,这些基础设施就可能难以支持新的工作方式,企业可能根本无法获得改变所需的大量资金。时间也是个重要因素,许多企业幻想着在短时间内迅速完成企业文化变革,但是却适得其反,究其原因就是缺乏足够的工作耐心。一个企业要想实现从旧文化向新文化转变至少需要三年至五年,必须坚持不懈才会取得成功。

3. 对已有权力的威胁

文化变革的过程往往伴随着组织内部权力的重新分配以及资源的调整,一些管理者往往担心自己原有的权力及职位的丧失或者预算的减少,于是那些能从现有资源分配中获利的人群就会对文化变革持消极甚至反对的态度。例如,在组织中引入参与决策或自我管理的工作团队的变革,就常常被基层主管和中层管理人员视为一种威胁。

4. 矛盾的领导言行

"以身作则""上梁不正下梁歪"，这些成语都昭示着"上"与"下"之间紧密的联系与影响。在文化变革中，企业的领导人员必须言行一致。一方面要以坚定的意志来领导文化变革，充当企业新理念和新行为的倡导者；另一方面又要以身作则、言行一致，扮演新的价值观念、新的管理方式最忠实的执行者。

日本许多优秀企业的高级主管都比较重视以身作则。他们认为，高级主管的一言一行都是下属的表率，是推动企业价值向前迈进的重要因素。所以，领导者要求员工做什么之前，自己一定要先做到。员工看到领导者怎么做，他们就会模仿。"像我说的那样去做，而不要像我做的那样去做"是没用的，领导者的行为会比说的话更有说服力。如果你口头上大讲"顾客至上"，而注意力却始终花在投资者身上，那你就不要奢望有一致的高效团队；如果某些成员不按规矩行事，那么这个团队的威信就可想而知了。因此，应该清醒地认识到这是文化变革的一大障碍。

5.2.3 减少变革阻力的方法

变革的管理是一种文化转变。问题在于如何尽可能地以最有效的方式进行，减少变革的阻力。

1. 集体的凝聚力是让人们接受或愿意变革的重要因素

管理者要认识到同僚集团的一致将是接受和愿意变革的关键影响因素。大多数人在大多数时间中并不是企业文化变革的热心者或真正的信仰者，但也并非强烈的反对者。人们通常拒绝变革只不过是因为变革打乱了他们生活中的礼仪和秩序。但是，对人们影响最强烈的因素之一，是变革对他们与别人的人际联系的影响，而在任何文化中很少有个人愿意长期处于孤独之中。结果是，在这种自然的同僚纽带关系基础上建立一致的过程，就成了在组织中促进变革的重要手段。

2. 在变革问题上强调双向信任

在与变革有关的一切事件中，特别是在联系方面重视双边信任，在高信任环境中变革就更为顺利。彼此信任的个人之间可能并不是联系得很多很细，但这并不妨碍某项工作的完成。因为他们信任，他们觉得没有绝对需要把对方的打算弄得一清二楚。所以，在变革过程中，开诚布公和信任影响到能否产生变革和如何变革。

3. 文化变革需要技能培训

文化变革也需要技能训练，并把致力于培训看作变革过程的一部分。即使人们理解并接受一项变革，他们往往并没有完成此项新计划的技能和能力，这也是对成功变革的一大障碍。许多企业变革的经验教训表明变革需要操作技能。容许有足够的时间以掌握变革，要使人们逐渐习惯于任何不平常的变革需要许多时间。所以真正打算进行文化变革的管理者必须容许给予员工一定的时间以掌握变革所需的技能。

4. 管理者在变革中应注意的其他问题

管理者不仅必须明白涉及文化变革方面的问题,还需要在如何重新塑造新的文化模式方面有所考虑。他们该如何做到这一点呢? 而着手去做的办法又是什么呢?

首先,管理者必须关心文化变革,给它以足够的注意,就像对待任何其他首要任务一样。他们该把文化置于他们的议事日程和意识的中心,而不是"尽可能早日安排"之类。这并不仅仅是一种劝告,而且还是根据成功的文化塑造者的经验所得出的结论。

最高层领导者为塑造文化所采取的第一步,往往是与他们最亲密的同事谈论文化及其价值观。他们与他们探讨共享的价值观在公司中所能起的作用,公司现行价值观的状况,以及应采用何种方式对它们进行加强、说明或修订。这些交谈有双重目的:使一套强烈的共享的价值观成为这个最高管理集团的重要文化财富,并使这一概念得到集体的确认,对要灌输给员工的具体价值观形成共同的理解。最高层管理者在很大程度上依赖他们周围的管理人员在日常工作中来传递他们的意图。所以,高层管理者要确保中层管理人员理解文化目标,这一点十分关键。为此,他们必须花时间与中层管理者讨论文化。肯于花这一时间往往也是向别人表明他们自己对变革是认真负责的。

其次,要想在企业中建立一种强势的文化,一位领导者应该明确地表达基本价值观并反复灌输到员工的日常行动中去。企业领导在文化变革中应尽可能利用与组织中别的成员的每一次会面、每一次电话、在前厅中的每一次接触机会、内部信箱中的每一份备忘录,以表达强化某种价值观主题的意图。事实上,他们应把日程安排得使人们看得出他们在宣扬价值观有关的事情方面花费大量时间。即使在与局外人打交道时,他们也不放过强化主题的机会。对顾客、投资者或是对传媒记者说些什么,往往能够对组织内部的人员产生很多有分量的影响。它是进一步证明管理阶层对价值观的承诺是"来真的"。

最后,对变革感兴趣的管理者应该强烈地意识到他们自身在形成工作场所的仪式方面的作用。这些管理者总是设法通过他们自己的行为来树立某种适当的样板,他们也并不耻于告诉别人,后者的行为已经越出了可接受的文化界限。他们无论在决定邀请哪些人出席会议,还是在安排制订策略规划的过程中时,这些管理者都将注意到这种文化仪式的象征作用。

5.3　企业文化变革的过程

企业文化变革是一项系统工程,必须在对现有的企业文化积淀、组织特点、员工素质等因素综合分析之后才能进行。《Z理论》的作者威廉·大内最早对企业文化变迁进行了研究,并对企业文化变革的评估、发起、宣传、贯彻、检测、固化及其相关问题的解决进行了初步的探讨。以后,不断有学者对这一课题进行更深入的探讨。

5.3.1　变革的过程模式

勒温(Lewin)提出了一个包含解冻、变革、再冻结三个步骤的有计划组织变革模型,为组织变革理论提供了理论支持。解冻,即使员工改变旧的态度和行为。解冻的做法:

把个体从他的习惯动作、知识来源和社会关系中隔离，破坏个体的社会支持力量，贬低其经验，激发其变革，奖赏改变、惩罚保守。变革，即使员工产生新的态度和行为。变革的做法：通过领导人、顾问和楷模的示范，使员工产生模仿行为，把员工放到需要变革的环境中去，使员工受到环境的同化。再冻结，即使员工新的态度和行为持久化。冻结的做法：检验和奖励单个员工正确的态度与行为，并通过群体来强化员工的态度和行为。

荷兰组织人类学专家霍夫施泰德认为，组织中的文化变革是一个长期过程，是受到掌权者不断关注的。这一过程以组织的文化诊断为起点，其关键步骤见表 5-1。

表 5-1　有关变革企业文化的关键步骤和考虑表

- 是否是无法委托给别的高层领导的一项任务
- 是否是权力和实践两方面的需要
- 对文化进行诊断的需要
- 战略抉择的需要
  - ——现时的文化是否与战略相匹配
  - ——如果不匹配，战略是否能适应这一文化
  - ——如果不能适应，组织要对文化做出哪些变革
  - ——这些变革是否可行——我们有人干吗
  - ——从管理的角度和资金的角度看，成本怎样
  - ——这些成本与期望的收益相比怎样
  - ——变革的实际和现实的时间跨度范围是什么
  - ——如果在这一点上有疑问，有没有更好的变革策略
  - ——不同的亚文化要有不同的方法
- 在组织中成立一个变革机构的网络
  - ——所有层级上的一些关键人物
  - ——如果关键人物开始行动了，其他人也会跟着干
  - ——能不能防止那些抵抗变革的人
- 设计必要的结构方面的变革
  - ——开放或关闭一些部门
  - ——合并或分割一些部门或任务
  - ——调动一些群组或个人
  - ——工作任务和职能是否匹配
- 设计必要的过程方面的变革
  - ——撤销或建立一些控制
  - ——自动化或非自动化
  - ——建立或裁剪一些信息沟通的联系
  - ——能否以产出控制来重新安排投入的控制
- 修改人事方面的政策
  - ——重新考虑雇用的标准
  - ——重新考虑提升的标准
  - ——人事方面的管理是否胜任新的工作任务
  - ——设计精确的任务轮换制度
  - ——让受训的人员自己感到受训是必要的
- 不断监控企业文化的发展
  - ——持续不断地予以关注
  - ——定期、重复进行文化诊断

此外，还有一些学者也对企业文化变革的步骤有所研究，例如，W. Gibb Dyer, Jr 提出

企业文化变革五步骤:第一步,诊断文化范式;第二步,确定问题;第三步,选择变革策略;第四步,实施变革策略;第五步,评估变革策略。Alzira Salama 提出企业文化变革六步骤:第一步,组织的自我诊断,文化——环境匹配性分析;第二步,构建新的核心使命;第三步,沟通;第四步,参与;第五步,人员雇用或选择的新标准、新的培训和开发计划,新的薪酬评价系统;第六步,新的组织结构。

综合大量的研究和案例,要实施变革,首先应该对企业原有的文化进行诊断;在诊断的基础上提出企业文化的变革方案及实施计划体系;最后,通过员工培训、领导垂范、造就楷模等有效措施实施变革方案并对新文化加以强化。

5.3.2 诊断原有企业文化

我们知道,企业的每一次变革都会对现有文化产生影响,而现有文化也扮演着阻碍或推动变革的角色。因此,企业文化现状的诊断与测量是了解、控制、管理甚至改变企业文化的基础工作,也是企业文化建设的一个关键环节。企业文化诊断的任务是了解企业环境的变化,构想出能适应未来环境的企业文化,接着分析公司现行的企业文化,评估企业现行文化与未来环境的差异。通过企业文化诊断,可以帮助管理者更准确地掌握自己企业的概况,增进对企业内部员工想法的认识,较早发现公司衰退的迹象,提前进行变革的准备。

关于企业文化诊断的具体内容和方法,已经在本书第 3 章做过详细的介绍,这里不再赘述。

5.3.3 企业文化变革方案

在对现有企业文化进行诊断之后,就需要根据环境的变化以及组织的需要,使其朝着新文化的类型和方向进行变革,制定出具体的变革方案。制定企业文化变革的方案应考虑以下几方面的问题:

1. 企业文化需求评估

需求评估是指在分析组织内外环境和诊断现有企业文化的基础上,分析和测定文化现状与渴求状况的差距的过程。也就是确立目标文化并分析论证其可行性问题。需求评估是企业文化变革战略的重要组成部分,需要用以下几方面来鉴定:

(1)组织目前的各种行为和制度对于新的企业文化可能产生的相融和抵触的部分;

(2)目前并不具备,然而基于企业文化变革而必须具备的运作过程和制度;

(3)新文化实施存在的主要障碍及其消除办法;

(4)目前文化中应保留或剔除的部分;

(5)员工对新文化接受和认同程度的预测。需求评估的结果是企业文化变革战略方案形成的依据。

2. 制定企业文化变革的战略方案

为了使企业文化变革做到有章可循,应当依据对组织内外条件的分析和预测,在进行企业文化需求评估的基础上，从精神文化、制度文化、行为文化和物质文化四个方面制定出企业文化变革的战略方案。方案要贯彻可行性原则，既要分析制定方案的时机是否成熟，又要把握方案在实际中的可操作性，必要时还须考虑应变方案。同时，还应根据企业文化的诊断结果明确企业文化变革战略的重点和难点，弄清哪些部分是变革的着重点或需特别加强的环节，哪些是战略实施的关键部分。抓住了战略重点，就是抓住了主要矛盾，就是集中力量解决关键问题。最后，通过专家委员会和组织高层领导的集体研讨与评估，选出最佳方案和应变方案。

3. 建立变革实施的计划体系

战略方案制定后，接下来要建立战略实施的计划体系。它包括两个方面的内容：一是制定战略方案的细节，即通过把战略方案的长期目标分解成可以支持长期目标的各种具体计划、行动方案和操作程序，使企业文化变革的实施人员、组织各级主管和员工都明确自己的任务和职责，从而保证变革工程的有序进行；二是实施阶段的划分。由于人力、物力、技术等自身因素，每个组织都有不同的发展阶段，每个发展阶段都有不同的发展重点，因此要根据组织的具体实际，将企业文化变革工程划分为不同的实施阶段，并明确每个实施阶段的工作重点。一般而言，企业文化变革可划分为变革初始阶段、上升阶段、成熟阶段、衰退阶段和变革阶段。

5.3.4　企业文化变革的实施

实施企业文化变革方案是企业文化变革的关键环节，它需要通过企业的大量宣传和企业成员之间的广泛沟通与学习等社会方式，使新的企业文化能为企业成员认可和接受，真正成为企业成员共享的价值观和行为准则。在这一阶段，企业成员的认知和行为方式发生转变，从而形成一种稳定的企业新文化。当然，这种状态也是相对的，在企业发展到一定阶段后，还会面临新的挑战，因此，企业领导和管理者应该时刻注意，定期对企业文化的状况进行诊断和评价，以保持企业文化处在与内外环境最适合的状态。

1. 建立变革实施机构

企业文化变革工程需要一个推进主体，这一推进主体就是变革实施机构，它是指那些运用于过渡时期的临时性组织机构，比如变革委员会。这些临时性组织机构有着具体的任务，它们通过着手处理那些需要特别关注的任务来帮助实施变革。如果企业已经组建了企业文化部门，就可以由企业文化部来负责企业文化变革的实施。

变革实施机构将负责企业文化变革的目标、方案的制定、具体的实施与控制等工作。尤其企业文化变革工程由委员会全权负责，因此委员会人员组成是否科学合理，直接关系到企业文化变革工程的实施效果。一般地，委员会的组成应遵循以下原则：

一是权威性，实施企业文化变革都是自上而下进行，为了最大限度地排除阻力，委员会应具有权威性，这种权威性直接表明了组织高层领导对企业文化变革的重视。为了体现权威性，委员会可直接由组织高层人员领导。

二是多样化知识结构，企业文化变革是一项系统工程，涉及组织的多个方面，这些问题可能是组织理念问题,也可能是生产、营销、组织结构、行为规范、物态识别等方面的问题,需要参与人员从不同方面、多个角度思考和解决问题。这就要求委员会组成人员不仅要有管理类的人才,还要有熟悉心理学、传播学、历史学、美学等方面的人才。

三要有代表性,企业文化变革需要组织员工的广泛参与,员工的参与配合程度往往决定着企业文化变革的成败。因此,在进行变革时,应尽可能让各职能部门干部和员工对企业文化变革都有较深入的了解和认识,并积极地配合变革工作的实施。要达到此目的,委员会的人员组成上应体现出代表性,即尽可能让组织各职能部门都有代表参加。

企业一旦确定了企业文化变革的目标和方向,就应重新检视现有的政策和制度,并着手改变那些与新的企业文化要求不一致的制度和政策,把它们推到新文化的变革方向上,营造出支持新文化的机制。

2. 营造变革氛围

在企业中进行文化变革,首先要营造一种适于变革的氛围。如果一个企业长期以来畏惧变化、害怕新事物,那么文化变革的阻力就很大。因此,我们首先要在企业中达成一个共识,就是要鼓励变革,不但允许犯错误,而且要允许有足够的时间来改正。

如何营造这种变革文化氛围呢?首先,营造创新氛围。要完善现有的创新激励制度,以一种积极的心态对待创新尝试和创新失败。对于员工创新要以鼓励为主,不要过多地批评。有意识地把员工的创新热情,从技术创新引向组织创新、文化创新、制度创新和管理创新,这样自然就会产生内动力。其次,营造民主氛围。完善合理化建议制度,鼓励员工对文化变革的具体问题提出意见和建议。领导层要虚心听取员工的意见,广纳良言。对员工提出的问题要及时处理,及时反馈,从而营造出公开、坦诚的民主氛围,对提高企业文化的认同度十分有益。另外,营造学习氛围。提倡学习风气,鼓励员工主动学习,不断提高自身素质。为员工提供机会和条件,如设立助学金和奖学金制度,激发员工的学习热情。培养企业组织学习的能力,鼓励员工以车间、科室、生产小组等为单位组织学习。员工认识提高了,企业文化变革就会被大家所认同,这种自我学习的效果要胜过他人说教百倍。最后,营造竞争氛围。要通过引入竞争机制来打破员工的平均主义思想和老好人思想。领导者要树立变革的信息和决心,一方面,加强自身修养,带头转变观念和遵守行为规范;另一方面,对违反企业价值观与行为规范的不良行为给予坚决处罚。在全体员工面前展示领导者对企业文化变革的决心,树立优胜劣汰的思想。

3. 沟通与培训

在多数情况下,在企业文化变革的过程中,员工对企业文化的理解与管理者的理解是不同的,尤其是对核心价值观的理解,而且企业文化变革往往是由高层管理者推动的,新文化带有浓重的个人色彩,经常被称为“老板文化”,因此,需要加强与员工的沟通。企业普通员工,在企业文化建设中扮演着双重角色:他们既是企业文化建设的主体,是推动者和参与者;也是企业文化建设的客体,是接受者和被改变者。离开了全体的员工,就失去了推行企业文化建设的根本意义。因此,必须要与员工进行充分的沟通,得到员工的理解与支持,激发员工的主动性与积极性,由"要我改"变成"我要改",真正发挥主体作用,成为企业文化变革的支持者和实践者。只有这样才能使企业文化建设落到实处,取得良好的效果。

此外,由于员工受到惯性思维、传统情节和既得利益的影响,不会主动去接纳新文化,因此,需要变革实施小组统一部署,会同有关部门,对全体员工进行系统培训和宣讲。通过专门培训,让员工知道企业为何以及如何实施文化塑造和变革,新的文化对员工有什么新的要求,认识现有文化状态与目标文化的差距,让员工能够真正理解新文化、接纳新文化。

在培训对象上要分高层领导、中层管理者和基层员工。首先,要在公司领导层内展开热烈的讨论和学习,形成统一的意志,为企业文化的实施打下坚实的基础。其次,要对所有中层干部进行培训,这是实施阶段工作的重点。中层干部在企业中起着承上启下的作用,他们的认同与执行是整个企业文化实施成败的关键,所以要通过强有力的培训来取得他们的支持。最后,是对全体员工的培训,通过中层管理者和变革机构的共同努力,使员工从内心认同新的价值观,组织部门内的培训和讨论,调动起员工的积极性,使其以主人翁的姿态参与到新文化的实施中来。

4. 制度建设

企业一旦确定了企业文化变革的目标和方向,就应重新检视现有的政策和制度,并着手改变那些与新的企业文化要求不一致的制度和政策,把它们推到新文化的变革方向上,营造出支持新文化的机制。

由于企业文化本身具有的特性,作为非正式制度的企业文化,它的变革与企业制度变革相比,变革速度慢,属于人的思想范畴,强制性弱。因此在企业文化的变革过程中就需要建立相应的企业制度,来促进企业文化变革的成功。企业制度的建立:一方面可以为企业文化变革提供保障制度,保证新的企业文化的价值观等在企业中得到贯彻和执行,进而加强企业文化变革的约束机制,以弥补其文化变革的软约束机制;另一方面可以进一步巩固企业文化变革成果,推行新的企业文化,倡导新的价值理念。在进行制度建设的时候,一是要对原有的制度、条例、规范、规定进行清理,对不符合企业发展需要的加以废除。二是要建立和完善一套互相衔接的符合企业要求的制度、条例、规范、规定等。三是要建立运转有序的机制,保证建立的新的制度、条例、规范、规定能够得到顺利实施,进而推动企业文化的变革。

> **小案例**

通用电器公司的文化变革[①]

杰克·韦尔奇正式成为 GE 总裁以后,为了完成 GE 改革,建立 GE 新文化,采取了两

---

① 资料来源:李桂荣,秦立莉.企业文化变革之路——通用电器公司和戴尔公司企业文化变革的启迪.企业文明,2005,7:58~60.

条腿走路的方法。一方面是强有力的根植新 GE 价值观的沟通攻势；另一方面是百无禁忌的企业整顿。

根植新 GE 价值观的攻势主要在三个方面：克罗顿维尔管理学院的培训、各种媒体上的演讲、GE 内部的清白检查。韦尔奇清楚，要改造企业文化，他必须使他的价值观深入人心。于是，他有效地利用每年能提供 10 000 名 GE 管理人员进修训练的克罗顿维尔训练中心，阐述 GE 的价值观。他把克罗顿维尔办成了向 GE 管理人员灌输 GE 价值观的圣地，使其像传播福音的修道院，赋予每个在此进修的主管传播 GE 观念到整个 GE 公司的任务。韦尔奇亲自年复一年地到克罗顿维尔演讲和聆听，探测整个组织的脉动。他以此为据点，创造了 GE 内部现实、直接、坦率、"解决问题"的双向沟通环境，使克罗顿维尔的训练成为改造 GE 文化的重要基地。

媒体是内外宣传的直接渠道，韦尔奇很会利用媒体。为了表达的一致性和增强演讲效果，他总是自己撰写演讲稿。他的演讲具有强烈的说服力和强烈的激励能力。

尽管施加了沉重的利润压力，韦尔奇强调"利润损失胜于抄捷径或是违反规则"。1985 年，韦尔奇利用政府指控 GE 中级主管篡改一项计划的工作时间卡造成政府超额付款的丑闻，推行了他的清白检查——每个人每天面对镜子反省自己，要求每个 GE 人都严格检查自己行为的正直性。从 1985 年起，严守清白被纳入绩效评估。直到今天，"正直"还一直是 GE 的核心价值观之一。

与强大的沟通攻势相配套，使新的 GE 价值观生根发芽的是百无禁忌的企业整顿。没有强大的沟通攻势，企业文化的变革根本无法进行，因为人们会不理解、会抗拒；没有"真刀真枪"的新的价值观指导下的企业整顿和制度运行，也产生不了新的文化，因为人们不会把新的价值观化为自己的思想和行动。韦尔奇在哈佛大学的一次演讲中说："我们用了两三年的时间发展价值观……我们辛苦地实践每一个价值观……我们正在以这些价值观衡量我们的人，我们正处于转型的过程。"

5.3.5　新企业文化的强化

在实施了企业文化变革方案后，企业原有的传统观念和习惯势力不会很快消失。如果不加以重视，企业文化会随着制度执行的松懈，而失去控制力，新文化体系将会逐渐被旧文化所腐蚀，最终导致前功尽弃。因此，我们需要通过制定相应的制度以及相应的措施将变革的成果固化下来，但绝不是要使之僵化，因为企业文化变革是一个长期、动态的过程，要不断地进行诊断与监视，保持其与内外环境的适应和平衡。上一章所介绍的企业文化实施的方法均可用于对新文化的强化，除此之外，企业还可以通过设立奖惩制度，给予员工一定的压力，提醒和督促员工遵循企业文化。

建立一套奖惩制度要涉及多方面的内容，需要领导者通盘考虑，保持活动的合理间断，提高刺激频率。首先，要与企业文化考核制度结合，建立奖惩制度。将企业文化考核指标纳入全员考核体系，使之与员工的薪酬和激励挂钩，奖励先进，鞭策落后。奖惩制度是考核结果的运用，可以与考核制度一起设计与执行。要控制好比例数，不宜选择大比例数，以免造成员工的不安心理，给企业文化建设带来负面影响。其次，要设立年度奖项，表彰先进分子。在企业已有奖项中，加入企业文化方面的奖励，既要有先进个人，也要有先进集体,在企业年度大会上进行表彰。评比要控制好一定比例,尤其是开始要保证评比效果,名额不宜过多,随着企业文化变革的深入,再加大名额。另外,还应设立专项基金,保持奖励的持续性。奖惩制度里可以设立专项基金,用于支持企业文化变革,特别是奖励先进单位和个人。这种奖励不一定是等评选结果出来后才支付的,而应当根据企业文化变革的需要,也可以进行不定期开支,重要的是控制过程,而非结果。

5.4　企业文化变革的方向

5.4.1　企业生命周期与企业文化

1. 企业生命周期

企业生命周期理论最早由美国管理学家伊查克·爱迪思博士于 1989 年提出。该理论主要从企业生命周期的各个阶段分析企业成长与老化的本质及特征,其核心是通过"内耗能"转化为"外向能",引发企业管理创新从企业内部到外部的扩散。他在其著作《企业生命周期》(*Enterprise Life Cycles*,ELC) 中认为:"企业的成长与老化同生物体一样,主要都是通过灵活性与自我控制能力这两大因素之间的关系来表现的。企业年轻时充满了灵活性,但控制力却不一定总是很强;企业老化时,关系变了,可控性增加了,但灵活性却减少了,这一情形就像婴儿和老年人之间存在的差别一样。"

爱迪思将企业的生命周期划分为两大阶段九个时期,其中成长阶段从孕育期开始,经历婴儿期、学步期、青春期、盛年期,直到稳定期;老化阶段分为贵族期、后贵族期、官僚期、死亡期。每个阶段的特点都非常鲜明。

除爱迪思博士对企业生命周期的划分以外,其他学者如陈佳贵教授也提出了企业生命周期模型。他以企业规模作为纵坐标,分为大中型企业和小企业两种情形,并依次把企业生命周期分为孕育期、求生存期、高速发展期、成熟期、衰退期和蜕变期。事实上,虽然不同的学者对企业生命周期的划分不同,但企业生命周期(ELC)从诞生、成长、成熟到最后退出这一特性,是大家所共同认可的。正如马森·海尔瑞所言,企业就像生物有机体一样具有生命,都会经历一个从低级到高级,由幼稚到成熟的生命历程,都有自己初创、成长、成熟和衰退的不同阶段(如图 5-1 所示),且各阶段紧密相连,从而构成企业完整的变化过程。

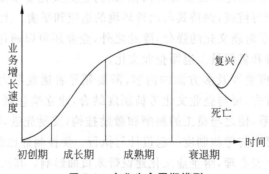

图 5-1　企业生命周期模型

然而企业并不是真正的生物体,而是人造的有机体系统,生物体的生命是有限的,其寿命不可能突破遗传因素决定的潜在极限;但企业却是个人工系统,其成长不一定遵循生物体所固有的成长规律,其生命周期的长短与企业所处的环境有关。这样,不可能每个企业的发展轨迹都像图5-1那样齐备,有的企业因在成长期变革失败提前衰退;有的企业可能在成熟期停留很长时间;还有的企业在进入衰退期后会因为变革成功而重新获得成长等。

2. 企业生命周期与企业文化的关系

企业生命周期是依企业成长中的现象总结出的规律性特征,是对企业发展轨迹与未来趋势的描述与预测;而企业文化则始终存在于企业发展过程中,是对企业发展精神动力的概括。处于生命周期不同阶段的企业,因其面临的环境不同,相应地导致企业战略不同、领导者素质不同,企业文化也就必然不同。约翰·P.科特与詹姆斯·L.赫斯科特在《企业文化与经营业绩》一书中指出,与经营策略和经营环境相匹配的企业文化,对企业取得良好的经营业绩具有巨大促进作用;反之,与企业生命周期不相匹配的企业文化,将不利于企业的发展。

科特等人的研究发现,花旗银行在20世纪初就已经从纽约12家大型商业银行中脱颖而出,成为美国规模最大、实力最雄厚的银行,资产在1949—1970年间翻了五番,利润增长700%;西尔斯公司在20世纪60年代初期规模比任何一个竞争对手都大,经营业绩辉煌一时。而通用汽车经营有方,是同时期全球最大的企业集团。其他几个公司也都在同行业曾显赫一时。然而,在1977—1988年的11年间,原有文化力量依旧的杰出公司都不能保持应有的业绩持续增长,科特和赫斯科特认为其原因就在于强力型企业文化为企业创造了优异业绩,然而在市场竞争加剧、变革迅速的环境下,企业文化没有能够跟随市场变化的需求,制约了企业对新的经营战略和策略的制定实施,即使这时企业做出巨大的努力,要保持和增加业绩也十分困难,甚至根本无法实现。

由此,科特和赫斯科特认为,企业中不存在抽象的好的企业文化内涵,也不存在放之四海而皆准的"克敌制胜"的企业文化,只有当企业文化总是适应于环境时,企业才能够调动所有系统的细胞应对变化的环境,从而保持并创新经营绩效。也就是说,企业文化必须与企业生命周期的变化相适应。

5.4.2　企业生命周期各阶段的企业文化变革方向

由于企业在不同的发展阶段有着不同的特征,所以企业在不同的生命周期阶段应该构建不同的企业文化来与之相匹配。基于爱迪思提出的企业生命周期模型,我国学者总结出了企业生命周期各个阶段的企业文化特征(如表5-2所示)。本节将基于企业生命周期的初创期、成长期、成熟期和衰退期四个阶段来加以分析。

表 5-2 企业不同生命周期阶段的文化特征

	主 要 特 征	领导风格	员工管理类型	组织的凝聚力	战 略 重 点	成功的标准
孕育期	具有高度的灵活性，每个人都敢于冒险，承担责任	具有创业、创新精神	个人的冒险、创新，具有灵活性和独特性	缺乏必要的规章制度和方针，以创新、发展为导向	强调获取新的资源，抓住新的机会，尝试新鲜事物	创业者是否勇于承担责任，以避免创业空想
婴儿期	以产品为导向，注重短期结果	比较独断专权，不授权	同上	同上	基本同上，并注重危机管理	是否开发出最新产品，是产品的领导者和创新者
学步期	以销售为导向，不过比较极端，认为更多即是更好	不擅长倾听，仍独断专权	同上	同上	基本同上，并注重于更多即更好，广泛尝试新领域	是否开始逐渐注重市场份额和市场渗透
青春期	企业脱离创业者的影响	希望授权却又害怕失去权力	缺乏责任和义务，员工士气低落	制订了一些政策，但还不完善	加强制度和政策的建立	制度是否逐渐健全
盛年期	企业内部达到高度整合，销售额和边际利润双增长	充分的授权，较好的管理	员工之间相互信任	规章制度有序化，组织结构更加健全、完善	具有较高的信任和参与度，强调稳定性，注重业绩和绩效	灵活性与稳定性是否达到相对平衡
稳定期	企业依然强健，但逐渐失去灵活性	同上	同上	规章制度趋向烦琐化	决策变革，沉醉于昔日的辉煌	灵活性降低
贵族期	对占领新市场、新领域、新技术没有兴趣	厌恶变革，奖励那些遵命行事的人	注重表面，统一的着装、称谓	制度较多，较强的人际关系要求	关注于做事的方法而不是内容和原因	可控性增强
后贵族期	基本没有创新，与外部隔绝	管理人员内部矛盾重重	行政人员逐渐增多	制度烦琐，行之无效，人际冲突	内部地盘之争吸引了每一个人	同上
官僚期	企业无法良好运营	没有把握变化的意识	同上	同上	无法自力更生，靠人为支持苟延残喘	极强的控制性

资料来源：黎群，李海燕. 基于企业生命周期的企业文化变革方向研究. 中国行政管理，2007，(7)：32～34.

1. 初创期的企业文化

在企业的初创阶段，企业首先面临的是生存问题，企业最需要的是抓住有限的机会，赢得生存的基础。此时，企业的控制力还未建立，没有完整的制度，没有授权，企业领导人是唯一能够调控企业灵活性和控制力的人，是企业得以生存的关键。在企业创业初期，企业文化并不是构成企业发展的重要变量，但仍然起着作用，创业者的个人创业热情和雄心、创新精神、敬业精神和价值观等对其他追随者有着巨大的影响,对创业是否成功起着关键作用。这一阶段的理想企业文化是,企业员工有着共同的目标和价值观,讲究和谐、参与和个性自由,员工彼此帮助,忠心与传统为重要的价值观。作为家长的企业领导者的创业意识、经营思想、管理风格以及其胆量、魄力、品格对家庭式文化的形成具有重大影响。创业者不能消极等待健康良好的企业文化自然而然地形成,而应积极寻求、精心表达、全力以赴、坚持不懈地进行培育,使企业快速健康地进入其生命周期的下一阶段。

2. 成长期的企业文化

在成长期,企业已经开始步入良性发展轨道,企业生产规模扩大,销售能力增强,业绩快速增长,是企业经济发展的大好时机,同时也是企业文化积累和发展的关键时期。从国内外著名企业的发展来看,处于成长期的企业往往都是实施"两手抓"的战略,一手抓经济发展,一手抓企业文化建设,在企业发展壮大的过程中逐步形成对企业持续发展有利的、被广大员工所认同的核心价值观。

处于成长期的企业为了扩大规模,增加企业的销售和利润,往往比较注重产品的开发,强调顾客导向,企业的价值链方向也从资产—投入—产品—渠道—顾客变为顾客—渠道—产品—投入—资产。成长期的企业需要构建与其特点相适应的发展式文化。这种文化强调创新,要求企业不断地开发新产品以满足顾客不断变化的需求;在组织结构上,要求企业建立较为松散的组织形式;在控制权上,要求企业培养战略眼光,适当放权,在组织中形成一种民主决策的氛围,激励员工积极参加决策。其目的就是在企业中建立快速灵活的反应模式,决策能够迅速地下达并付诸实施,顾客及市场的反馈信息能够迅速上传,以便企业领导者作出正确的决策。

3. 成熟期的企业文化

在成熟期,企业的主要业务已经稳定,业绩也保持在较高和较稳定的水平上,企业开始出现大量的盈余资金,企业管理走上了正规化的轨道,各项制度比较完善,企业文化建设也有了较好的基础。此时企业在文化建设方面面临的最大问题是如何让企业文化从理念转变为让每个员工都遵从的信念,从而约束员工的行为。

处于成熟期的企业,其稳定性和灵活性达到了平衡,企业既关注内部事务的管理和员工的需要,又关注外部顾客的需求和市场的变化,是所有企业追求的理想状态。但在这一时期,企业也出现了使其向衰退期转变的端倪,如创新精神减退、思想日趋保守等。这个阶段,企业文化应重视规范的、结构化的工作场所以及程序式的工作方式,企业领导在其中扮演协调者的角色,重视企业的和谐运作。企业需要明确发展目标和主动进攻的战略姿态,强调工作导向和目标完成,重视按时完成各项生产经营目标。除此之外,企业管理者和员工都必须加强学习,强调终身学习、全员学习、全过程学习、团体学习,以打造终身学习的企业,增强创新应变能力。

4. 衰退期的企业文化

一般而言,企业衰退的原因往往是因为市场竞争的加剧,或者需求发生了变化,企业未能及时采取应对措施,而导致业务萎缩、业绩滑坡、利润大幅降低,生存难以为继。实际上,处于衰退期的企业跟初创期的企业类似,生存问题又是企业关心的首要问题。在企业经营状况不佳的情况下。如果企业在前期建立的共同信念不能得到更有效、更持续的贯彻。员工就有可能"人心涣散"。企业文化就会面临蜕变衰亡的威胁。从经营实践来看,处于衰退期的企业,经营者普遍首要考虑的是筹集资金、更新设备、开拓市场、处理存货。有的还要通过裁减人员以减轻负担。无心无暇也无力顾及企业文化的进一步建设。这些举措在相当大的程度上是可以理解的。但殊不知,也许在看似"企业文化无所作为"的这一时期,唯企业文化方能救活企业。其实原因很简单,在企业经营状态不好的危机时期,资金、技术、市场固然需要,但如果人心散了,不能团结一心,众志成城,企业就更难继续支撑下去,只会加速衰退。因此,在这一阶段,企业的领导者应该秉承企业文化的信念和精神,增强员工的凝聚力,号召大家渡过难关,寻找"二次飞跃"的契机。这就需要在衰退期建立一种能让企业蜕变的企业文化,即权变式文化。这种文化强调企业各子系统内部和企业系统之间的相互联系,建立跨部门团队,以便快速灵活地对外部环境作出反应,强调在实现组织目标的前提下部门及个人目标达到最大化,这就克服了个人只关注部门以及个人目标的短视行为。

分析案例

从 IBM 看企业文化变革[①]

在郭士纳到来之前,IBM 一直以"精益求精、高品质的客户服务、尊重个人"为核心价值观,铸造了 IBM 在那个年代的辉煌。然而,随着时代的变迁,IBM 被人们想象成一个"刻板、保守、严格、缺乏活力"的大公司,而不是一个速度、激情的科技公司。追求卓越的"精益求精"变成了"完美的固执的迷恋",并导致了 IBM 的一系列僵化的程序;"尊重个人"的价值观培养了 IBM 员工的忠诚,也导致了员工的懒惰与骄傲。这种文化严重制约了 IBM 公司的发展,并出现连续几年的亏损,亏损额高达 160 亿美元。郭士纳来到 IBM后对公司文化动了大手术,对过去的文化进行了颠覆式的改造,以"力争取胜、迅速执行、团队精神"作为新的企业文化核心,使 IBM 起死回生,重新焕发了勃勃生机。后来的实践证明,强有力的执行力文化促使 IBM 实现了成功转型,不断发展强大。

那么,我们应该从 IBM 的文化变革中获得怎样的启示呢?

保守与活力

IBM 的创始人老托马斯·沃森的经营观念对 IBM 影响至深,也使 IBM 迅速发展强大。IBM 将这些价值观制度化,通过工资待遇和福利制度、管理制度和员工教育制度、营销以及客户支持等,系统地渗透于公司的各个层面,并几乎成为 IBM 的部分 DNA。作为一名白手起家的企业家,沃森给 IBM 带来的是一种自尊、努力以及合乎商业道德规范的公司文化。甚至在政府呼吁用工平等、晋升平等、工资待遇平等之前的很长一段时间里,

---

① 资料来源:胡圣浩.从 IBM 看企业文化变革.中外企业文化,2011,12:46~48.

IBM 就已经连续数十年在这些方面成为行业中的榜样。

然而，"成也萧何，败也萧何"。进入 20 世纪 90 年代后，美国经济飞速发展，计算机技术日新月异，个人计算机时代已经来临，网络指日可待，科技越来越时尚化、前卫化，这些对人们的生活都产生了巨大的影响。而此时，沃森的理念已经根深蒂固，"妄自尊大，因循守旧"变成了其代名词，落后的文化成了 IBM 发展的桎梏。但在 IBM 却没有人说"不"，这就像温水青蛙一样，尽管面临着危机，大家却习惯了这种文化。

很显然，郭士纳已经看到老旧的 IBM 文化到该变革的时候了。如果过去是机械时代，现在已经进入到电子时代，未来要进入到互联网时代，每一个时代都有自己的文化主题，有文化脉络和发展轨迹，IBM 必须抓住这些主题，才能勇立潮头，充满活力。

当然，企业文化变革需要反思，反思企业文化是否对路，是否符合未来的发展方向，是否符合企业的发展规律，是否符合企业人心的要求。

温和与激进

文化变革可以分为渐进式变革和激进式变革。渐进式变革是比较温和的，在不知不觉中发生了文化的嬗变，比较容易接受，不至于招致很多人的反对。虽然文化变革是上层建筑的调整，是生产关系方面的变革，但最终要落实到利益格局的调整。

郭士纳来到 IBM 之前，IBM 不愿进行文化变革。也许曾经有人看到了问题的症结，但不能自己解放自己，需要外部力量来推动。就像一个吸毒人员，明明知道自己不能再吸了，但改变不了自己，控制不了自己。

渐进式文化变革是在原先文化的基础上进行的创新，是一种哲学上的扬弃。而激进式的文化变革，就是推倒重来，如新文化运动，把保守的僵化的呆板的文化变成激情的充满活力的文化。

激进的文化变革，一般是在公司亏损严重的时候采用。亏损时，大家对过去的一套有了切肤之痛，都希望有高明的医生来妙手回春，这时的文化变革比较容易获得大家的认同。任何变革都是有阻力的。因此企业文化变革也需要有准备，包括思想准备、组织准备和制度准备。文化变革的核心是思想的变革，是思维的变革。文化变革需要一个发动的过程，需要对各级干部进行吹风。只有经过了这个预热的过程，大家都有了思想准备，有变革的思想意识，他才会参与、融入文化变革中来。

IBM 的文化变革是温和的，是渐进的，是在继承基础上的扬弃。IBM 在文化变革上进行了一系列的调研，确立了文化的内核，对其进行了抽象提炼。IBM 在品牌形象上进行了更改；在员工行为上，不再强调统一着装；在文化内涵和价值观上进行了改变，变成了"IBM 就是服务"。一个服务性的公司需要服务的理念，IBM 就把原先的客户服务进行了深化，加快了对客户的响应速度。IBM 通过组织结构的调整，薪酬绩效制度的变革，使得新文化运动获得了制度性的力量。经过 10 年的精心打磨，终于成就了现在的 IBM 公司。

显性与隐性

显性文化比较容易改变，而隐性文化则难以撼动。要进行文化变革，首先就要改变这些深层次的规则，或者是把这些潜规则表面化，让它浮出水面。

企业文化变革首先是领导思想、领导方式、领导行为的变革，是一个自上而下的过程，否则难以成功。当领导思想、领导方式无法改变时，就得换人。倘若是民营企业老板，人是换不了的，那怎么办？那就要安排他去洗脑，去接受外部培训，与外部进行交流，让外部力量去冲击他的思想和管理方式。

文化需要激活，需要一个鲶鱼，发挥鲶鱼效应。要有敢于说"不"的人，不搞一言堂。IBM过去就是没有反对的声音，大家都敬重老沃森，走的是家长式的文化管理路线。这是一种压抑式文化，非民主的文化，非科学的文化管理。文化变革的内核是什么，是打破旧的思想意识，旧的行为习惯，建立新的价值主张。为此，IBM提出了文化变革的方向和要求，如表5-3所示。

表5-3　IBM的新旧文化对比

从	到
公司自己自行推出产品	以客户为导向（根据客户的要求生产产品）
以公司自己的方式行事	以客户的方式行事（为客户提供真正的服务）
道德式管理	成功导向型管理
将决策建立在秘闻和神话的基础之上	将决策建立在事实和数据的基础上
以关系为导向	以绩效和标准为导向
一言堂（政策性统一标准）	百花齐放百家争鸣
对人不对事	对事不对人
良好的愿望甚至比良好的行动更加重要	职责明确（总是能够解决难题）
美国（阿蒙克总部）占主导	全球共享
规则导向型	原则导向型
只注重我的价值（个人主义）	注重我们的价值（集体主义）
分析停顿（追求百分百的完美）	有紧迫感的做决策和采取行动（只要有8成的希望即可）
组织中缺乏创新	学习型组织
平衡式资金投入	重点型资金投入

在IBM文化变革的道路上，并非一帆风顺。IBM导入新文化战略后，人们一方面信奉新的文化战略，但在实际执行中却走形变样，时常回到旧有的文化体系上去，仍然是按照老的方法工作。为了让新文化在所有IBM员工的心中扎下根，需要采取新的措施，为新文化保驾护航。郭士纳给IBM文化注入了新的基因，那就是：力争取胜（win）、快速执行（execution）和团队精神（team）。

力争取胜：所有IBM的员工都要认识到，做生意是竞争性的活动，要么成功，要么失败，没有其他选择。在新IBM中，那些缺乏竞争热情的人将找不到适合的位置。

快速执行：这是一个有关速度和磨炼的事业。我们不能再执迷不悟地做一个完美主义者了，因为完美主义会使我们错失市场良机，会使竞争对手夺走我们的科技发明。不要再一味地进行研究了，在新IBM中，成功的人士都是动手做事的人，而且是快速而有效做事的人。

团队精神：要使IBM像一个团队一样进行运转。

文化不是虚无缥缈的，而是围绕在我们身边的"空气"。企业文化决不能成为嘴上说说，墙上挂挂，手上写写，一定要真正落地，植入到所有员工的大脑中，成为行为方式、生活习惯。如何去落地，就需要一套制度来保驾护航，需要在绩效考核上去落地，在工作检查中去落地。如解决迟到问题、着装问题、办公区吸烟、办公室高谈阔论问题等，都要制订一套制度去约束，从绩效考核上去落实。

讨论题：

1. IBM在衰退时期出现上述文化特征的原因是什么？
2. IBM企业文化变革的原因是什么？
3. 企业文化变革可能会遇到哪些阻力，如何处理？

 **本章小结**

1. 企业文化变革是指由企业文化特质改变所引起的企业文化整体结构的变化。企业文化变革的根源在于企业生存和发展的客观条件发生了根本性的变化。一方面，它是社会文化变革在企业内的反映；另一方面，它又是企业生存发展的必然要求。当企业原有文化体系难以适应企业经营发展的需要而陷入困境时，就必须通过文化变革创建新的企业文化。

2. 企业文化变革的内在原因主要有以下几个方面：企业的经营管理与领导者素质；企业发展和战略转变；企业制度变革；企业内部文化冲突。

3. 企业文化变革的外在原因主要包括以下几个方面：政策和法律的变化；经济环境的变化；技术的变化；行业文化与其他文化的影响。

4. 来自个体层面的阻力有以下四个方面：个人观念，其中又包括认为变革不必要，认为变革会自行发生和害怕变革三种倾向；个人习惯；个人价值观；选择性信息加工。

5. 来自组织层面的阻力包括以下四个方面：组织结构惯性；资源与时间限制；对已有权力的威胁；矛盾的领导言行。

6. 要实施企业文化的变革，首先，应该对企业原有的文化进行诊断；其次，在文化诊断的基础上提出企业文化的变革方案及实施计划体系；最后，通过建立变革实施机构、营造变革氛围、加强沟通与培训、制度建设等有效措施实施变革方案并对新文化加以强化。

7. 虽然不同学者对企业生命周期的划分不同，但企业生命周期从诞生、成长、成熟到最后退出这一特性，是学者们所共同认可的。因此，可以将企业生命周期分为初创期、成长期、成熟期和衰退期四个阶段。

8. 由于企业在不同的发展阶段有着不同的特征，所以企业在不同的生命周期阶段应该构建不同的企业文化来与之相匹配。

复习思考题

1. 解释企业文化变革的内涵。
2. 阐述企业文化变革的内容。
3. 结合实际，论述企业文化变革时会遇到的各种阻力。
4. 如何减少企业文化变革的阻力？
5. 企业文化变革在什么时机导入较为合适？
6. 如何进行企业制度的建设？
7. 结合实际，阐述如何营造变革氛围。
8. 如何对新文化加以强化？
9. 什么是企业生命周期？
10. 阐述企业生命周期与企业文化的关系。

第6章 企业文化与企业竞争力

学习目标

通过本章的学习,掌握企业文化与竞争优势,企业文化与企业战略,企业文化与组织学习,企业文化与技术创新,企业文化与企业社会责任的关系,领会企业文化在企业经营发展过程中的作用。

先导案例

用文化促进五矿战略转型[①]

自我国加入 WTO 以来,国内外形势和经营环境发生了重大变化。中国五矿集团领导班子在认真分析各种影响因素的基础上,结合集团自身实际,顺应经济社会发展的时势和企业发展的内在要求,提出了战略转型的决策,制定了新的发展战略,寻求新的价值增长点。所谓战略转型就是由原来传统的计划经济色彩浓厚的国有企业转变为适应社会主义市场经济、建立起现代企业制度、管理高效的现代企业;由一个单纯依靠金属矿产品进出口业务的贸易公司转变为集金属矿产品的勘探、开发、冶炼、加工、贸易为一体的、具有完整产业链的国际领先的金属矿产企业集团。

战略转型是一项系统工程,是一个整体推进、多层联动的战略体系的演变过程。它不仅包括业务转型和内部管理的变革,更重要的是企业文化的转变和员工观念的更新,可以说后者是决定战略转型成败的关键所在。正是基于这种认识,早在 2004 年年底,五矿集团就成立了集团企业文化建设领导小组和工作小组,聘请了专业的咨询公司,对集团形象识别系统进行了重新设计,对集团企业文化的历史、现状及未来发展方向进行了充分的诊断评估,形成了细致全面的企业文化诊断评估报告。在此基础上,经过多次沟通和研讨,反复提炼和修改,于 2006 年 6 月完成了集团企业文化理念和规范的提炼,发布了《企业文化手册》,确定了"诚信、责任、创新、和谐"的价值观,"团结、务实、高效、奉献"的企业精神,"珍惜有限,创造无限"的经营理念,"制度有限,管理无限"的管理理念,以及员工行为规范。

---

① 资料来源:周中枢.用文化促进五矿战略转型,企业文明,2007,4:41~42.

五矿集团还制订了完整的企业文化建设实施规划,明确了集团企业文化建设的总体目标,力争用 3 年左右的时间,建立起适应社会主义市场经济和全球化发展要求,遵循先进文化规律,符合集团发展战略,体现员工根本利益,具有五矿集团自身特色的企业文化体系,使集团凝聚力显著增强,员工创造力有效激发,集团核心竞争力明显提高。实施规划还提出了推进企业文化建设的具体措施。2006 年 6 月 30 日,集团召开了企业文化建设实施启动大会,标志着集团的企业文化建设进入正式实施阶段。

近一年来,集团党群组织按照实施规划的要求,齐抓共管,形成合力,宣贯集团文化的各种活动蓬勃展开。"爱我五矿、建我五矿"演讲比赛主题鲜明、形式新颖、效果显著。创先争优活动激发员工奉献精神,催人奋进。关心照顾离退休老干部,传递了组织的温暖。制定实施职代会提案工作办法,畅通了民主渠道,有利于建设和谐五矿。深入实施企业形象系统,集团统一、现代、开放的形象更加鲜明。

随着企业文化建设和战略转型的推进,集团 2006 年的各项工作取得了丰硕成果。集团坚持"两手抓、两手都要硬"的方针,紧紧围绕战略转型,狠抓业务经营,积极开展区域经济合作,努力实施"走出去"战略,大力推进企业文化建设,使集团重要资源的占有量进一步增加,主营业务的产业链进一步完善,海内外营销网络进一步健全,专业管理能力进一步提高,经营规模和经济效益取得了新的增长,实现了"五年打造一个新五矿"的良好开局,企业文化对集团经营和战略转型的促进作用初见成效。

6.1 企业文化与竞争优势

自从 20 世纪 70 年代以来,竞争优势就成为了战略管理的一个重要研究领域。因此,"竞争优势的源泉是什么"成为近 30 年以来战略管理领域的基本问题。不同的学者从他们各自擅长的领域对其进行了不同的研究分析。美国哈佛商学院教授迈克尔·波特(Michael E. Porter,1988)认为,行业结构将极大地影响企业战略,并通过战略影响企业绩效,行业结构要素是竞争优势的决定性因素。资源基础理论认为,如果企业拥有的资源很难被模仿或者在短期内不会被模仿,那么这个企业在这段时间里就有竞争优势。能力理论则认为,企业所具有的这种整合资源的能力构成了企业的独特竞争力。诚然,资源和企业能力都是企业竞争优势的来源,但是企业的竞争优势在很大程度上决定于企业文化。一方面,企业文化本身所具有的难以模仿性、不可替代性等属性就使其构成了企业宝贵的无形资源;另一方面,企业文化通过对各种有形资源和无形资源进行有效整合,形成具有开发独特技术、独特产品、独特营销和独特管理等能力。所以,企业文化是当今企业在市场竞争中获取竞争优势的重要来源。

6.1.1 竞争优势的内涵

企业竞争优势是指企业在特定的市场、特定的阶段、特定的地域,在为消费者提供有价值的产品或服务的过程中所具有的超越主要竞争对手、获得超过行业平均利润的能力或潜能。

竞争优势是一种特质。竞争力大或强的才有优势,那么这种优势就是独特的,否则它就不可能有更大或更强的竞争力。一般地说,只要竞争者在某些方面具有某种特质,它就具有某种竞争优势。因此,也可以说,竞争力是一种综合能力,而竞争优势只是某些方面的独特表现。之所以称之为独特表现或特质就是不同于别的竞争者的东西,如企业的创新能力比别的强,那么它的新产品开发就快又准;又如某企业的品牌有独特的魅力,能更多地吸引顾客,那么它就更容易开拓市场或扩大销售等。所以,竞争优势是某种不同于别的竞争对手的独特能力或潜能,这种能力或潜能难以观察和测量,但在竞争中是能够比较明显地表现出来的,也可以说会脱颖而出。竞争优势是在竞争中培育出来,也是在日常工作中积累起来的,不过需要用心和智慧,而不是随意或自然就可拥有的,简单地说就是修炼的结果。

6.1.2　企业文化对竞争优势的影响

在激烈的市场竞争当中,所有市场参与者都会在无数次的竞争较量中,一次或数次地在创新、成本、营销或人力资源等某一个或几个方面有过超常的优越表现,但这并不能确保企业整体上的竞争优势。市场竞争中获得的一方面优势可能被另外的劣势所抵消,今天获取的某种优势也可能明天就不复存在。既然是这样,那么企业文化是否对竞争优势有显著影响呢? 这种影响又是怎样产生的呢?

1. 企业文化是竞争优势的源泉

在 20 世纪 70 年代,询问任何一位美国公司的总裁"公司内扮演的最重要的角色是什么"这个问题时,大多数的回答都会是指挥者、决策者和战略家。20 世纪 90 年代,哈佛商学院进行的一项调查结果却表明,那些业绩最好的领导者,把自己首先看作某种特定文化的塑造者和支持者。他们认为,优秀的企业文化是公司领先于竞争对手的一种独一无二的关键性力量。正如《美国企业精神》的作者劳伦斯·米勒所说:"公司唯有发展出一种文化,这种文化能激励在竞争中获得成功的一切行为,这样的公司才能在竞争中成功。"可见,企业文化与企业在竞争中能够获得成功的能力,即竞争优势密切相关。

企业文化的这种作用,受到企业界的高度重视。美国西北航空公司以强烈的幽默和个人责任的文化著称,没有人比西北航空公司的创造者和前任首席执行官哈伯更强调企业文化的优势和独特功效了。有人认为企业文化并非那么重要,只要在航线上提供良好的服务,使成本最低就可以获得成功。哈伯非常生气,他说:"文化无处不在。你的一切,竞争对手明天就可以模仿,但他们不能模仿你的文化。"美国通用电气公司的 CEO 杰克·韦尔奇提出要用快捷、简易和自信引导企业文化,通过人的力量来实现生产率增长与竞争优势,从而使通用公司在这种文化的指引下通过 18 年的努力成为了1 000 亿美元的巨人公司。

此外,理论界也对企业文化的这种作用进行了深入研究。巴尼在其《组织文化:能否成为持续竞争优势的资源》一文中,提出文化成为持续竞争优势的来源必须满足三个条件,即具有价值性、稀缺性和不可完全模仿性。组织首先必须能够提高销售、降低成本或扩大赢利,以及其他方式提高组织价值。对文化稀缺性的要求反映了竞争的需要,如果各个组织拥有相似的文化,以相似的方式参与竞争,那么不会有组织能获取竞争优势。在此基础上,巴尼把企业文化的不可完全模仿性作为持续竞争优势的最有效和最坚固的壁垒。他引用了三点理由,首先,个人很难观察到并描述企业文化的价值所在。其次,在这种高度主观的组织特性与组织竞争优势之间是很难进行严格描述和检测的,企业文化的价值性和稀缺性常常是难以言说、难以感知的组织共识,这来源于组织独特的历程和历史遗产。最后,即使企业文化的有关方面能够被描述,试图有意识地成功模仿仍是不完全的,这源于企业文化拒绝变革的惰性。因此,从另一个角度看,企业文化很难被理解和复制,也许是对企业的竞争优势的最佳保护,远比任何制度保障更优越。

因此,企业文化作为组织的一种非常重要的无形资源,确实能够给组织带来竞争优势。但是竞争优势的诞生却不是企业文化这种无形资源所直接带来的,而是通过某些过程提升组织的绩效,进而带来竞争优势。那么企业文化到底是如何提升竞争优势,我们将在下面的内容中予以回答。

2. 企业文化如何影响竞争优势

优秀的企业文化,能够创造一个良好的企业环境,提高员工的道德和科学文化素质,对内形成企业的凝聚力,对外提高企业的竞争力,成为企业发展不可缺少的精神纽带和道德纽带,从各个环节调动并合理配置有助于企业发展的积极因素。其整体性与不易模仿性,更使企业文化成为孕育企业核心竞争力的土壤,支撑企业现在与未来的竞争优势。

1) 共享价值观有助于增强企业员工的凝聚力

价值是任何企业文化的基石。作为赢得成功的企业哲学,价值为所有职工提供了共同的方向,并指导他们的日常工作。每个成功的企业都有其独特的“核心价值”,用简洁的、甚至平凡的语句抓住组织中人们深信不疑的精髓。其含义可以是广泛的,如“进步是我们最重要的产品”;也可集中于一点,如“杰出的保险事业”;可迎合人们的想象,如“第一个爱尔兰跨国公司”。若这些信念是强烈的,那么它们能吸引每个人的注意力,组织也能从共享价值中获得强大的力量。因为,如果企业员工了解企业的观点,明了自己应该坚持什么样的标准,他们很可能做出决定来支持这些标准,他们更有可能感到自己是组织的一个重要的组成部分。企业的生活对他们来说是富有意义的,因而他们深受激励。《追求卓越》也提道:“一个伟大的组织能够长久生存下来,最主要的条件并非结构形式或管理技能,而是我们称之为信念的那种精神力量,以及这种信念对于组织的全体成员所具有的感召力。”

2) 企业文化的制度层有助于激励和约束员工的行为

企业文化不但在精神层面作用于全体人员,把人们凝聚在一起向共同的方向努力,而且决定着组织的结构、管理制度及生产方式等一系列行为层面的建立与改造,形成企业文化生存、发展、发挥最大效用的企业环境。国际电话电报公司(ITT)的季宁、松下电器的松下幸之助和联合航空的卡尔森,管理方式的一个共同之处就是他们都利用正式的组织结构来达成目标,都利用制度——尤其是计划、控制和金钱奖励制度,在既定的结构内指导员工的行为。组织的结构及制度等会随着外界环境的变化而发生相应的变化,变化的方向也要与企业的精神相一致,且成为精神、价值观念不断发扬的支撑力。IBM 的信念之一是"提供客户世界上最佳的服务",同时秉持着"任何事都要尽力做到尽善尽美"的理念。当 IBM 实行按照人数规模划分客户类型,由不同负责部门提供服务的时候,由于划分不清产生信息传递的混乱,有的公司会收到来自 IBM 不同客户服务部门的传真,造成资源浪费与服务效率的下降;而且,由于客户服务地点的差异,使服务成本递增。IBM 及时改变这种混乱景象,按照理念的指引,认真分析,将客户按照区域分类,并将组织的部门结构进行相应改变,从而使客户能够得到"最佳的服务"。再如,在将创新视为企业生命力的公司中,为鼓励创新,在组织部门中设立内部风险企业部。母公司一般会在内部风险企业开发的新产品或新技术投入市场以前,发行一批只能在公司内部流通的股票,吸引研制人员参加内部风险企业的投资,把他们的经济利益同企业效益联系起来,与公司共担风险、共享收益。风险企业部也成为鼓励和推动个人创新活动的重要组织部门。

精神引发员工发自内心的认同与信任,产生组织的向心力;同时,管理人员凭作风与技巧为结构、制度等硬性因素注入了生命力,从外在的角度激励和约束员工的行为。而员工一旦知道组织对他们行为的确切期望,就只需要花费较少的时间来决定在给定情境下该如何行事,加强彼此的信赖与沟通,提高工作的效率与效益,从而带动企业整体效率、效益的提高。

3) 深厚的企业文化有助于造就企业的品牌优势

品牌优势能够为企业带来竞争中的成功,而品牌中同样凝结着企业的文化。从这个意义上说,品牌是企业文化的一种外显的标志。它也是企业与消费者(或客户)之间连接的桥梁,顾客通过认识、认知、信赖等一系列过程建立对品牌的忠诚度,从而成为企业竞争中取胜的法宝。这一系列微妙心理过程的转变,是由顾客与相关品牌的产品、服务和企业员工接触中逐渐形成的;文化也在此间传递,将品牌由单一的标识塑造成有血有肉、富有灵魂的个体,具有与其他品牌相区别的独特个性。

例如,麦当劳的企业文化在全球的饮食服务业中最具特色与魅力,"Q、S、C+V"是雷·克罗克经营麦当劳以来一贯遵循的企业精神。正是这一精神淋漓尽致地体现在产品、服务等各个方面,才将"麦当劳"这一品牌深植人心,使人潜移默化地受到其文化的感染产生对麦当劳的信任与支持。为实现"品质上乘",麦当劳实施科学的食品标准化,对产品生产流程制定具体的操作规程和细节。产品超时不卖,并非因腐烂变质或有缺陷,而是惜守"不卖味道差的食品"的经营方针。消费者品尝味道鲜美的汉堡包时,这一文化自然而然地传递到消费者心中,为品牌抹上了一缕绚丽的色彩。处于亲切微笑、窗明几净、舒适优雅环境中的顾客享受着不时的价格优惠、变换口味的新产品、设计独特的宣传标语等的每一分、每一秒都体验着麦当劳的文化魅力。当顾客眼前出现那熟悉的金黄色拱形标志——红底黄字的"麦当劳"以及笑容可掬的麦当劳叔叔时,眼中的视觉品牌形象不断被强化,品牌与文化在消费者心中融为一体。

6.1.3　企业文化对经营绩效的影响

企业的长期经营业绩是企业在市场竞争中是否占有优势的一个量化指标,也是企业是否具有竞争力的一个外在表现。人们虽然并不否认企业文化对企业绩效表现的作用,但许多人又认为企业文化对企业绩效的影响是间接的或不可度量的,从而更重视那些表面上直接对企业的绩效起作用的因素。但实际上，企业文化对企业绩效的影响甚至大于企业管理研究和经营策略研究的文献资料中经常涉及的那些因素，如组织经营战略、企业组织结构、企业管理体制、企业财务分析手段等。美国哈佛大学的约翰·科特教授和詹姆斯·赫斯克特教授深入研究了企业文化与企业长期经营业绩之间的相关性。他们在《企业文化与经营业绩》一书中指出：企业文化对企业长期经营业绩有着重大作用。我们发现那些重视所有关键管理要素，重视各级管理人员领导素质的公司，其经营业绩远远胜于那些没有这些文化特征的公司。在 11 年的考察期中，前者总收入平均增长 682％，后者则仅达 166％；前者公司股票价格增长为 901％，而后者为 74％；前者公司净收入增长为 756％，而后者仅为 1％。可见，对于一个企业的成长来说，企业文化看起来不是最直接的因素，但却是最持久的决定因素。那么究竟是哪些企业文化因素或者哪些类型的文化对企业经营绩效的提高有促进作用呢？

1. 有利于提升绩效的企业文化类型

企业文化分为不同的类型，不同类型的企业文化对企业绩效具有不同的作用。有利于提升企业绩效的企业文化大体有三种类型，分别为：①强力型企业文化，即企业中几乎所有的经营管理层的人员有基本一致的价值观念和经营方法，他们习惯于协调一致，通力合作向某一经营方向努力；②策略合理型企业文化，即与企业环境、企业经营策略相适应的文化；③灵活适应型企业文化，即能够使企业适应市场环境变化并在这一适应过程中领先于其他企业的企业文化。各种类型的企业文化的具体解释参见本书的第二章第二节。

2. 有利于提升绩效的企业文化构成

强力型理论、策略合理型理论和灵活适应型理论都存在着一定的局限性，不能使人十分满意，这三种企业文化中的任一种都可能导致企业绩效的增长，任一种也都可能导致企业绩效的萎缩。但是从中我们可以看出能够提升企业绩效的企业文化具有两个共同点：一是企业家的经营指导思想必须同适应于市场经济环境的价值观念相一致；二是要有一个能够适应企业所处市场经营环境并能够带来经营成功的企业经营策略，从而使得这位企业家（他或她的经营思想）在特定的消费者群体中具有极高的信誉程度。结合上述三种观点，我们生成了有利于绩效的企业文化的构成模式，如图 6-1 所示。

经营管理者共同的价值观
几乎所有的经理人员都充分重视对企业拥有权力者——顾客、员工、股东、供应商等，同时也十分看重会导致变革产生的各种领导才能和其他各种激发变革的因素。

经营管理者的行为方式规范
经理人员的行为方式和实践均与适应市场环境的协调的合理的经营策略相一致（即与企业各个要素的期待值和需求相吻合）。必要时，他们运用自己的领导才能，创建和实施新的经营策略和行为方式，使企业保持良好的适应性。他们还招聘、培训或提拔那些具有共同行为方式的人才，更为重要的是招聘、培训或提拔那些拥有共同经营价值核心观念的人才。

图 6-1　有利于提升企业经营业绩的企业文化构成

6.2　企业文化与企业战略

凡是成功的企业,不仅有其优秀的企业文化,同时还有能够不断适应经营环境变化的企业战略。然而,在企业内部本身,其自身的文化与战略也需要相互适应和相互匹配。随着企业的发展,企业文化会不断趋于稳定和固化,而企业战略却需要根据内、外部环境的变化而进行不断的调整。企业文化对企业战略的制定和实施如何产生影响,二者之间如何更好地相互适应和匹配,从而促进企业的健康发展,是本节将要研究的问题。

6.2.1　战略管理的内涵

所谓战略管理是指企业确定其使命,根据组织外部环境和内部条件设定企业的战略目标,为保证目标的正确落实和实现进度谋划,并依靠企业内部能力将这种谋划和决策付诸实施,以及在实施过程中进行控制的一个动态管理过程。

一般来说,战略管理包含以下四个关键要素。

1)战略分析

战略分析是指深刻认识那些对组织生存与发展有关键性影响的因素,从而对组织的战略地位形成一个概括性的判断。企业的内外部环境有哪些变化?企业具有哪些优势和劣势?企业面临哪些机遇和威胁?这些因素对企业的发展产生怎样的影响?这些问题都必须由战略分析来问答,其结果就是确定企业当前的战略目标。

2)战略选择

战略选择就是在根据战略目标的要求所提出的若干备选方案中,按照一定的评价标准,选择最优的战略方案。在这个过程中,决策者需要重新审视组织的最终目标,评价组织运行的情境,从而对组织的备选战略做出评价和选择。

3)战略实施

战略实施是通过建立和发展行动的能力和机制,将战略规划转化为现实绩效的复杂过程,主要包括战略发动、制订行动计划、组织准备、资源准备、战略实验、全面实施和战略控制等环节。

4)战略评价与调整

战略评价就是通过评价企业的经营业绩,审视战略的科学性和有效性。战略调整就是根据企业情况的发展变化,即参照实际的经营事实、变化的经营环境、新的思维和新的机会,及时对所制定的战略进行调整,以保证战略对企业经营管理进行指导的有效性。包括调整公司的战略展望、公司的长期发展方向、公司的目标体系、公司的战略以及公司战略的执行等内容。

上述四个要素可以被进一步划分为战略制定和战略实施两大阶段。企业战略管理的实践表明,战略制定固然重要,战略实施同样重要。一个良好的战略仅是战略成功的前提,有效的企业战略实施才是企业战略目标顺利实现的保证。另外,如果企业没有能完善地制定出合适的战略,但是在战略实施中,能够克服原有战略的不足之处,那也有可能最终导致战略的完善与成功。当然，如果对于一个不完善的战略选择，在实施中又不能将其扭转到正确的轨道上，就只有失败的结果。

6.2.2　企业文化对战略管理的影响

企业在战略制定和战略实施两大阶段中，必须充分考虑企业文化的因素。一方面，企业文化的核心价值观决定着企业战略的定位。企业战略总是在一定的企业经营哲学指导下产生的，也就是说，有什么样的企业经营哲学，就有什么样的经营战略；反之，有什么样的经营战略就需要什么样的经营哲学来引导。另一方面，良好的企业文化氛围是实现企业战略的重要保证。实践表明，优秀的企业文化一旦被广大员工所认知，并内化为行动，就会成为一种力量，促进企业战略决策的顺利实施。

1. 企业文化在战略制定过程中的作用

企业文化对战略决策制定起引导作用。首先，企业文化是企业广大员工所共有的价值观念和行为方式的总和，而企业使命则描述了企业的愿景、共享的价值观、信念以及存在的原因。企业使命为企业发展指明了方向，是企业战略决策制定的前提。企业战略决策的制定不能脱离企业使命，也离不开企业使命背后体现出来的企业文化。其次，文化的形成过程是漫长的，文化的变革也是相当困难的。如果企业制定的战略目标与现存的企业文化格格不入，这个战略至少在短期里是很可能得不到有效实施的。比如，在具有追求创新、强调结果、工作环境相对松散等企业文化特征的公司推行强调效率和规范的低成本战略就是相当困难的。以至于有一种说法认为，当企业文化和企业战略发生冲突时，如果没有足够的把握和耐心，最好改变战略，因为企业文化的改变不是一朝一夕就能做到的事情。可见，在制定企业战略决策的时候，必须清楚地了解当前的企业文化，才能保障战略目标的实现。

2. 企业文化在战略实施过程中的作用

企业文化对战略实施的影响主要体现在三个方面：导向、激励和协调。文化的导向作用是指企业共同接受的价值观念引导着企业员工自觉选择符合企业长期利益的决策，并在决策的实施过程中自觉表现出符合企业利益的行为；文化的激励作用主要指员工在日常经营活动中自觉地根据企业文化所倡导的价值观念和行为准则调整自己的行为；文化的协调作用主要指在相同的价值观和行为准则的引导下，员工选择的行为不仅是符合企业长期或短期利益的，而且是相互协调、相辅相成的。

成功的企业往往是因为企业的价值观能够被员工所认同，并且能和员工个人的价值观所融合。这样，员工们在为企业努力奋斗的同时，也会认为是在为自己的理想目标而奋斗。从而对企业产生强烈的归属感。这种归属感为企业带来的效益是巨大的。美国著名管理学家彼得斯和沃特曼在《寻求优势》一书中指出，在经营得最成功的公司里，居第一位的并不是严格的规章制度或利润指标，更不是计算机或任何一种管理工具、方法、手段，甚至也不是科学技术，而是企业文化。成绩卓著的公司能创造一种内容丰富、道德高尚而且为大家所接受的文化准则，使员工们情绪饱满，互相适应和协调一致；使员工热爱企业产品,产生提高服务质量的愿望以及对企业高度的责任感和归属感,为战略决策的有效实施提供保障。

小案例

英特尔通过更换标识实现战略由内到外的转变

英特尔公司是全球最大的半导体芯片制造商,它成立于 1968 年,具有长达 30 余年的产品创新和市场领导的历史。1971 年,英特尔推出了全球第一个微处理器。这一举措不仅改变了公司的未来,而且对整个工业产生了深远的影响。微处理器所带来的计算机和互联网革命,改变了世界。

英特尔彻底弃用了 37 年的旧标志"下沉的 e"及 Intel Inside,发布全新品牌标志和宣传语。全新品牌标志在 Intel Inside 标识和原有的使用了 37 年的英特尔"dropped-e"(下沉的 e)标志进行修改。新标志中包括了英特尔公司新的宣传标语:"Intel. Leap ahead(超越未来)。"英特尔的首席运营官保罗·奥特里尼表示,新商标更有动感,而围绕"Leap ahead"字样的弧线同样动感纷呈。新的商标将向全世界表达英特尔的真正内涵和目标。英特尔此次不再强调可靠性这一特点,而是强调公司产品所拥有的生命力和冲击感(如图 6-2 所示)。

图 6-2　英特尔的新旧商标

英特尔之所以换商标,主要是因为公司的业务范围已经不仅仅局限在处理器领域,英特尔希望借换商标向外界表达英特尔不再是单一产品的提供商,而是向平台化解决方案供应商的角色靠拢,并进行了一系列包括组织架构、产品线在内的调整。

6.2.3　企业文化与战略模式的匹配

选择能与公司现行文化中的"不可侵犯"或"不可改变的"部分相匹配的战略是战略制定者的责任。战略一旦选定,变革阻碍战略执行的文化也是战略执行者的责任。

1. 改革有问题的文化

改变现有的文化且使之与战略相匹配是最困难的管理任务之一,因为人们长期持有的价值观、习惯和对旧事物的眷恋会对改变造成很大的障碍。用健康的文化代替不良的文化或者剔除一些没有价值的行为,灌输支持战略的行为方式需要很长的时间。高层管理者的能力是导致文化变革成败的主要因素。重大的文化变革需要有很大的影响力才能完成,而高层管理者往往拥有很大的影响力。企业文化改变的启动应该采用以下几个步骤:首先,确定有问题的文化并解释其为什么阻碍新战略的执行和目标的完成。其次，管理者必须明确界定战略执行需要的新行为模式，并详细说明他们想建立的文化的关键特征。另外，管理者必须公开直接地对相关人员说明为什么新行为可以提高企业绩效以及如何提高绩效。最后，要使每个人都理解修正文化的行动是在培育更适合战略的新文化。

管理者可以运用以下一些方法来改变问题文化：

（1）用一个强制执行的事例来说明为什么公司的新方向和文化氛围是符合公司最大利益的，同时说明为什么个人和团体应该支持这种文化的变化。可以通过以下方式说服怀疑者维持现状是没有任何优势的：

第一，针对公司现状提出最基本的问题：我们为顾客提供的商品能满足其需要吗？我们为什么不能争取到竞争对手的顾客？为什么竞争对手的成本比我们的低？我们如何才能制定更有竞争力的价格？为什么不能使商品的上市时间缩短一半？为什么我们不能更好地使用互联网以及电子商务技术？怎样才能使我们的收入增长率从 10％ 提高到 15％？如何才能提高我们的决策速度，缩短响应时间？

第二，组织一次使所有管理者听取抱怨的活动，听取来自生气的顾客、不满意的战略联盟者、持不同意见的员工和不支持公司战略的股东的抱怨。

（2）抓住每一个机会重复宣传文化变革对公司相关利益集团有利（尤其是顾客、员工和股东）。有效的文化变革的领导者很善于向组织成员传播新的价值观。

（3）公开表扬和激励提倡新文化规范并积极实践的个人。

（4）改变激励机制，奖励那些执行战略所需要的文化行为，惩罚那些拒绝变化的人。

（5）雇用拥有变化所要求的价值观的新管理者和员工，并让他们成为学习的典范。

（6）撤换那些对旧文化依恋太深的关键执行者。

（7）修正政策和程序以便更好地进行文化变革。

2. 实际的文化变革行动

除了领导推动新的行动模式以及解释采取新方式的原因以外，战略实施者必须说服所有利益相关者，这些努力绝不仅限于表面。言语和计划必须有实际行动作为补充，并且采取的行动必须是可信的、高度透明的、能够显示管理层对新战略和文化变革的承诺。有几种方法可以达到上述几种效果，一是策划一些文化变革活动，通过这种变单为利益相关者带来利益，并且使这些活动迅速取得成功，这样可以激发利益相关者对变革的热情。但是，迅速的成功通常并不如创建一个能积极推行战略、稳定的、能形成有能力的团队的目标和耐心重要。管理层支持新文化的最显著的标志包括：以新培养的经理代替旧文化中的经理，改变那些长期失调或阻碍新措施实施的政策和实践活动，通过重组使结构与战略更加匹配，把激励制度直接与衡量战略业绩的新标准相联系，把物质资源从最初战略的项目和计划转移到新战略的项目和计划中。

创建和维持支持战略的文化是整个管理团队的工作，变革需要很多人的大力支持。高层管理者、部门领导、中层管理者必须反复重申其价值观，并将所希望的核心价值观和业务准则运用到日常的实践中。另外，战略实施者必须获得一线监督员、员工的意见和领导人的支持,使他们认识到在组织的最底层实施和强化文化规范的重要性。即使在大部分员工参与到新文化活动中并认同新文化的基本价值观和规范后,在灌输新文化和加强战略与文化的匹配关系方面仍然有大量的工作要做。

使文化与战略匹配并不是一项短期工作,新文化出现并占据优势是需要一段时间的。组织规模越大,使文化与战略匹配而进行文化转换的难度就越大,需要的时间就越长。在大型公司中,对企业文化进行重大变革至少需要 3～5 年。实际上,重新改造深入人心的与战略不匹配的文化通常比在全新的组织中从零开始培育支持战略的文化更困难。有时高层管理者成功地改变了一部分管理者甚至整个部门或分公司人员的价值观和行为,但随着时间的推移,这些变化会逐渐被组织中其他人员的行为同化。那些固守旧文化的大多数人交流、赞扬、支持和反对的思想和行为方式削弱了新文化并阻止了其进一步发展。虽然高层管理者准备了一系列行动来改变有问题的文化,但是如果很多员工对公司的新方向和文化变革成果持怀疑态度,高层管理者所提倡的行为和经营方式往往会失败。这就是为什么管理者必须抓住每个机会来说明进行文化变革的必要性以及告诉他们新的态度、行为以及经营方式如何能够使公司的利益相关者获益。

3. 象征性的文化变革行动

使文化与战略相匹配既需要实际的管理行动,也需要象征性的行动。象征性行动的价值在于可以向人们传播关于战略实施者希望的各种行为模式和业绩,最重要的象征行动是高层领导人采取的并视为榜样的行动。例如,企业想成为行业中的低成本制造商,高层管理者就必须在行动和决策中勤俭节约:领导人办公室内没有奢华的装饰,节俭的费用支出和娱乐开支,精减办公室职员,详细审查预算以及降低领导人津贴等。如果文化的变革是为了更快地响应顾客需求和取悦顾客,首席执行官通过要求所有员工每个星期必须花一定时间与顾客交谈以了解其需求来强调对顾客需要及时响应的重要性。

另一类象征性的行动包括晋升和奖赏按照新文化的要求办事的人员。许多大学每年都奖励优秀教师来表示对杰出的教育工作者的尊敬,许多公司每月都设有员工奖,军队对榜样性的人员颁发奖章和奖状。玫琳凯化妆品公司为实现销售目标而为美容顾问设立了一系列奖品,奖品包括奖章和汽车等。

最好的公司和最好的领导人能熟练运用标志、榜样、仪式性场合和机会来加强战略和文化的匹配。低成本战略的领导者沃尔玛和纽克钢铁公司等因其设施简单、领导人节俭、杜绝浪费和成本控制而广为人知。纽克钢铁公司的管理者去机场时,宁愿选择乘出租车而不愿意坐豪华轿车。在促进战略与文化相匹配时,领导人对于促进战略与文化的匹配非常敏感,他们经常习惯性地出现在仪式性场合并表扬遵守计划的个人和群体;他们给遵守文化规范的个人以荣誉并对取得重大战略业绩的人进行奖励;在进行员工训练时,强调战略的优先性、价值观、道德原则和文化规范;把每次集会都视为宣传价值观、表扬好人好事、强化文化规范和促进有助于战略执行的变革的机会。敏锐的领导人要保证组织成员将其对当前的决策和政策变化的理解与公司新的战略方向相一致并且支持战略执行。

6.3 企业文化与组织学习

自 20 世纪 80 年代以来，随着科学技术的飞速发展和经济全球化程度的不断加深，人类社会正处在从工业社会进入知识经济时代的转型，知识的生产、传播、交换和利用将是经济增长的重要推动力量。知识经济是继劳动力经济、资源经济之后以对知识的占有为决定因素的全新经济形态。在传统经济形态中，决定企业生存、发展的关键是对劳动力、资本等有形资源的占有，而在新的经济形态中，决定企业生死存亡的关键是其所占有的知识的质与量。正如 David(1998)所言，如果现代企业没有对学习进行很好的投资，很可能会导致其无法跟上产业中科技进步的速度，同时也难以面对顾客的需求，从而丧失市场上的竞争优势。因此，现代企业为了能在知识经济条件下健康发展，对组织学习理论予以了空前的关注，众多企业积极开展学习型组织创建的实践。

而在组织学习研究和学习型组织创建的过程中，不论是理论界还是企业管理者都逐渐认识到企业文化是决定组织学习的一个重要的影响因素。企业文化通过影响雇员的行为和心智模式进而影响组织运作，因此，只有建立有利于组织学习顺利开展的企业文化——学习型文化，才能进一步提高企业的学习能力，增强企业的创新能力和企业绩效，真正使企业在市场上保持可持续的竞争力。

6.3.1 组织学习的内涵

组织学习的概念是从人的学习概念中引申出来的。心理学家认为个人学习是由经验引起相对持久的变化，也就是说，学习必须导致主体产生某种行为上的变化，这种变化能相对持久地保持，而且这种变化是由个体与环境的相互作用产生的，即是后天习得的。然而，关于组织学习的相关研究是分散的，不同学者从不同的角度对组织学习予以定义，很难形成较一致的结论。

不同的学者从各自不同的研究角度提出自己的概念，林林总总，不可胜数。其观点可大致分为以下几类：

（1）组织学习的过程观。Argyris、Schon、Fiol、Lyles、Gavin 等学者都认同组织学习是一种过程的观点。学者们从过程的角度讨论组织学习的概念，认为组织学习的过程中涉及信息的获取和传播、知识的记忆和运用，并伴随着组织适应性和组织效率的提高。

（2）组织学习的能力观。Meyers、野中和竹内等学者把组织学习定义为组织的一种能力，从组织是否具备知识的传播、应用和创新能力，是否具备应对内外部刺激的能力等条件来界定组织学习的概念。每个组织通过学习达到的效果不同，是因为存在组织学习能力上的差异。彼得·圣吉(1990)也认为，学习是一个加强能力的过程。学习是为了培养新的能力，学习归根结底要为行动服务。

（3）组织学习的结果观。Gherardi 和 Nicolini 等学者认为组织学习是组织达到的一种状态。组织不是为学习而学习，而是为了实现组织目标而采取的行动，比如为了提高管理效率而制定的制度规范。

（4）组织学习的系统观。还有一些学者认为组织学习是一个系统层面的问题。组织学习系统包含了组织学习的过程因素及促进因素等组成部分。

在组织学习研究领域中公认的最具代表性的人物要数哈佛大学教授阿吉里斯（Chris Argyris）和熊恩（Donald Schon），以及《第五项修炼》的作者彼得·圣吉。

1978年，阿吉里斯和熊恩的经典著作《组织学习：行为视角理论》的出版，标志着组织学习研究达到了一个新的水平。他们把人们口头信奉的价值观和行动背后隐含的价值观进行比较研究，发现了一个核心概念——心智模式——一种根深蒂固的思维方式和价值观在经常地、无形地影响着人们的行为和决策。阿吉里斯因此被誉为组织学习之父。

彼得·圣吉基于系统动力学理论，并吸收了阿吉里斯和熊恩关于"心智模式"的概念，从而形成了学习型组织的"第五项修炼"的基本框架。他的《第五项修炼》的出版使组织学习成为一个热门的研究领域。圣吉认为："许多团体中，每个成员的智商都在120以上，而整体智商只有62。"这是因为组织的智障妨碍了组织的学习和成长，要想获得持久的竞争优势，必须通过自我超越、改善心智模式、建立共同愿景、团队学习和系统思考"五项修炼"将组织变成学习型组织。五项修炼是相互关联的整体，只有五项修炼都修炼成功才能成功构建学习型组织，任何一项失败都导致其他修炼的失败，因此学习型组织特别强调五项修炼的整合。

由上述各学者对组织学习的诠释，可见组织学习不仅是一种改进的程序，可以提高例行性工作效率及改进技术，也是一种改进的结果，是组织知识的累积，可让组织适应外部环境的改变。我们可以概括出以下几点组织学习的本质特征：

（1）组织学习的主体是整个组织，而不是个人；
（2）组织学习的客体围绕信息和知识；
（3）组织学习的目标是改善组织绩效。

本书从知识的角度定义组织学习，认为组织学习是组织为适应环境的变化，通过知识获取、扩散和创新，不断改变自身行为和文化的过程。

6.3.2 企业文化对组织学习的影响

组织学习作为一种组织行为，必然与企业文化相联系，一种企业文化是否适应或支持学习将对组织学习产生重要影响。

1. 企业文化对组织学习的促进

关于企业文化对于组织学习的重要性已经引起了很多学者的关注。包括斯拉特和纳佛（Slater，Narver，1995）、列纳德（Leonard，1995）、高尔德、马尔豪特纳和瑟嘎斯（Gold，Malhotra，Segars，2001）等在内的学者都认为，文化是组织对有效的组织学习最显著的投入，它可以鼓励或阻碍知识分享和学习，并最终影响决策制定。戴维德·W. 德龙和列姆·法赫（David W De Long，Liam Fahey，2000）通过对50多家公司的观察发现，许多公司的管理者认为虽然他们在组织学习和知识管理中付出了艰苦努力，却很难达到预期目的，究其原因，最大障碍来自企业文化。Fiol 和 Lyles 认为，组织的文化（信仰、意识形态、价值和规范）能够决定学习的质量和数量。

具体来讲，企业文化对组织学习的作用体现在三个方面：指导、激励和共享。企业文化按照所期望的方式行为，指导企业按照所期望的方向发展；企业文化通过激发员工需要、树立奋斗目标，使员工以饱满的热情、高昂的情绪投入工作；企业文化提倡企业内部共享资源而其本身就是共享的资源，优秀的企业文化还提倡企业借助外部资源。组织学习更重视无形规则即文化的作用。组织成员的价值观、思维和行为方式在很多时候对其行为的影响是在无明显思考的状态下进行的。在既定的价值观念和思维方式的引导下组织成员往往不必对问题进行详细的考虑和判断，就会自觉不自觉地采取行动。因此，创建适宜的企业文化会对组织学习起到内在的促进作用。

2. 克服组织学习中的文化障碍

为了保证知识顺利地向团队和组织流动，实现组织学习的目标，组织必须解决两个问题：第一，组织成员积极获取信息和知识，并愿意使个人信息和知识向组织流动，即解决"成员个人层面"的问题；第二，组织必须创造条件使组织成员的信息和知识能够顺利地在组织内流动，实现知识共享和创新，使个人知识能够向组织知识转化，即解决"组织层面"的问题。

对于企业来说，要解决组织学习过程中"个人层面"的问题面临两方面的挑战：首先是员工个人目标与组织目标的差异，如果两者差异过大或不能整合，员工没有"释放"自己知识的动力；其次是员工之间的竞争关系，如果员工之间竞争激烈，而且是知识与技能决定竞争优势，员工"释放"自己的特长和专有知识将削弱自身的竞争优势，这将导致员工的知识"保守"和垄断。

解决组织学习过程中"组织层面"的问题，主要与企业的核心价值观、领导方式、组织技术条件、组织结构等方面的特点有关，这些方面是否能够为促进组织成员的个人信息在组织成员之间的流动以及知识流动过程中的知识创新创造必要的氛围和条件。企业应该结合自身特点，拓展员工之间信息和知识的交换、共享渠道，激励员工不断进行知识创新，以保证组织学习目标的顺利实现。

但是由于组织内部各种权力和关系的冲突，会使得组织学习过程中知识的流通和创造变成"不透明的"，并把创造知识的社会条件"严密地封锁起来"，这种情况下就形成了组织学习障碍。组织学习的障碍可能来自于组织学习系统层面中的任何一个层面，而其根本性的障碍则来自企业文化层面，是由组织精神、价值取向、行动理念、行动定位等反映出来的组织文化障碍。组织学习的文化障碍主要是不能提供合适的企业文化促使组织学习顺利进行，主要表现在以下四个方面：一是对错误的不宽容，组织很少奖励那些敢于承认错误的人，致使员工不愿意去试验或承认错误，组织很难从过去的经验中吸取教训；二是不根据问题的实质来作判断而是根据政治利益、个人利益或个人的喜恶倾向，使人们在交流过程中不坦诚，从而影响组织学习的顺利进行；三是组织学习过程中的不平等地位；四是组织对学习的不重视。

6.3.3　学习型文化的培育

文化在组织中发挥着两个关键作用：内部整合和外部适应。内部整合，意味着组织成员形成一种认同感,并知道该如何相互合作以有效地工作,正是这种文化指导日常的工作关系,决定人们如何在组织内相互沟通,什么样的行为是可接受的而什么样的行为是不可接受的,以及如何分配权力和地位。外部适应,则是组织如何达到目标、应付外部因素。文化指导雇员们的日常活动以实现一定的目标文化,帮助组织迅速地对顾客或竞争对手的行动做出反应。企业文化的这两个作用可以较好地解决组织学习过程中"个人层面"和"组织层面"的问题。

为了保证组织学习能顺利实施,组织应该建立学习型文化。

1. 学习型文化概述

Tracey、Tannenbaum 和 Kavanagh(1995)将具有强大的持续学习的文化作为学习型组织的重要特征,他们认为学习型文化是指组织成员相信学习是对工作生活中重要部分的知觉和期望,这些知觉和期望构成组织的价值观、信念,并且受到诸如挑战性工作、支持性社会/报酬/发展系统、创新和竞争性工作环境等因素的影响。

我国学者马庆喜(2005)认为,学习型文化是指组织中客观存在着的支持员工学习、合作与知识共享的软环境,它不仅影响着企业中各个成员的思维模式与行为方式,也决定着企业中学习活动的开展情况与实际效果。

具体而言,学习型文化区别于传统企业文化的地方在于:第一,它是信任、坦诚、平等的企业文化,以员工主动、自觉的参与来实现组织的学习、交流;第二,它是知识共享的企业文化,是使隐性知识显性化的途径,它直接制约着知识的生成和交流,更关系到知识的管理和效果,对组织核心竞争力的培育起着重要作用;第三,它是能在组织内部形成统一价值观的企业文化。在这种由诚实和信用基础上建立起来的组织关系中,个人和组织都是以诚实的态度相互对待,并在毫无保留和掩盖的方式下进行讨论,知识和信息可以在广阔的范围内自由流动。

2. 培育学习型文化

培育学习型文化是保证组织学习顺利进行的关键,研究学习型文化培育的途径和步骤,就是要紧紧围绕学习型文化的内涵,通过正确的途径实施学习型文化创建工作,为顺利实现组织学习目的提供保障。

1) 培育学习型文化的价值观

树立学习型价值观是学习型文化建设的第一步,也是最重要的一步。正如彼得·圣吉在《变革之舞》中所说:"如果我们的思维方式没变,那么,任何变革的投入都会是徒劳无功。"这种价值观要使员工达成学习的共识,树立把企业建设成为学习型组织的价值追求,使学习成为每一名员工的自觉行为和习惯。例如,一汽集团培育的"一切为了用户,为生存学习,我为一汽奉献汗水和智慧"以及"学习、抗争、自强"的企业文化就体现了企业为了组织的生存和发展而学习的价值取向,从而使学习成为这个企业员工共识化的行动。具体来说,应在员工中倡导以下价值观念和行为取向:员工对学习有浓厚的学习兴趣和执着的追求,把学习看成是企业发展的保证和员工人生发展的基点及杠杆;时刻保持强烈的竞争意识和学习能力;善于吸收信息和知识,掌握行之有效的学习方法;勇于适应变革,不断更新和积聚知识,把学校学习、教育的观念转变为终生学习、教育的观念;善于交流合作,互助互学,不断提高学习能力;敢于冒险,勇于创新,使组织和员工在动态的环境中持续学习和成长。

2) 创建有利于学习的人文环境

环境对组织学习的重要性已得到人们的普遍认可。在学习型组织的企业文化建设中,创建一个有利于组织和员工学习的人文环境是至关重要的。

首先,企业要树立终生学习的理念。中国有一句古话:活到老,学到老。这里面就包含了终生学习的意义,对于企业来说,要使员工认识到学习对于企业和个人的重要性,使学习成为人们的自觉行动和终身追求,成为整个组织密不可分的职能。同时,要引导员工树立自我实现的目标,通过自觉学习,增进自我导向学习的能力与动力,从而保证人的素质不断提高和企业不断进步。其次,企业要营造一种有利于知识共享的文化氛围。由于企业间的竞争往往取决于组织整体的学习创新能力,因此,企业必须把集体知识的传播,共享和创新视为赢取竞争优势的支柱,在企业内部营造一种平等、民主、自由和谐的气氛,形成一种高度信任、有利于知识传播和共享的人文环境,促进企业员工的相互学习和共同学习以及团队和组织的持续学习,提高整个企业的学习能力和竞争力。

3) 构建与学习型文化相适应的组织结构

首先,要做到人员精减。在组织中创建学习型文化,要使组织成员尽量做到一专多能、一岗多职。对多种知识和技能的掌握以及对其他工序的了解,可以使员工融合多种知识,在了解相关工序要求的情况下不断改进工作或进行知识创新。其次,组织结构呈扁平化趋势。在传统组织中,由于一级主管受其管理幅度的限制,为了完成一定的任务,必须设定较多的层次,延长了信息在组织中流动的时间,从而影响决策的及时性和正确性。扁平化意味着组织层次的减少,就是借助现代信息技术,增大一级主管的管理幅度,减少管理层次,缩短信息在组织内的流动周期,使决策及时、正确,从而增强组织的适应能力。最后,确保尽量多的知识向一线员工流动。创建学习型文化,就是要激发员工学习的积极性和主动性,使每个员工成为被知识充分"浸泡"的行动者,从而提高知识的使用效率和创新效率。

4) 领导者角色的转变

培育学习型文化的关键在于领导。要成功地把传统组织改造成为学习型组织,要求领导者首先要成为学习型的领导者,领导班子要成为学习型的领导班子,为全员学习、组织学习起到表率作用。仅仅这样做还不够,在学习型文化创建过程中,领导者还要充当以下角色:

第一,领导是学习型组织的设计师。在学习型组织理论的文献中有一个形象的比喻,如果把一个企业比作一艘船,领导应是什么角色?船长、领航员还是轮机长?都不正确,应该是船的设计师。因为只有设计师才从根本上影响船的性能。

企业领导要通过战略策划工作对企业的各个要素进行组合,不仅设计企业的结构、政策,更重要的是设计企业的理念,领导者要设计学习的过程。

第二,领导是组织运作的教练。正如一个足球教练一样,他不是教给队员一招一式,而是重在部署战略思想,在战略思想的指导下,每个队员充分发挥自己的技术水平,这样才能取得比赛的胜利。在学习型文化创建过程中,企业领导重在引导观念,引导人们对组织发展和运作的思考,启迪人们对重大问题的思考、设想的智慧。海尔集团的领导就较好地充当了教练的角色。他们善于出主意,不断向年轻的经理提出建设性的意见并听取这些经理的意见,使年轻经理能自由进行试验,勇于面对失败。

第三,领导是实现愿景的仆人。罗伯特·格林里夫(Robert Greenleaf)在其著作《仆人领导》中认为,"仆人领导首先是作为仆人……从一个想服务这种自然感觉开始,服务第一。这种意义上的选择给予了领导人一个期望。这种领导与发号施令为第一的领导截然不同,也许是因为要获得非同寻常权力的驱动与获得实质上的所有之间的区别。"领导仆人的角色表现在对实现愿景的使命感,能够自觉地接受愿景的召唤,并带领员工朝企业的愿景不断努力。

小案例

莱钢的学习型组织建设[①]

莱钢始建于 1970 年 1 月。经过 37 年的建设发展,现已成为控股莱钢股份、鲁银投资、齐鲁证券等 25 个子公司(其中 11 家已完成改制),拥有总资产 425 亿元,3.9 万名职工(本部钢铁主业 2 万人),具有年产 1 300 万吨钢综合生产能力的大型钢铁企业集团,钢产量居全国前十名。莱钢之所以能取得如此成就,离不开其一直大力开展的学习型文化建设。莱钢将企业文化作为核心竞争力的重要组成部分,大力开展创建学习型企业,建设学习型企业文化,推动了企业持续快速和谐发展。

2001 年 12 月 14 日,在莱钢集团公司九届二次职代会上,李名岷总经理在工作报告中专题提出了"积极创建学习型企业,培育独特的企业文化"的要求,确定总的目标是:把莱钢从传统的"等级权力控制型组织"改造为"学习型组织",通过创建学习型企业,持续不断地提高学习动力,提高员工的素质和技能,最终提高莱钢核心竞争力。莱钢先后下发了《关于进一步深化创建学习型企业的实施意见》等一系列文件和规定,指导各单位开展创建。全集团形成了学炼钢经验、创学习型组织的浓厚氛围。集团公司多次召开深度推进会议,不断深化学习型组织创建,取得了较为显著的效果,在国内赢得了"南有江淮,北有莱钢"的美誉。

莱钢在创建学习型企业的实践中,逐渐形成了"学习是基础,改善心智是关键,创新是核心,持续发展是目的"的创建理念,结合企业自身实际,注重改善职工与组织的心智模式,培育积极的心态,提升组织的创造力,在促进企业快速、高效、持续的发展同时,形成了独具特色的学习型企业文化。"学习,超越,领先"的企业精神、"共赢共享,直到永远"的企业信条等价值理念为广大员工所认同并付诸实践。

---

① 资料来源:山东省企业文化建设巡礼——广视网.

1. 在学习中升华生命的意义

创建学习型企业贵在学习。莱钢把企业精神确定为"学习　超越　领先"，把学习作为一种精神，而不仅仅是一种手段，使广大员工在学习中体会到生命的意义。

（1）树立全新的学习理念。在学习上，莱钢强化了这样几个理念：一是强化职工培训，拓展职工学习的途径，把企业办成一所大学校，突出"培训是职工最大的福利"的理念。二是创新"行动学习"的模式，倡导"工作学习化，学习工作化"的理念，引导广大职工将工作当学问来研究，使"上班要做三件事——工作、学习和创新"成为职工的座右铭。三是突出团队学习，拓展团队学习的途径和方法，并将各级组织的讨论、交流、策划、攻关、总结等活动赋予团队学习的内涵，突出"成果共享"的理念。四是突出人的自身完善和提高，不局限于一般意义的获得知识和信息，更侧重于组织与个人健康品格和心态的培育，侧重于组织和个人良好学习习惯的养成和能力的提高。

（2）构筑适应企业发展的学习体系。莱钢相继制定出台了《优秀技术技能人才选拔管理办法》《关于加强高技能人才队伍建设的意见》《一专多能管理办法》等制度，为人才的健康成长营造了良好环境。近年来，从国内大学聘请专家教授400多人次到莱钢给管理、技术干部讲授前沿管理和专业知识。建立了博士后工作站，与清华大学、武汉大学、北京科技大学等多所院校联合，建立硕士研究生培训基地。每年都选派优秀人员赴国外留学深造。仅2006年，莱钢就举办各类培训班270多个，培训两万多人次，荣获"国家技能人才培育突出贡献奖"。

（3）促进知识的良性转换。不断深化学习的深度，建立知识管理体系，注重形成信息与知识的收集、交流、整合、流转、分享的管理平台，建立反思、反馈、共享的信息与知识管理机制，建立多种渠道，挖掘企业各个专业、各个层面形成的隐性知识，将其显性化为组织的知识积累，促进企业内外部信息与知识的优化整合，实现隐性知识和显性知识的良性转化。

2. 改善心智模式，塑造员工优秀品格

莱钢在创建学习型企业的实践中，高度重视员工心智模式的改善，大力倡导新理念，引导员工换个眼光看世界，让企业固化下来的文化理念在实践中转化为员工积极的心态、积极的行为模式。

（1）培育大家庭的情怀，熔铸团队精神。莱钢大力倡导"大事业的追求，大舞台的胸怀，大团队的精神，大家庭的情怀"，让"做强做大莱钢，把莱钢建成令人向往的地方"成为员工共同的心声，营造了干事创业兴建家园的人文环境，并将广大员工被充分激发出来的创造性激情，转化成自我超越的能量，使莱钢的劳动关系形成了一种良性的和谐互动状态。"在工作中感受生命的意义"，成为莱钢员工新型工作观。

（2）倡导自省精神，培育积极心态。过去，在企业内部形成了一种传统的不良习惯，这就是出了问题、有了麻烦，总是过多地强调客观，推诿扯皮，甚至把推脱责任看作是一种能力。通过建设学习型企业，强化"不归罪于外"的理念，这种状况发生了根本性的变化。

（3）坚持系统思考，学会"更聪明、更有效地工作"。"系统思考"这一带有深刻哲理的思维方式广泛应用于企业管理,成为莱钢分析问题、进行决策的主要思想方法,使莱钢发生了深刻的变化。得益于系统思考的思维方式,各级管理人员由习惯于找"症状解",转变为寻求"根本解",学会了从复杂的现象中分析事物的内在联系,找准系统链条中的关键环节,掌握解决问题最有效的方法。

(4)强化"不自我设限"的理念,促进自我超越。以前大家对于没有做过的事情,没有达到的指标,习惯上的反应就是做不到、不可能,这种自我设限的心态,制约了干部职工潜能的发挥。粒煤喷吹是当今世界喷煤方面的先进技术,节能效果好、占用场地小、工艺流程短、建设速度快,目前只有少数的国家掌握使用。很多人认为粒煤喷吹在中国行不通,不适应我们的高炉,要求上粉煤喷吹。经过改善心智模式,大家树立敢于挑战、勇于超越的理念,反复进行试验,对 20 多个参数进行细致研究和分析,掌握了一套适应莱钢高炉生产的操作规律,在半年多的时间里,使粒煤喷吹在中国不但成功了,而且还达到了吨铁100 公斤以上。

3. 建立鼓励创新的机制,让创新"飞入寻常百姓家"

学习型企业文化的本质是创新。学习的效果最终要体现在创新能力上。莱钢为创新重新定位,打破创新的神秘感,让员工认识到:创新并不是高不可攀的事物,也不是专家、学者的专利,人人可创新、事事可创新,只要能有效地改善工作、改进工艺、提高效率、创造价值,就是创新。在企业内着力营造尊重知识、尊重人才、尊重创造的浓厚氛围,促使职工在创造性的活动中充分拓展自己的潜能。

建立、健全创新机制。注重人才的培养和使用,把那些创新意识强、善于思考、勇于探索的技术和管理人员放在重要岗位上;加大对创新成果的奖励力度;建立创新成果的推广应用机制;建立集决策、研发、生产、销售、用户研究于一身的现代化技术创新体系,形成了人人创新、事事创新、时时创新的良好局面,使创新贯穿于企业生产经营建设和管理的全过程。

尊重群众首创精神,把群众作为创新主体,不断激发群众的创造激情,使创新融入了每一名员工的工作、学习、生活。群众性经济技术创新蓬勃开展,小发明小创造层出不穷,每年都涌现出大量一线工人自己总结的先进操作法、"绝技绝活"等。

6.4 企业文化与技术创新

当前世界 500 强企业出类拔萃的关键就是这些企业具有优秀的企业文化,它们令人瞩目的技术创新、体制创新和管理创新其实是根植于其优秀而独特的企业文化。由此可见,企业文化在企业技术创新中的作用已经逐步为广大管理专家和学者所认可,企业文化在企业技术创新中发挥着越来越重要的作用。

6.4.1 技术创新的内涵

目前,关于技术创新的定义,被广泛认可的主要有以下几种:
经济合作与发展组织(OECD):技术创新包括新产品和新工艺,以及原有产品和工艺的显著技术变化。如果在市场上实现了创新，或者在生产工艺中应用了创新，那么创新就完成了。OECD 的定义强调了新产品、新工艺以及它们的"显著技术变化"，同时也隐含着创新与技术创新是两个概念的思想。

美国经济学家曼斯费尔德（E. Mansfield）认为，一项发明当它被首次应用时可以称之为技术创新，技术创新是一种新产品或新工艺被首次引进市场或被社会所使用。产品创新是曼斯费尔德的主要研究内容，他把产品创新视为从企业对新产品构思开始，以新产品的销售和交货为终结的探索性活动。曼斯费尔德对技术创新的定义常为后来学者认可并采用。

美国学者缪尔塞（R. Mueser）认为，技术创新是以其构思新颖性和成功实现为特征的有意义的非连续性事件。这个定义表达了两方面的特殊含义：①活动的非常规性，包括新颖性和非连续性；②活动必须获得最后的成功实现。将技术发明所阐明的技术新思想转变成可以投入市场的产品和工艺，在此基础上，通过功能、结构、市场三方面的分析，将技术原理上的可行性转变成为具有一定市场占有的可行性，完成这个过程就是技术创新。

虽然定义有所不同，但有一个共性就是技术创新在于强调技术的新颖性和成功的实现性，即它是一个典型的融科技与经济为一体的系统概念。所以我们将技术创新理解为：技术创新是一个从产生新产品或新工艺的设想到市场应用的完整过程，它包括新设想的产生、研究、开发、商业化生产到扩散这样一系列活动，本质上是一个科技、经济一体化过程，是技术进步与应用创新共同作用催生的产物，它包括技术开发和技术应用这两大环节。这样理解的技术创新的最终目的包括了技术的商业应用和创新产品的市场成功两个方面。

优秀企业在技术创新方面各具特色。例如，三星电子在产品开发上遵循这样一种战略原则：开发周期要比日本同行快 3～6 个月，比国内同行快半年。几年下来，迫使许多日本公司放弃同三星电子的竞争。海尔也非常重视技术创新。小小神童洗衣机，能洗地瓜的洗衣机，这些产品创新都是技术创新的成果。海尔在促进企业创新中，坚持整个公司分享技术。虽然开发产品的责任是落在每一个部门的，但是技术是属于整个公司的。每个部门都可以获取整个公司的技术，但同时也负有与其他部门分享用户技术需求的责任。

6.4.2　促进技术创新的文化因素

从技术创新的内涵中可以看出，技术和市场是技术创新的主要影响因素，但是有时候同行业中具有类似技术能力、市场条件也相同的企业在技术创新上却大不相同，究其原因，是企业文化这一第三维度在起作用。

1. 构建技术创新的文化动力

企业文化是企业发展最为持久的动力，良好的企业文化对技术创新的促进在于为技术创新提供一种内在动力，主要表现在以下三个方面。

1）自我激励

从根本上说，技术创新是人的创新。因此，人的创新与人的需要乃至人的发展是统一的。企业文化激励人的发展，人的发展激发人的创新行为，进而促进技术创新的实现。也就是说,企业文化通过人的发展为技术创新提供一种内在需求的动力。在企业环境中,企业文化把其发展落在每个人的需求上,具体为活生生的人性表现,而人在技术创新活动中,通过追求技术创新的实现,使人的发展的价值和意义充分地表达出来。

2)追求卓越

按照熊彼特的创新理论,创新是一种创造性的破坏,它创造出一个新世界,同时也要破坏一个旧世界。要进行技术创新,就要冲破传统。要冲破传统,就要克服来自传统各种因素的制约。这些制约因素有即成性,容易使企业发展满足于现状,接受现状,养成一种惰性,失去批判精神,失去创新的精神。技术创新在于否定其过去,否定现状,以现在的起点重新再来。这不仅是如何克服传统制约因素的问题,更重要的是勇气问题,企业需要有精神。追求卓越就是一种否定现状,追求创新的精神。这种精神使企业时刻意识到自己的处境,明白自己在社会发展中的地位,从而使企业不断地走向技术创新之路。

3)敬业精神

作为一种文化动力,敬业精神提供了一种价值规范,为技术创新的决策到创新产品的销售都提供了一种合理的观念,把创新者的情感融入技术创新之中。敬业精神使人产生一种情感冲动。当技术创新作为企业发展的出路时,敬业精神就为技术创新行动提供精神动力和合理的依据。

敬业精神在于把心思投入企业发展中,并不局限在为企业谋取利润、赚钱的层面上。按照敬业精神的力量,形成一种积极向上、团结一致的观念,促进技术创新深入,带动企业发展。

2. 塑造有利于技术创新的企业文化

在企业技术创新中,企业文化主要发挥着以下两个方面的作用:一是防止伴随企业的成长而形成的企业文化上的惰性,这种文化惰性使企业不能适应急剧变化的环境,技术创新动力不足;二是积极塑造企业文化,引发创新潮流,推进持续的技术创新过程。主要从以下几方面着手。

1)以企业家精神作为企业组织文化的基石

熊彼特于1912年在《经济发展理论》中提出创新理论时,就把职能是实现新组合(创新)的人们称为企业家。他指出发展就是执行新的组合。他把企业家精神——首创精神、成功欲、征服的意志、甘冒风险——看作是经济发展最主要的动力。企业家精神对塑造企业文化至关重要,是企业文化的"灵魂"。企业家精神应该在企业中营造不断创新的氛围,成为主导企业的潜意识,成为合适的企业行为的意识。

2)塑造能够激发创造性,推动技术创新的企业价值观和规范

价值观和规范是群体形成的,是对组织可接受的态度和行为的期望。对技术创新中企业文化进行管理,其目标就是要激发创造性、推动技术创新,这就要求在企业中形成能够促进创新和变革的价值观和规范,以此指导人们的行为,包括:支持冒险与变革、允许失败、强调沟通与合作、发挥团队作用、以人为本、信息共享等。尽管从技术创新的角度讲这些价值观和规范具有共性,但对具体的企业来讲,在设计时要表现出企业自身强烈的个性,使之与众不同。

小案例

长虹集团用企业文化支持技术创新

长虹集团是1958年建立的军工企业，它的前身是国营长虹机器厂，是我国"一五"期间156项重点工程之一，是我国唯一的机载歼击火控雷达生产基地，至今仍承担着国家重要的军品生产的任务。改革开放以来，长虹面临着及其艰难的外部环境。与其他许多军工企业一样，需要从军工向民用转移。应当说，长虹军转民的过程是相当成功的。

随着军转民过程的开展，长虹公司也开展了它的技术创新历程。此时，长虹的技术创新主要是把军事技术向民用技术转移。长虹结合自身的特点，把军工企业巩固国防、保卫祖国的传统理念和崇高使命同市场经济服务社会结合在一起，导出其企业哲学，即必须将公司的生存与发展和国家利益、社会利益结合在一起，以此为依据制定出公司的目标体系。

根据其企业哲学，长虹确立起了以产业报国、振兴民族工业为己任的最高价值目标。这个目标为企业发展确立起了一种敬业精神。在这种敬业精神的引导下，在十几年改革开放的发展过程中，长虹始终坚持把文化精神的动力注入其技术创新的方方面面。长虹的技术创新着重在加速企业的技术进步、把技术进步放在企业发展的关键地位，走内涵式的发展道路，既着眼于其先进性，又着眼于其经济性。

为了使技术创新能够坚持不断地延续下去，长虹从保持技术领先入手，以敬业报国为理念，投入巨资建立了国家级的技术开发中心，配置了先进的研制、试验设备，直接从事研究开发的人员达2 000人，具有强大的技术开发和新产品研制能力。长虹每年把自留资金的60％用于技术创新。在技术创新链条中，长虹确立起了"生产一代、研制一代、储备一代、开发一代"的理念，每年的新产品销售收入都要占当年销售收入的50％以上。

与此同时，长虹还实施了以敬业精神为核心的人才战略，实行"尊重知识、博揽人才、竞争上岗、优胜劣汰"的人才选拔机制。长虹很早就投资2 000多万元建立了占地近80亩的全功能现代化培训中心。同时，长虹还通过接受国家计划统分的双优生、公开向社会招聘人才等途径，吸纳了大批人才。长虹还与日本东芝公司签署了"长虹东芝合作协议书"，与荷兰的飞利浦公司签订了长期技术合作协议，与德国的西门子公司、美国的多家公司进行了若干技术合作。这样一来，长虹便可以及时吸取处于当今世界技术潮流前沿的最新成果，为技术创新提供强大支撑。

自从1985年引进第一条彩电生产线和彩电技术以来，长虹一直从企业文化的角度把技术创新深入下去。长虹不仅完成了由单一的军品生产到军民品结合的战略转移，由生产型过渡到生产经营型，而且还以创世界名牌为战略目标，通过技术开发、市场开拓、科学管理、股份制改造、资本运营，使企业的经济指标每年均以50％的速度递增，从而成为集设计开发、生产制造、经营管理为一体的紧密型电子企业集团。长虹是国家首批一级企业、中国最大的彩电基地，独家荣获"中国彩电大王"殊荣。"长虹"已成为中国驰名商标，长虹产品几乎囊括了国家颁发的各种荣誉，长虹被世界银行组织誉为"远东的明星"。因此,长虹的成功不仅仅是经济的成功,更是企业文化的成功。

3)及时变革、重塑企业文化,使之适应引发创新流、推进持续的技术创新过程的需要

每次创新浪潮都有其流动、转换、特性阶段,都经历由产品创新率到达顶点、主导设计出现,然后逐渐衰退,紧接着是工艺创新的起伏。从长期看,一次次技术创新浪潮形成了连绵不断的创新流。并不是每个企业都能够经历这些阶段而得到发展的。对企业来讲,不能进入创新的下一阶段,不能进入下一次技术创新浪潮的原因可能有很多,但从企业文化的角度来分析却有一些共性,那就是企业在发展中缺乏沿着变化和进步方向转移企业战略和竞争态势的思想准备。实际上,创新浪潮的每一阶段、每一次产品的更新换代都需要相应的,甚至是完全不同的战略、结构、文化和领导技能,企业需要密切注视技术和市场的变化,追逐变化,并在变化到来之前进行企业文化的变革,消除因以往成功而带来的文化上的惰性,清除组织以及思维与行动方式上的障碍,塑造具有学习和适应环境变化能力的企业文化,为技术跳跃作准备。

6.4.3　企业文化与技术创新的匹配

技术创新是企业提高竞争力和获得竞争优势的主要源泉,文化作为维持竞争优势的一个源泉,对技术创新方式有着重要的影响作用。实际上,不同企业在技术创新上的不同表现,归根结底是由企业间的文化差异造成的,而文化差异是不同类型的文化之间差别的具体表现。因此,研究不同企业文化类型对技术创新的影响具有重要意义。

关于企业文化的分类,Wallach清楚地定义了三种独立的、可以测量的企业文化:官僚型、创新型、支撑型(表6-1)。该文化分类针对管理者对权力、从属关系的需要,以及对工作成就的预期、满足感,还有离开企业的倾向都有影响。

表6-1　Wallach的企业文化分类

官僚文化	有确切的责任和权力,高度组织性,分类明确,系统性强。信息与权力的流露具等级性,依赖于权力的控制。特点:有等级区分,程序化,结构鲜明,有规律,基础巩固,谨慎和有权力倾向。
创新文化	工作环境极富创造性,只有接受挑战与冒险才能体验这种文化。工人经常受到激励。特点:冒险,成果显著,创造性,挑战性,有进取心和有动力。
支撑文化	提供了一种宽松和谐的环境,工人之间平等互助。特点:鼓励,诚信,公平,安全,关系亲密和相互合作。

对技术创新的分类,从参与主体的角度将技术创新分为两种基本类型,即自主创新和合作创新。自主创新是指企业通过自身的努力和探索产生技术突破,并在此基础上依靠自身的能力完成技术的商业化,获取商业利润的创新活动。对于企业来说,由于没有其他企业的参与和介入,自主创新可以有效地防止技术专长的泄露,这对于企业的核心技术是一个很好的保护。更重要的是,自主创新为企业提供了独特的知识与能力积累的良好环境,能够有效地提高企业的研究开发能力,增强企业的核心能力优势,并由此带来了一系列的优势。合作创新是指经济和法律上独立的经济行为主体,以技术合同为基础,依照各自的优势分担技术创新不同阶段所需投入资源,组织技术创新活动,按照合同事先确定的

方式分摊创新风险,分配创新收益的合作过程。

1. 官僚文化与技术创新

20世纪初,马克斯·韦伯(Max Weber)创立了著名的官僚组织理论。按照韦伯的理想类型观点,官僚文化具备以下特征:有等级区分的,程序化的,结构鲜明的,命令的,有规律的,基础巩固的,团结的,谨慎的和有权力倾向的。而创新需要相当的成本,官僚文化基于其内部特征不鼓励创新,官僚文化较难以容忍创新过程中存在的模糊性。官僚组织中谨慎的认知及行为,对于创新的风险性总是过高估计,任何创新都会遭到依赖既有知识的员工甚至管理者的反对,因此,官僚文化对自主创新和合作创新都是不支持的。

2. 创新文化与技术创新

创新文化的一个标志就是企业员工喜欢追求挑战性的工作,从而促进企业的技术创新。创新文化是一种压力承受型的企业文化,在创新型的文化下企业愿意承受较大的环境压力,并且会在环境的压力下寻求技术创新。与组织内部因素对创新有着重要影响一样,外部环境也极大地影响着组织的技术创新。而有压力的环境会使企业通过两条基本途径促进技术创新:一是通过对环境进行扫描从客户、供应商、竞争对手处获取信息,并获取有关的市场与技术发展趋势的信息;二是与外部组织合作以获取创新必需的但企业自己又缺乏的资源。所以,创新文化将促进企业内的自主创新,从而提升技术创新能力。

相关的研究表明企业文化的风险回避性越强,当面对高风险时企业寻求建立技术联盟的倾向就越高。然而创新企业文化的风险倾向较高,这就使得即使面临一定的技术创新风险,创新文化的企业寻求建立技术联盟以进行合作创新的意愿也要小得多,因此创新文化不利于企业合作创新关系的建立。

3. 支撑文化与技术创新

在支撑文化下,员工之间平等互助,充分地交流信息,这就加强了组织中的非正式沟通,从创新过程来说,非正式沟通形成的文化网络有利于企业进行创新过程中信息的收集、检验和反馈,有利于加强企业内各元素的联系,解决创新过程的内部矛盾,有利于保证信息的畅通,为企业的运转注入活力。从冲突管理、参与管理和企业沟通方面来看,在支撑型文化下能够更好地解决或者缓解创新过程中遇到的冲突问题,为有效地实施员工参与管理提供了良好的氛围,能够增强创新过程中信息的交流。因此,支撑型文化通过促进企业的正式沟通与非正式沟通,为企业的创新提供了一个良好的平台,有利于自主创新项目的实施。

此外,支撑文化倡导平等、开放、合作和信任,注重交流。在支撑文化的企业中,员工之间以及员工与企业主之间是友好、公平和互助的。公司以人性化原则为基础来建立社会交往与协作的氛围,崇尚个人的自由与成员间相互尊重的价值观。支撑文化的这些特征决定了支撑文化将有利于克服合作创新中存在的问题。首先,支撑文化的企业在合作创新时,易于在合作创新治理模式中建立起支撑型的合作创新组织文化;其次,支撑文化的合作和信任特征无疑将降低合作创新过程中的谈判成本,而注重交流必然降低合作创新中的沟通成本及交易成本;再次,支撑文化体现出的信息交流和互相合作,对于降低合作失败的风险十分重要;最后,由于知识的有效传递更依赖于合作各方自身的努力和能力,而支撑文化的特征之一就是注重交流、倡导合作和信任。因此,支撑文化有利于知识的有效传递。

总之,官僚文化既不利于企业的自主创新,又不利于企业的合作创新;创新文化有利于企业的自主创新,但不利于企业的合作创新;而支撑文化既有利于企业的自主创新,也有利于企业的合作创新。不同的企业文化特征影响着企业的创新方式。因此,企业在进行技术创新时,应注重构建合理的文化方式并选择适合于企业文化的创新方式,从而有助于企业技术创新能力的提升。

6.5 企业文化与企业社会责任

6.5.1 企业社会责任的内涵

1. 企业社会责任的定义

20 世纪初,美国陷入经济危机,企业巨型化引发各种社会问题,人们意识到随着社会经济不断发展,企业在推动社会经济发展的同时,可能会给员工、消费者及环境等造成损害。在此背景下企业社会责任观念开始出现,管理学家谢尔顿最早提出了企业社会责任(corporate social responsibility, CSR)的概念。他认为企业社会责任是企业经营在承担经济责任的同时,对与其相联系的社区提供服务、有利于增进社区利益的责任。其后,学者们相继对企业社会责任的内涵进行了扩展。诺贝尔经济学奖获得者米尔顿·弗里德曼于 1970 年在《纽约时代杂志》上把企业社会责任定义为:一个企业的社会责任是指依照所有者或股东的期望管理公司事务,在遵守社会基本规则,即法律和道德规范的前提下,创造尽可能多的利润。1979 年,阿奇·卡罗尔认为,企业社会责任是指某一特定时期社会对组织所寄托的经济、法律、伦理和慈善的期望。其中,经济责任要求企业为社会提供产品和服务,是企业社会责任的基本责任。法律责任要求企业在法律允许的范围内从事经营管理销售活动。伦理责任则是社会对企业的期望,如信守承诺,为子孙后代负责,爱护环境等。而慈善责任则是企业社会责任的最高境界,反映了社会对企业的新期望,即企业能够自愿履行其慈善行为,成为一个好的企业公民。

目前,国际上普遍认同的 CSR 理念是:企业在创造利润、对股东利益负责的同时,还要承担对员工、对社会和环境的责任,包括遵守商业道德、生产安全、职业健康、保护劳动者合法权益及资源等。

2. 企业社会责任的发展

20 世纪八九十年代,企业社会责任运动开始在欧美发达国家逐渐兴起,它包括环保、劳工和人权等方面的内容,由此导致消费者的关注点由单一关心产品质量,转向关心产品质量、环境、职业健康和劳动保障等多个方面。一些涉及绿色和平、环保、社会责任和人权等领域的非政府组织及舆论也不断呼吁,要求社会责任与贸易挂钩。迫于日益增大的压力和自身发展的需要，许多欧美跨国公司纷纷制定对社会做出必要承诺的责任守则。如 1999 年秋季，声称拥有 70 万成员的 PETA 社会活动团体，觉得麦当劳对待动物有欠妥当，决定予以攻击。2000 年，PTEA 开始在麦当劳各餐馆的儿童游戏场地发送印有"令人不快的餐食"字样的盒子。2000 年秋季，麦当劳公司郑重要求其鸡肉和鸡蛋供应商必须改善鸡的饲养条件，如不再采用鸡挨鸡的圈养方式，保证每只鸡的生存空间达到 48～72 平方英寸。

1999 年 1 月，在瑞士达沃斯世界经济论坛上，联合国时任秘书长安南提出了"全球协议"，并于 2000 年 7 月在联合国总部正式启动。该协议号召公司遵守在人权、劳工标准和环境方面的九项基本原则，其内容是：

① 企业应支持并尊重国际公认的各项人权；

② 绝不参与任何漠视和践踏人权的行为；

③ 企业应支持结社自由，承认劳资双方就工资等问题谈判的权力；

④ 消除各种形式的强制性劳动；

⑤ 有效禁止童工；

⑥ 杜绝任何在用工和行业方面的歧视行为；

⑦ 企业应对环境挑战未雨绸缪；

⑧ 主动增加对环保所承担的责任；

⑨ 鼓励无害环境科技的发展与推广。分析这九项原则，从企业内部看，就是要保障员工的尊严和福利待遇，从外部看，就是要发挥企业在社会环境中的良好作用。

现在，国际上兴起了一个新的贸易门槛——社会责任标准"SA8000"（Social Accountability 8000 International Standard）。它是全球首个道德规范国际标准，其宗旨是确保供应商所供应的产品，皆符合社会责任标准的要求。SA8000 标准适用于世界各地，任何行业，不同规模的公司。其要求包括：

① 不使用或不支持使用年龄在 15 周岁以下的童工；

② 不使用或不支持使用强迫性劳工，也不得要求员工在受雇起始时交纳"押金"或寄存身份证；

③ 健康与安全；

④ 尊重结社自由与集体谈判的权力；

⑤ 不从事或不支持歧视；

⑥ 禁止体罚、精神或肉体的压迫或言语辱骂；

⑦ 工作时间每周不得超过 48 小时，每 7 天至少有 1 天休息时间，每周加班不得超过 12 小时；

⑧ 工资报酬必须达到法律或行业规定的最低标准；

⑨ 建立长期贯彻执行的管理体系。

3. 企业承担社会责任的意义

1）提升企业的市场竞争力

承担社会责任是企业发展的需要，企业的发展不是孤立的，它与社会各界有着错综复杂的联系,它需要有雇员、供应商、销售商、合作伙伴、需要有政府的支持、接受政府部门的管理等,而企业良好地履行企业社会责任,可以为企业带来高素质的员工队伍,激发员工的创新精神;吸引消费者,拓宽企业的销售渠道;吸引更多的投资者,降低企业融资成本;提高企业的声望和形象,提升产品的品牌。最终为企业带来更大的经济效益,降低企业运行的成本,提升企业在市场上的竞争力。另外,企业承担道德意义上的社会责任可以与利益相关者保持良好的关系,可为企业营造一个积极的发展环境。

2)维持良好的市场秩序

在市场经济中,企业对自然资源的过度开采、无节制地排放污染物,会带来外部经济问题,企业在产品质量、价格方面欺骗消费者,企业对银行、供应商、经销商隐瞒真实情况,会造成信息的不对称问题等,这些都会导致市场失灵。而企业社会责任要求企业要为创造利润最大化的市场、社会和资源而努力,这是实现企业长远利益最大化的要求。通过完善的相关立法,在全社会形成一个公平、公正、和谐的市场竞争环境,使企业依法规范自己的经营行为,使企业的经济行为符合全社会的整体利益,也可以促进社会向着健康有序的方向发展。

3)实现人与社会的和谐发展

在经济发展方面,构建和谐社会关键是要实现经济的可持续发展,而和谐的经济环境包括井然有序的市场秩序、安全放心的消费环境、持续的经济发展势头等。对企业而言,不仅要谋求经济利益的取得,更应从实现我国经济可持续发展的高度,主动承担社会责任,维护相关利益者的权益,如为职工提供更舒适的工作环境与良好的福利、为社区创造更多的就业机会、为消费者提供可靠安全的产品、关注并保护环境等。这些都是贯彻科学发展观、构建和谐社会的要求,树立以人为本,实现可持续发展的科学发展观,实现人的全面发展的具体要求。

6.5.2 企业文化与企业社会责任的关系

在现代企业的文化建设中,企业主管领导和相关部门必须了解企业文化与社会责任的关系,这是实现两者协调发展的重要基础,也是完善现代企业文化体系的前提条件。企业文化与社会责任的关系主要表现在以下几个方面。

1. 企业社会责任应该内化到企业文化之中

企业文化和社会责任是鱼水关系,企业是社会的组成部分,企业建立和发展离不开社会,社会是企业利益的来源,任何企业不管是提供产品还是提供服务都是为了社会的人们,都是在对社会作出贡献,在履行社会责任,所以企业文化首先应该具有社会责任,不管是企业的领导者还是职工,都要有为社会做贡献的思想。如松下的自来水哲学、强生的减少病人痛苦的信念、杜邦公司安全炸药理论、迪士尼公司给游客以欢乐的理念、日本九州电力公司要与社会携手共进。

企业文化是通过长时期沉淀而形成的,它展示了一个企业最核心的精神,很大程度上影响着其员工的行为处事。一个注重短期利益与忽视人文关怀的企业,其员工往往也不重视企业社会责任;而一个以人为本、积极进取、不断创新的企业,其员工就有较强的意识履行社会责任,关注企业与社会的和谐发展。

虽然很多企业都把企业文化看作十分重要的东西,但在许多企业文化的内容里,很少有将自己的企业文化与社会责任联系到一起的,事实上这是一种认识、理念甚至是勇气的缺失。许多企业原始积累的时候,都不同程度地有过各种不规范的行为,当它们做大、做强以后,依然没有把社会责任当回事,至少对社会责任的理解存在着偏差。须知作为一个负责任的企业,必须以创建和谐社会为宗旨,将自己的企业文化与社会责任联系在一起,把自己的行为视为创建和谐社会的一部分。

2. 企业社会责任将企业文化扩展到了全社会

企业文化不仅对企业本身存在影响,还会对社会产生一定的影响。正如彼德·F.德鲁克(Peter·F. Drucker,1973)指出:"一个健康的企业和一个病态的社会是很难共存的"。企业社会责任的履行,不仅能在企业内部营造良好的氛围,更能扩展到整个企业界和社会。企业通过履行社会责任活动,进一步扩大企业在社会上的良性影响,进而在消费者和社会公众中树立良好的形象。同时,这种社会影响反过来又会影响到社会文化的发展和进步,全面促进企业经济效益和社会效益的提高。

3. 企业文化与企业社会责任相互促进

企业的文化与企业社会责任是相互促进的关系:一方面,企业构建自己的核心文化时要充分考虑到社会责任,积极主动地承担社会责任,不仅会给企业带来好的声誉,吸引人才,而且能够增加顾客的满意度和忠诚度,使企业获得经济回报;另一方面,企业的社会责任感能够加强企业文化的凝聚力。企业文化使其利益相关者改变了以自我为中心的价值观念,树立起了一种以企业为中心的共同的价值观念,从而潜意识地对企业产生一种强烈的向心力。企业在履行社会责任时尽力处理好企业与利益相关者之间的关系,从而大大提高了企业的凝聚力。

6.5.3 企业责任文化的塑造

1. 企业责任文化的内涵

企业责任文化是企业文化核心的价值观与基础,是企业赢得竞争优势的源泉,是企业文化的研究与建设在新领域的延伸,属于企业文化的子文化之一。企业责任文化是企业在生产经营活动中形成的根本理念、行为习惯和工作氛围,它不仅体现在企业的发展战略上,还体现在管理中的制度设计以及责权的分工上。因此,企业责任文化就是企业经营过程中"责任"在企业、员工、股东、社区、社会、政府、环境等各个组成要素间形成互动的一个平衡系统。它将责任的落实提升到企业文化管理的高度,从价值观、制度、行为和物质的层面来具体分析企业责任落实的情况,给责任的落实找到了一个文化管理的平台。

企业文化会影响企业的行为,也包括企业的责任行为,基于伦理观念上的企业责任文化恰好为企业的激励机制提供前提和基础,它从思想意识观念到客观环境都对企业利益相关者进行全方位积极影响,避免了单一的外部激励方法所引起的各种短期化行为,使企业行为趋向合理化,同时,"责任"导向超越了市场导向和客户导向,是一种兼顾所有利益相关者的指导原则。企业责任文化,可以推动企业将其自身的发展与社会责任紧密结合起来,关爱员工,安全生产,严把产品质量关,节能降耗,保护环境,向社会展示一个负责任企业的良好形象。当企业责任融入了企业责任文化这个大的体系后,就有了新的动力源泉,它就会在企业中形成一种以责任为核心,以文化为依托的责任文化,造就企业的责任形象,提升企业信誉(如图 6-3 所示)。

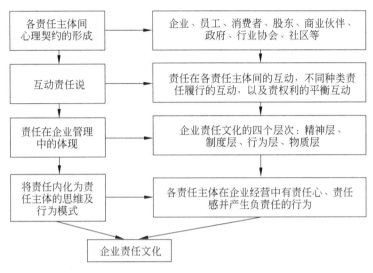

图 6-3　企业责任文化

企业责任文化是各责任主体在契约基础上形成的以责、权、利的平衡为基础,从而使各责任主体能够积极主动地承担起各自的责任,其中,企业内部责任的落实有助于其履行社会责任,反之,企业对社会责任的落实又可进一步提升内部责任落实的质量,使得各利益相关者在承担责任的同时获得相应的权力,最终使各利益相关者从企业的发展中受益,实现共赢①。

2. 企业责任文化建设的几个环节

一是建立、健全责任文化建设领导体制和组织机构,这是确保责任文化建设规划有效运行的重要前提。

二是发挥管理者在责任文化建设中的领军作用。加强责任文化建设,企业领导是关键。领导要成为企业价值观的化身,通过自己的行动向全体员工灌输这种价值观。领导所表现出来的精神及形象,是企业责任文化的一面镜子。建设责任文化是企业领导班子共同的职责,要将这项重要工作纳入议事日程,与其他工作同部署、同检查、同考核、同奖惩。

---

① 资料来源:田书源.论新经济形势下的企业社会责任与企业责任文化.经济体制改革,2011,(1):69~72.

小案例

联想之道——说到做到、尽心尽力[①]

2009年在柳传志重新担任董事长之后,首先直接插手的就是企业文化的建设。他认为过去4年整合过程中,从高管到员工,普遍存在责任心不强的问题,不能说到做到,高管更是事业心不够,打工文化浓重。所以他针对联想的文化提出了新的要求,并成立专门的项目组,由他亲自领导,共同来讨论、确定新的联想之道——说到做到、尽心尽力。在柳氏的"联想之道"里面,首先继承了联想过去不断演变过来的核心价值观,把这个部分和企业的战略共同称为"我们的基础"。接下来确定了4P的核心工作原则,"说到做到"包括想清楚再承诺、承诺就要兑现;"尽心尽力"包括公司利益至上、每一年每一天我们都在进步。这个部分实际上展示了柳传志对核心高管的底线要求,仍然是他最著名的"三心":责任心(plan想清楚再承诺、perform承诺就要兑现)、进取心(practice每一年每一天我们都在进步)、事业心(prioritize公司利益至上)。

三是组织开展全员培训活动。对企业高层管理者的培训,重点是帮助他们将责任文化建设与经营管理紧密结合起来。对中层领导的培训,着重帮助他们掌握落实责任文化的技能和方法。对一般员工的培训,主要是帮助他们理解认同责任理念,明确岗位责任标准和责任制度,增强履行责任的自觉性。

四是建立完善企业各项规章制度。规章制度和行为规范是责任文化建设顺利实施的重要保证。责任文化建设的过程也就是企业制度健全、规范和落实的过程。要用责任文化的基本理念指导各项制度建设,要把责任文化建设与管理创新、制度创新紧密结合起来,要使责任文化理念融于各项管理制度之中。还要建立相应的考核制度、奖惩制度,使责任文化建设成为每个人本职工作的一部分。

五是利用载体支持责任文化建设。载体是责任文化建设的重要手段,除常用的板报、橱窗、报刊、广播、电视等手段之外,企业网站也应成为传播责任文化的重要窗口。不管运用哪种载体,关键都是要内容针对性强,形式活泼多样,吸引员工广泛参与。

分析案例

淘宝网与eBay中国——企业文化在电子商务企业竞争中的作用[②]

2003年,中国电子商务正处于方兴未艾之时,淘宝网成立了,它以蓬勃向上的朝气为中国电子商务市场注入了新活力的同时,也对已在中国C2C市场占有垄断地位的跨国企业eBay中国提出了严峻的挑战。经过不到3年时间,2006年淘宝网在中国C2C市场的

① 资料来源:李国刚,许明华.联想并购以后.北京:北京大学出版社,2010:165~166.
② 资料来源:中国首届MBA管理案例评选·百优案例集锦(第4辑).北京:科学出版社,2011.
　　本案例由叶强和李一军编写,作者拥有著作权中的署名权、修改权、改编权;中国管理案例共享中心有复制权、修改权、发表权、发行权、信息网络传播权、改编权、汇编权和翻译权。

份额已经达到 75%,将 eBay 中国远远抛在了后面。

1. 相关背景介绍

1994 年互联网开始进入中国,随着互联网技术的应用与普及,电子商务也在中国迅速兴起,近年来,网上交易额以每年超过 50% 的速度递增。中国电子商务市场的巨大潜力吸引了许多具有长远眼光的世界著名企业来华投资。然而很多国外的企业进驻中国后,其经营成果往往不尽如人意,很难与同领域的本土电子商务企业抗衡。

淘宝网(www.taobao.com)成立于 2003 年,是阿里巴巴集团旗下的 C2C 电子商务公司。淘宝网的发展十分迅速,从默默无闻一跃成为在中国首屈一指的 C2C 电子商务公司,淘宝网用了仅仅两年左右的时间。2006 年,淘宝网拥有 3 000 万个活动交易账户,约占中国全部 C2C 市场账户数量的 75%,总计交易金额超过 160 亿元人民币。到 2007 年年底,淘宝网已经拥有 5 300 多万个活动交易账户,交易量以每年 256.3% 的速度增长,交易金额达到 433.00 亿人民币(约 57.00 亿美元),成为亚洲最大的 C2C 电子商务网站。

eBay 中国的前身为易趣网(www.eachnet.com),于 1999 年 8 月由上海的一名企业家创办。2002 年,全球知名的电子商务公司 eBay(www.ebay.com)入主易趣网,并将其更名为 eBay 中国(www.ebay.com.cn),这是当时中国最大的 C2C 电子商务公司。2003 年,eBay 中国占据了中国 C2C 市场 73% 的份额,网上交易金额超过 10 亿元人民币,并拥有 430 万个活动交易账户。同年,eBay 公司增加投资 5 亿美元,以此巩固其在中国 C2C 市场的地位,并完善 eBay 中国的交易平台,将 eBay 中国融入 eBay 的全球战略平台。然而,面对淘宝网的加入及随之而来的激烈市场竞争,eBay 中国逐渐失去了其在中国 C2C 市场的份额。到 2007 年,eBay 在中国 C2C 电子商务市场中仅排名第三,交易金额为 11.2 亿元人民币,仅占中国 C2C 电子商务市场总份额的 8.1%。2006 年 12 月,eBay 宣布与一个设于香港的电子商贸公司——TOM(www.tom.com)达成协议,成立了一个新的合资公司来经营 C2C 业务。新的 C2C 网站在线平台于 2007 年 8 开放。而 eBay 中国的域名则更改回到原来的 www.eachnet.com.cn,标志着 eBay 公司在中国 C2C 电子市场直接运营的结束。

2. 淘宝网和 eBay 中国企业文化的异同

在企业文化形成方面,淘宝网和 eBay 中国有着一定的相似性同时也存在着鲜明的差异。

从高层管理人员到软件工程师到普通的职员,淘宝网和 eBay 中国的员工均为优秀的年轻专业人员。因此,创造和保持一个愉快的工作环境,提倡奉献精神和创新精神,是其共同的组织文化。同样重要的是,两家公司都将"顾客至上"作为其核心价值观。管理人员和员工都清醒地认识到,在争夺激烈的 C2C 市场中,拥有客户多的一方将在竞争中取胜。

尽管两家公司的核心价值观表现得惊人的相似,但在企业文化的建设上,它们却使用了不同的手段,从而导致了不同的企业文化。

淘宝网从创建的第一天起,管理者就将中国传统的武侠精神融入淘宝网团队的组织文化中。淘宝网的创始人马云热爱武侠小说,尤其是著名作家金庸先生的武侠作品。每位淘宝网的员工从被雇用的第一天起就拥有一个金庸先生武侠小说中人物的名字。更有趣的是,淘宝网的核心价值观被概括为金庸小说中的一种神秘武器"六脉神剑"(如图 6-4 所示)。以"六脉神剑"作为比喻的六种核心价值观深深地植入每位淘宝网员工的头脑中。这个以武侠精神为代表的企业核心价值观给员工和客户传递了一些重要的信息,并收到了一些意想不到的积极后果。例如,在武侠的世界里,领导人往往被认为是超级英雄,并拥有超自然的神秘力量和能力。团队的成员信任他们的领导人,并忠诚于领导人和团队。淘宝网的高层管理人员通常采用金庸小说中超级英雄的名字作为昵称,员工对领导者的高度信任和尊重是淘宝网可以不断前进的重要法宝。就像一位淘宝网的员工指出的那样:"当我们的总裁说,我们明年的销售额将达到 100 亿元人民币,我们都相信一定会做到,即使它是我们今年销售额的 10 倍。"在淘宝网,任何员工都可以随时跟领导通过即时通信工具沟通或直接面谈。

图 6-4　淘宝网以"六脉神剑"为代表的核心价值观

　　eBay 中国高层领导多数是在美国受的教育,几乎所有的员工和高层管理人员都是华人,但作为 eBay 的子公司,许多方面的做法都类似于其美国母公司,包括其管理理念、组织结构和业务流程。虽然公司仍然采用开放式管理以及强调员工之间的相互沟通,在企业内部还是形成了较强的层级观念。eBay 中国的一位管理者指出:"自从易趣网被收购以后,其运营制度以及组织的层级制度均发生了重大变化。过去员工在需要时随时可以直接走进总裁的办公室,现在则需要事先预约。"

3. 企业文化在竞争战略中的作用

1) 客户关系管理

　　淘宝网将客户关系管理比喻成中国武侠文化中的"店小二"精神。一方面,当淘宝网的管理者或者员工称自己为金庸武侠作品中的一个角色时,顾客就会把武侠小说中角色的性格和面前的人联系起来,这样就在顾客和公司之间建立了一种融洽的关系。另一方面,淘宝网的员工认为自己是客户的仆人,并将尽一切可能,使客户满意。淘宝网每个月除了正规的数据分析以外,还要求不同城市的员工以一种朋友式的、非正规的方式与客户进行沟通(包括一起聊天或吃饭等)。淘宝网的客户和员工之间的边界相对比较模糊,顾客被看作是企业的重要组成部分。淘宝网的客户服务部门和产品开发部门经常与客户进行面对面的交流,以了解客户的需求。许多热心的客户还为淘宝网如何进行更好的服务以及开发更贴近客户的商品提出积极的建议。

eBay 中国则采取美国公司常用的方式,主要依靠专业咨询公司定期提供的客户调查数据来了解客户的需求。这样,在客户与企业之间形成了一个比较清楚的边界,有许多微小但是很关键的细节信息不能及时地以报表的方式传递到公司内部。

这种对客户了解的细微差异,会在电子商务这一经济摩擦相对较小的市场上被放大,从而导致迥然不同的经营结果。

2)技术创新

由于在中国还没有形成完整的社会信用体系,人们还是习惯于进行面对面的交易。因此,制约中国电子商务市场发展的两个最重要的障碍是客户之间缺乏信任以及缺乏健全的网上交易资金管理机制。如果这两个问题得不到有效的解决,中国的电子商务市场便谈不上很好的发展。在解决这两个问题方面,淘宝网和 eBay 中国分别采取了不同的态度。

在发展初期,淘宝网曾被信用问题困扰了很长时间,由于网络购物在支付方面存在不小的风险,导致很多人不愿在网上购物。基于对中国消费者习惯的深入了解,通过与客户交流听取客户意见,淘宝网推出了两项技术创新。淘宝网率先开发了"支付宝"在线支付中介服务平台,提供了全新的交易资金管理机制;其次,淘宝网开发了即时通信工具阿里旺旺,让买家和卖家在交易之前可以直接交谈,从而有效地解决了买卖双方的信任问题。

eBay 中国进入 C2C 市场后所做的创新在于根据 eBay 在美国的成功经验提供了基于银行卡的在线支付,并没有从实质上解决这两个发展障碍。虽然 eBay 中国在 2000 年在网上支付方面做出尝试,开通网上个人交易配套服务——易付通,但仍然存在资金周转慢、交易中的重复赔偿、缺乏人情味问题;在交流方面,为了保证收到服务费,防止买卖双方网下交易,eBay 中国前期曾采取过严格禁止在商品介绍和留言处留下联系方式的政策,虽然后来推出了语音聊天系统,但面对淘宝网的阿里旺旺,已经明显滞后。

3)社会关系网络建立

在与政府、本地企业以及媒体沟通方面,淘宝网和 eBay 中国也分别采用了不同的方式。

淘宝网常常主动与媒体沟通并与媒体保持融洽的关系。淘宝网的最高层管理者马云愿意在媒体上露面,他富有远见的眼光以及被广泛认可的武侠精神为他增加了极大的魅力,吸引了众多淘宝网员工、客户以及潜在的客户。同时,由淘宝网员工积极参与和主办的众多在线聊天室和论坛已经成为淘宝网宣传的武器,淘宝网在互联网上良好的口碑以及媒体对淘宝网的宣传使得他们赢得了众多客户。淘宝网凭借对中国本土文化和消费心理的了解形成了较为庞大的社会关系网,更好地融入了中国的电子商务市场。

eBay 中国的管理者认为试图通过媒体来帮助自己在竞争中取得优势的做法是一种不公平的竞争行为。同时,eBay 总部到中国投资,除了强大的财政和技术资源以外,基本上失去了其大部分的竞争优势。由于缺乏对当地文化和消费心理的了解很难形成社会关系网,因此在融入当地社会时出现了困难,不了解消费者的心理,从而在战略制定上出现失误,失去了市场份额。

4. 企业文化对组织结构和运营风格的影响

1）组织结构

企业文化的内在不同会反映在企业组织结构方面，并导致企业在组织结构方面的差异，而这种差异进而会对高层做决策造成影响。这一点在淘宝网和 eBay 中国之间也表现得较为明显。

对于许多外国公司来说，中下层管理人员的本土化是一个普遍被采用的策略。但高层管理团队的本土化在许多跨国企业遇到了阻力。许多外国公司并不愿意任用当地的中国人作为高级管理人员，一方面是信任问题，同时也有文化理念、工作习惯和管理风格的相容问题。他们往往会选用一些在美国受过教育的华人，或在其他发达国家或地区有着较好绩效的华人管理者作为公司的高级管理人员。这些华人高管们更理解其国际总部的企业文化，也更容易与总部进行沟通，从而贯彻总部的经营决策。eBay 中国在三年中绝大多数的经营决策都是由 eBay 的高层领导者在硅谷总部做出的。然而，总部的一个决策做出后经常需要数周甚至数月才能在中国市场得到相应的执行。与之形成鲜明对比的是，淘宝网可以在几个小时之内针对普通中国消费者的需求以及市场的变化进行技术或策略上的调整，这在竞争激烈的电子商务中往往可以占据先机。

在 Eachnet（易趣）被 eBay 收购后，为了使 eBay 中国像其在其他国家和地区的子公司一样融入 eBay 公司的全球战略平台，eBay 中国还决定将其服务器设在美国总部。这样做的后果是大大减慢了服务器对顾客提交信息及检索的响应速度，因此有成千上万的原 eBay 中国的用户转向了淘宝网。一位淘宝网的经理说："如果 eBay 中国不将其服务器设在美国，就不会有淘宝网的成功。"

2）运营风格

淘宝网和 eBay 中国之间不同的企业文化也导致了两种不同的运营风格。淘宝网的一位技术开发人员告诉我们，企业鼓励他自行开发各种可能改进系统，并给他的成果提供尝试的机会，他把这看成是很有趣的"游戏"，以至往往过了下班时间也不愿意离开公司，这种情况在淘宝网似乎十分普遍。

如表 6-2 所示总结了两家公司主要的运营风格。

表 6-2　eBay 中国与淘宝网的主要运营风格对比

运营风格	eBay 中国	淘宝网
内部沟通	半正规	非正规
	等级制度	直接沟通
雇员	受过良好的教育、有一定经验	有干劲的大学毕业生
	精英	彼此之间当作兄弟姐妹
领导者	受过西方教育、有一定欧美工作经验	在国内接受教育
	从世界各地招聘	从公司内部选拔

运营风格	eBay 中国	淘宝网
运营战略	将 eBay 中国融入全球战略平台	依据经验
	执行总部的决策	依据市场迅速调整
如何决策	集中分析	非集中式作决策
	专家的研究和历史的数据	依赖于顾客的反馈
客户	企业外的实体	企业的一部分
	强调客户服务	强调共同成长
对媒体的态度	消极的	积极的
	尽量避免接触	包容并利用

通过将 eBay 中国与淘宝网的企业文化及其所产生影响的各个方面进行对比，我们不难理解企业对民族文化的深入了解以及企业文化与民族文化的相容性在电子商务跨国竞争中的重要作用。企业文化与国家文化或社会文化的相容性是跨国企业在电子商务中能否取得成功的关键因素之一。在其他情况相同的情况下，本土企业如果能将对民族文化更深的理解，转化为勇于创新和对市场反应迅速的企业文化，则将在与跨国企业的竞争中具有内在的竞争优势。这种企业文化将对企业的竞争战略产生重大影响，并最终决定企业的市场业绩。

讨论题：

企业文化在淘宝网与 eBay 中国的竞争中产生什么作用？

淘宝网与 eBay 中国企业文化的区别是什么？

请结合案例，分析企业文化对企业发展有何意义。

本章小结

1. 有利于提升企业绩效的企业文化大体有三种类型：强力型；策略合理型；灵活适应型。

2. 企业文化的核心价值观决定着企业战略的定位，良好的企业文化氛围是实现企业战略的重要保证。选择能与公司现行文化中的"不可侵犯"或"不可改变的"部分相匹配的战略是战略制定者的责任。

3. 企业文化对组织学习的影响是由文化积累、观念创新、信息引导为途径而呈现的一种柔性的生产力，因此，它对组织学习力表现为一种柔性的、内在的、潜移默化的推动作用，其推动作用主要表现为产生弥散于整个组织的一种浓厚的学习氛围和价值氛围，企业文化便是通过这种柔性的、潜移默化的方式推动提升组织学习。

4. 组织学习的文化障碍主要是不能提供合适的企业文化促使组织学习顺利进行，主要表现在四个方面,一是对错误的不宽容;二是不根据问题的实质来做判断而是根据政治利益、个人利益或个人的喜恶倾向;三是组织学习过程中的不平等地位;四是组织对学习的不重视。

5. 学习型文化区别于传统企业文化的地方在于：第一,它是信任、坦诚、平等的企业文化;第二,它是知识共享的企业文化;第三,它是能在组织内部形成统一价值观的企业文化。

6. 如何塑造有利于技术创新的企业文化：首先,以企业家精神作为企业组织文化的基石。其次,塑造能够激发创造性,推动技术创新的企业价值观和规范。最后,及时变革、重塑企业文化。

7. 企业在创造利润、对股东利益负责的同时,还要承担为员工、对社会和环境的责任。企业社会责任应该内化到企业文化之中,企业社会责任将企业文化扩展到了全社会,企业责任与企业文化相互促进。作为企业文化建设的子部分,企业应该塑造责任文化。

复习思考题

1. 企业文化如何影响竞争优势?
2. 企业文化与经营绩效的关系是什么?
3. 如何实现企业文化与战略模式的匹配?
4. 为什么说企业文化是组织学习的成败?
5. 如何培育学习型文化?
6. 什么样的企业文化可以促进企业的技术创新?
7. 企业为什么要承担社会责任?
8. 建立企业责任文化的作用是什么?

第 **7** 章　企业并购中的文化整合

学习目标

通过本章的学习,理解文化整合的含义及其内容,了解文化整合在企业并购中的重要性,掌握文化整合的吸纳式、渗透式、分离式、反向同化式和消亡式五种模式及其适用条件,领会在文化整合的三个阶段所应该采取的整合策略。

先导案例

TCL 的启示[①]

2004 年,对 TCL 来说是一个重要的历史年份,TCL 完成了具有历史意义的收购,将汤姆逊彩电业务和阿尔卡特手机业务纳入囊中。一时间,业界及外界好评如潮:TCL 完成了具有标志意义的国际性跨越,营运平台拓展至全球。而当年年报的表现却与最初美好的设想恰恰相反:TCL 的两起重要国际并购成立的合资公司 TTE(TCL 与汤姆逊的合资企业)和 T&A(TCL 与阿尔卡特的合资企业)分别达到上亿的年度亏损。

事实上,目前在中国企业进行海外扩张的过程中,必须面对一个问题:被并购企业所在国的员工、媒体、投资者以及工会组织对中国企业持有的疑虑和偏见。中国产品海外市场价格低廉,给不少人以错觉,认为中国企业会在并购之后的企业中实施降薪手段以降低劳动力成本,加之以往中国企业被认为工作效率低下的印象还没有被完全扭转,被并购企业的普通员工担心自己就业拿不到丰厚薪酬,管理人员担心自己的职业生涯发展受到影响,投资者担心自己的回报。由于这些被并购企业自身具有悠久历史和十分成熟的企业环境,他们往往会对自身文化的认同度高,普遍对中国企业的文化理念缺乏认同。在这种情况下,如果中国企业将自身的文化强加给被并购企业,其结果往往是处于各持己见状态,长此以往,会使双方在业务及组织上的整合受到阻碍,整合之后工作的难度也将大幅度增加。TCL 在收购汤姆逊后就遇到了类似的情况,尽管汤姆逊旗下的 RCA 品牌还处于经营亏损的状态,但它依然拒绝接受 TCL 关于产品结构调整,引入中国设计以使成本更具竞争力的产品建议。由此可见,并购之前做好充分的文化分析和整合沟通,是并购后

---

① 资料来源:刘媛媛.跨过文化的鸿沟——中国 IT 企业跨国并购的思考.中外企业文化,2006(4):52~53.

企业顺利运营的必要条件。

同样地，TCL 对阿尔卡特手机业务的并购，由于企业经营理念和文化上巨大的分歧，其合资公司成立以来无论在海外市场还是国内市场都仍旧延续原来阿尔卡特以及 TCL 移动公司两套人马、两套运行体系的方式，在资源和业务整合上根本没有达到预期目标。阿尔卡特与 TCL 公司在企业文化上也未寻找出整合的契合点，反过来更加大了业务整合难度。文化整合是否到位是并购后企业原先的战略规划能否执行到位的基础。一个持不同管理思路和价值观的企业无异于患上了精神分裂症，貌合神离，整合失败在所难免。

7.1　文化整合

近几年来，随着经济全球化趋势的进一步发展，企业之间的兼并收购浪潮不可避免。国际资本在国内产业之间的扩展和资本运作也加剧了国内市场的兼并和收购。企业并购重组日益受到许多跨国公司乃至国家政府的极大关注。自 20 世纪以来，世界上许多企业实行并购，但仍有很大比例企业未能实现期望值。毕马威全球并购整合业务合伙人 Iack Prouty 先生在总结当今并购的 70/70 现象时指出：当今世界上 70% 的并购后企业未能实现期望的商业价值，70% 失败源于并购后的整合过程。而那些失败的重组案件中，80% 以上直接或间接起因于新企业文化整合的失败。企业并购后整合难，但最难的莫过于企业文化的整合。

7.1.1　文化整合的内涵

1. 文化整合的含义

企业文化在发展中不仅具有排异性，也具有整合性（integration），文化的冲突与整合是相伴而行的。企业文化整合是指企业内部或来源于企业外部的具有不同特质的文化，通过相互接触、交流进而相互吸收、渗透，融为一体的过程。企业并购中的文化整合主要是指不同企业之间的文化整合，它是企业并购中不同文化的调整、融合与创新的过程，文化整合的最终目的是实现企业的和谐统一。企业文化整合的过程比组织中资金、技术、信息和人才等资源的整合更具隐藏性。文化整合就是企业的价值观、企业精神、企业哲学、成员行为方式等不同层面的义化重新定位和生成的过程。

2. 文化整合的原则

1）以企业整合后的定位为依据

整合后的企业由于自身的变化和发展的需要，有必要重新确定企业的定位，其中包括发展战略和目标、产品方向、营销策略等。企业文化整合必须以此为依据来决定对参与整合的企业文化进行取舍。

2）求同存异

完全排斥对方的文化传统是不正确的，它不仅会增加被并购方的排斥心理，也会引起他们的反感情绪，甚至还会造成高层管理人员和普通员工的出走，这样不仅不利于企业并购后的团结,也会损害企业的利益,降低生产效率。为了避免这种情况,应该求大同,就是要坚持企业自己的核心价值观,把是否符合核心价值观作为对不同文化因素进行取舍的标准;存小异,在核心价值观的基础上,在不同影响组织目标实现的情况下,允许不同的文化因素存在。

3)继承与创新

企业文化整合一方面要对并购双方现有文化中好的方面进行整理并加以继承,实现企业文化的传承;另一方面,社会环境变化,企业的内外环境也跟着变化。企业在融合双方优秀文化的同时,适时汲取国内外先进企业的管理思想和经验。对于跨地区的企业整合,还要善于汲取其他地区的区域文化中的养分,丰富自己的企业文化,这样做也易于被该地区的人群认同和接受。

7.1.2　文化整合的内容

基于企业文化的层次性,并购后企业文化整合的内容主要包括三个方面。

1. 精神层面的整合

企业文化整合的首要任务就是企业文化精神层面的整合。精神文化是企业意识形态的综合体。由于精神文化的重要影响力以及员工对本企业精神文化的认同感,当企业并购后,原有主体意识可能受到冲击甚至否定,员工会产生不安与疑惑,对新的企业文化产生抵触、排斥情绪,进而阻碍文化的整合过程。因此,为确保企业文化整合的顺利进行,首先必须对企业的精神文化进行整合。

并购后的企业可以首先从企业愿景的整合入手。企业愿景是精神文化层面中相对具体和易被感知的部分。并购后的企业为员工确立一个清晰可见的愿景,形成一个共同奋斗的目标,既是对员工的一种利益吸引,也是对员工行为方向的一种界定。

精神文化的整合最终还应触及更深层的文化。企业价值观的统一是精神文化整合的最终目标,新的价值观应以双方原有价值观为基础,形成一种适应并购企业发展战略的,以吸收双方原有精华、去其糟粕的,被员工共同认同、共同奉行的价值观。

2. 制度与行为层面的整合

企业并购后,必然会对原有的组织结构、管理制度和行为规范进行重组。在这个过程中,员工常有一种怀旧心理、惯性思维,难以适应这个转变,以至于对新制度产生抵触。因此,在进行企业制度与行为层面的文化整合时,应当在硬性管理制度的基础上发挥人本管理的作用,尽可能地提升员工的自我管理和自我约束,激发调动员工的积极性、主动性和创造性。同时,为了使企业和员工的行为有明确的方向,也要制定一套新的行为规范与规章制度,把管理方法的贯通、管理制度的统一和管理机制的融合作为文化整合的重要方面。

3. 物质层面的整合

物质层面的文化是最容易被感知和改变的文化。在企业的并购过程中,并购者应该根据文化整合的需要对物质文化进行调整和改造。首先，并购后，不同的企业融为一体，必将重新定义企业的标志与名称。并购后的企业一定要用统一的标志来显示自身的新形象，这样做不但可以树立企业对外的新形象，更重要的是，可以让企业成员真切感受到并购给企业带来的新气象，有利于强化员工的协同感和对企业文化深层次的理解。其次，企业统一的服装、办公用品等可以使员工产生纪律感和归属感。最后，并购企业培育的新品牌声誉，是向社会公众传达自身文化的重要载体。企业通过重新塑造产品魅力以及围绕产品健全一系列的服务体系，加快社会公众对企业的新形象的接受过程。

7.1.3 文化整合的作用

许多企业在并购过程中只注重资产因素的整合，往往忽视企业文化的有效整合。然而，并购不仅仅是一种经济行为，它还包含着许多非经济因素。企业在并购重组之前，都已形成各自的文化，这些文化已深深植根于企业中，各企业的文化尽管可能存在着一些共同点，但其实质并不相同甚至存在冲突。一些专家学者在对企业并购的过程进行研究后发现，由于企业文化冲突的存在，文化整合便应运而生，成为企业并购重组的关键。

1. 文化整合是企业并购成功与否的关键

企业并购实质上是将不同的企业联合在一起，运用各方的优势资源，实现并购后企业的优化整合、提高生产效益。企业文化作为一种意识形态，是通过影响员工的心理和行为来间接地影响有形资产的利用和整体协作，最终影响企业并购预期目标的实现。由于企业并购是不同企业组织的一次大调整、大变革，这必然会对人们固有的思维方式和价值观形成强大的冲击，给企业员工带来很大的不适应，这是企业文化碰撞的必然结果。这种碰撞经常给企业并购完成后的整合工作带来诸多问题，如果不能妥善处理这些问题就可能导致并购的失败。

2002 年联想对汉普咨询的并购导致许多原汉普高层管理人员和大批咨询师离职。原因就在于并购双方的企业文化严重冲突。汉普是一家以平等、更高自由为企业文化的知识型企业，而联想则被普遍认为是以市场能力为本的强势控制力企业，两种不同企业文化的差异和冲突导致人员的大量流失。但在同年发生的惠普合并康柏案中，其结果迥然不同。为什么惠普合并康柏能够取得巨大的成功呢？其中一个很重要的原因就是两者的文化整合非常成功。惠普和康柏的企业文化截然不同。惠普是一个拥有六十多年历史的老企业，它的企业文化就是惠普之道：对客户忠诚、信任并尊重个人、追求卓越、重视团队精神、鼓励创造性。而康柏是一个年轻的计算机生产商。康柏的企业文化更注重以业务为导向，以快速地抢占市场为第一目标。康柏的决策迅速，经营灵活，不重程序，强调快速行动。惠普在对康柏进行企业文化整合的时候，吸收了康柏文化的精华，建立了一种更为雄厚的企业文化。这种新文化继承了惠普之道的诚信原则，又发扬了康柏文化中的机动灵活、决策迅速的特点，使得这宗当年饱受争议的并购案成绩斐然。由此可见企业文化整合的重要性，它已经成为能够确保并购重组成功的关键之一。

2. 文化整合是并购企业持续发展的重要因素

优秀的企业文化可以为企业带来可持续的发展优势,是企业持续发展的基本驱动力。在并购中,双方企业文化的差异本身就是一种资源,一种管理财富,不同的文化观点与视角都能增加解决问题的独特的思路与方案。所以,在整合过程中,并购企业要通过分析识别并购双方企业文化的差异和特质,来进行有效的文化整合,取其精华,去其糟粕,选择自己所需的文化要素,获取稀缺的文化资源,打造全新的资源优势,使企业得到持续快速地发展。

7.2   文化整合的模式

7.2.1   五种文化整合模式

根据并购企业和被并购企业文化的改变程度,我们可以把文化整合模式分为吸纳式、渗透式、分离式和反向同化式(如图 7-1 所示),另外,在文化整合中还存在着一种特殊的整合模式——消亡式文化整合。下面将详细解析每种模式的内涵与适用的边界,并对它们进行比较分析。

1. 吸纳式文化整合模式

吸纳式文化整合模式,也称同化模式,是指以并购企业的企业文化取代被并购企业的企业文化,使并购方企业获得完全的企业文化控制权。对于并购方而言,吸纳是最容易的一种整合模式,并购企业的文化变革很少,也不需要对内部的组织结构

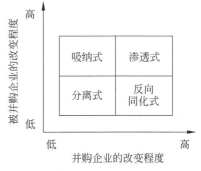

图 7-1   文化整合模式

进行大的调整。然而,吸纳式整合模式作为一种自上而下的整合模式,它的开展需要建立在被并购企业喜爱并认同并购企业的文化。如果这个适用条件不成立,那么吸纳式模式会成为企业文化整合的阻碍,也会在一定程度上挫伤员工的创造力与工作积极性,而这个结果就与使用吸纳式整合模式的初衷相背离。因此,这种模式比较适用于并购方的企业文化非常强大而且极其优秀,能赢得被并购方企业员工的一致认可,同时被并购企业的原有文化又很弱的情况。

2. 渗透式文化整合模式

这种文化整合模式强调完成并购后通过双方的平等交流逐步进行文化整合,各自吸纳对方企业文化中的优点与精华,寻求并购后新企业的文化契合点与可包容之处,从而演化出一种能够得到双方认可的新型企业文化。这种文化整合模式适合于并购双方的企业文化强度相似,且彼此都欣赏对方的企业文化,愿意调整原有文化中一些弊端的情况。在这种情况下,并购双方都希望保留相对独立的企业个性,同时也希望能够吸收对方企业中

的优秀文化要素,而不会对原有的企业文化造成大的变动。

　　文化渗透并不是两种文化的叠加,而是两种文化整合出第三种新的文化。形成新的文化是一个较为复杂和漫长的过程,一般需要经过探索期、碰撞期、整合期和创新期四个阶段。如图 7-2 所示,图中的两根曲线所表示的是四个阶段中文化冲突的大小。这两种曲线的形态都是可能发生的,即文化冲突的高潮可能发生在碰撞期,也可能发生在整合期。

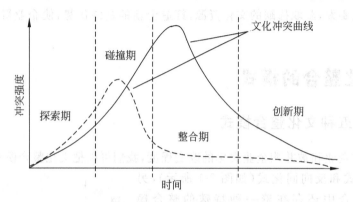

图 7-2　文化的融合过程

资料来源：严文化,宋继文,石文典. 跨文化企业管理心理学. 大连：东北财经大学出版社，2000：117～118.

　　不同文化整合是一个过程,这种过程的初始阶段就是探索期。在探索期,双方对彼此的文化和即将到来的合作更多的是好奇和期待,由于对彼此文化接触的时间不长,因此文化冲突的强度较小。在这个时期,相关组织需要全面考察双方企业所面临的文化背景状况、文化差异问题、可能产生文化冲突的一些相关方面,并需要根据考察的结果初步制定出文化整合的方案。

　　当不同文化相处一个阶段后,就不可避免地进入碰撞期。在碰撞期,双方对彼此文化的差异越来越了解,就会渐渐出现对对方文化的排斥和抗拒的现象。碰撞期是文化融合开始执行的阶段,不同的文化在这个时期直接接触,必然会发生冲突。所以,制定一系列的管理制度尤为重要。在这个时期,开展企业文化的培训,加强不同文化间的人们对彼此文化的理解、认同和适应是防止和解决文化冲突的有效途径。

　　不同文化引发冲突是不可避免的。这种状况应该尽快解除,这样就进入整合期。整合期是指不同的文化逐渐达到融合、协调、同化的过程,这是一个较长的阶段。时间的长短与两种文化的距离有关,两种文化越相似,其冲突的程度越小,整合的时间越短;两种文化越相异,越容易发生冲突,整合的时间越长。在这个时期,双方对彼此的文化有了更深入地了解,能够做更深入地沟通。人们要学会放下情绪客观地看待不同文化间的差异,相互学习对方文化的优点。这个阶段的主要任务是要形成、维护与调整文化整合中的一系列行之有效的管理制度与系统,从而为企业共享的新的文化体系的建立打好基础。

　　最后的一个阶段是创新期。创新期是指在文化趋向同化的基础上,不同文化整合、创造出新的文化的时期。这一时期的开始点相对于前面三个时期来说是比较模糊的,因为很可能文化碰撞的过程就是开拓和创新的过程。在这一阶段，人们已经习惯了不同形态的文化，虽然还有一定程度的文化冲突，但是双方已经能够寻找出不同文化中的优点，摒弃不同文化中分别具有的缺点或不适应之处，促进一个创新的、充满生机的并购企业有机体文化的整合形成。

小案例

苏宁并购 LAOX 的渗透式文化整合模式 [①]

苏宁电器是目前中国3C(家电、电脑、通信)连锁零售企业界的领先者。截止到2011年年底，苏宁电器在中国大陆地区300多个城市成功开设了近1 700家家电连锁店，目前员工约17万人。创设于1930年的日本LAOX公司是一家著名家电连锁企业，在日本具有较高的品牌知名度与美誉度。LAOX公司的经营产品主要是家电，另外也涵盖数码产品及乐器零售等。由于近几年金融危机的影响及竞争格局的变化，公司经营已经出现亏损数年，被迫关闭多家门店进行自救。在前期接触和多次商谈的基础上，2009年6月，苏宁电器和日本LAOX公司联合召开媒体发布会，苏宁电器宣布将会收购日本LOAX公司部分股份。苏宁采取的定向增发形式注资成为LAOX公司的第一大股东，总投资约5 730万人民币。应当说，从纯粹财务整合的角度，到此苏宁就完成了并购。但在跨国并购的交易中，各类有形资源和人力资源安排基本完成之后，并不意味着跨国并购活动已经彻底取得了成功，其实这只是跨国并购的第一步，真正决定跨国并购成败的是文化整合的问题，其中文化整合模式的选择相当于该项工作的顶层设计，居于系统整合的核心地位。

苏宁并购主要采用购买对方股票的方式，因为其目的是强强联合，实现双赢，因此苏宁与LAOX公司的文化整合更多的是强调二者如何更好地相辅相成，共同发展。这一理念体现在方方面面：LAOX公司保持自己原有的经营控制权以及文化自主权，基本保留全部员工，继续保留薪酬体系，而苏宁电器开始尝试商品按类分配，进行"开心服务"员工培训等改良措施。苏宁电器作为中国电器行业的著名企业，有着良好的企业文化氛围，坚持以市场为导向，努力实现多元化，连锁化，信息化，对待消费群体，则坚持以顾客的需求为主，重目标，重执行，重结果，追求更高的顾客满意度，矢志不移，持之以恒，致力于打造中国最优秀的连锁服务品牌。而LAOX公司作为日本本土电器连锁商城，在日本的接受程度非常高。封闭的日本文化和强烈的民族荣誉感使日本支柱产业及商品全部具有"日本本土化"的特点。家乐福进军日本战略的失败就证明了日本市场并不容易让外国企业分一杯羹。苏宁电器在这种情况下对LAOX进行并购极大地打消了苏宁自身品牌进入日本市场的障碍，为苏宁迈出海外并购奠定了基础。

体现苏宁公司与日本LAOX公司采用渗透式文化整合模式的特征有：第一，并购双方坚持文化地位上的平等对话，能够进行持续、良好、有效的沟通。由于同属于东方儒家文化圈，并购双方的企业文化分歧较小，文化冲突也比较少。这些条件都促成了苏宁与LAOX的完美融合。第二，在经营管理方面，LAOX进入中国市场之后，苏宁进行了一系

---

① 资料来源：孙华平，黄茗玉.企业跨国并购中的文化整合模式研究.求索，2012,(11)：236～238.

列改革：在北京及上海等大城市的门店引入了 LAOX 的电子乐器产品；用文具、动漫、乐器等日本进口产品来吸引消费者；在产品布局和陈列上采用按品种分类，而非品牌分类；取消各品牌促销员，培训员工引导顾客进行无品牌偏向的购物。第三，在员工培训方面，为了使员工能有效地向顾客提供无品牌偏向的购物，苏宁邀请为 LAOX 员工提供培训的日本培训师，努力将用心服务的理念灌输给苏宁的中国员工。在售后服务方面，新公司的会员购物后，会收到来自苏宁的一封感谢信；会员生日时，将收到来自苏宁根据会员特别的兴趣爱好订制的一份独特的礼物。例如，若会员在填写资料时表示特别喜爱某种食品，那么这种食品很可能就是来自苏宁的生日礼物。通过各种人性化的服务，充分体现了"想顾客所想，忧顾客所忧，用心服务，全心服务"的理念。

总体上看，通过并购并采用渗透式文化整合模式，苏宁电器与日本 LAOX 公司实现了双赢。一直以来，中国营销渠道发展的借鉴对象多是欧美国家，此次苏宁电器计划通过入股 LAOX 公司，为公司进一步了解国际家电市场搭建了良好的海外平台。并购的成功为苏宁进军国际市场战略打下了坚实的基础，同时，也为其他实力雄厚的中国企业未来并购之路提供了良好范例。

3. 分离式文化整合模式

在这种模式中被并购方保留其原有文化要素和实践，在文化上保持独立，由此获得较大的企业控制权。分离式文化整合模式可能出现的原因是并购方自身的企业文化特质是多元的，而被并购方自身的经营运转是良性的，可以保证其独立发展。虽然并购双方文化具有较大的差异性，但并购方对被并购方的文化模式非常认同，或者由于被并购方历史悠久、凝聚力强，本身企业文化氛围健康良好，此时并购方可能允许被并购方保留其文化的自主性。例如，我国吉利汽车集团并购了沃尔沃品牌，但各自的生产线不具较强的竞争性，所以吉利尊重沃尔沃长期形成的企业文化，从而保留了其独立的文化模式。对并购企业而言，分离式文化整合具有较高的风险，但对于被并购企业来说，却可能是最容易适应的一种文化整合模式，因为这种模式对被并购企业的文化改变要求较少。分离式文化整合模式有利于调动被并购企业员工的工作热情和创造性。这种模式适用的条件是并购双方业务方面具有一定独立性，双方均具有较强的独特企业文化，企业员工不愿文化有所改变。同时，并购后双方接触机会不多，不会因文化不一致而产生大的矛盾冲突。

4. 反向同化式文化整合

反向同化式文化整合是一种比较特殊的文化整合模式，当并购企业拥有资金实力，被并购企业拥有文化实力时，在资产归属上尽管实现了兼并，但在文化上可能会被反同化。如纯粹的投资公司在投资实业以后，必须接受实业的运作模式和文化特质，否则运用资本运作的模式来管理或经营实业，肯定会出现问题。又如民营的家族式企业运用自己的资金实力并购了比较正规的现代公司，就必须接受非家族式的管理模式和经营文化，按照现代企业的经营管理模式和运作思路进行经营管理，如果继续沿用家族式管理，最终可能就会以失败而告终。所以弱势企业文化的企业，运用资金实力兼并了强势企业文化的企业，无论这个强势企业文化是健康的还是病态的，都可能被强势企业文化同化。

因此,那种运用资金实力的企业在进行并购时,一定要考虑到企业文化的因素,在准备到了资金的同时,一定要有文化整合方案,要注重文化的融合性和文化的强大力量。

5. 消亡式文化整合模式

这种文化整合模式不同于上述四种文化整合模式,是指被并购的企业既不接纳并购企业的文化,又放弃了自己原有的文化,从而处于文化迷茫状态的整合情况。这种模式有时是并购方有意选择的,其目的是将被并购企业揉成一盘散沙以便于控制,有时却可能是文化整合失败导致的结果。无论是何种情况,其前提是被并购企业甚至是并购企业拥有很弱的劣质文化。这种模式可能导致 5 种模式中最高水平的风险,因而是最难管理的。但是,在现实的企业并购活动中,文化消亡会因为双方不能就如何整合达成一致而没有创造性地解决问题而经常发生。

7.2.2 文化整合的模式选择

影响并购企业选择文化整合模式的因素主要有企业并购战略和企业原有文化影响两个方面。

企业并购战略指并购的目标及该目标的实现途径,内容包括确定并购目标、选择并购对象等。并购目标和并购方式直接影响文化整合模式的选择。例如,以追求财务、经营管理协同效应为目标的企业并购,在文化整合时与以财务协同为目标的并购不同。前一种情况下,并购方会更多干预和调整被并购企业。并购方式对文化整合模式也有重要影响力。如果并购方式是横向并购,并购方往往会将自己部分或全部的文化注入被并购企业以寻求经营协同效应;而如果并购方式是纵向并购和多元化并购,并购方对被并购方的干涉大为减少。

企业原有文化对于文化整合模式选择的影响主要表现在并购方对多元文化容忍度。根据企业对于文化差异的包容性,企业文化有单一文化和多元文化两种类型。单一文化是企业力求文化的统一性;多元文化的企业不但容许多元文化存在,还对此十分赞同,甚至加以鼓励与培养。因此,一个多元文化的并购企业视多元文化为企业的一项财富,往往允许被并购方保留其自身文化,并视多元文化为企业财富;与之相反,单一文化企业强调目标、战略和管理经营的统一性,不愿意被并购企业拥有与之不同的文化。

有以下几种组合可供选择:

(1) 当并购发生在相关产业如横向兼并,并购方是多元化企业,可选择渗透式文化整合模式。

(2) 如果横向兼并的并购方是单一文化企业,可选择吸纳式模式。

(3) 并购发生在非相关产业,如纵向一体化和多元化兼并,容忍多元文化的并购可选择分离式模式,而主张单一文化的并购企业很可能导致文化消亡。

(4) 如果并购企业从并购开始便计划将目标企业拆散出售,则无论在何种并购战略下,都会选择文化的消亡与重构。

另外,文化整合模式的选择也与企业跨国并购的阶段性有关。一般而言,一个企业刚刚开始进行跨国并购,进入国际市场时间也不长的话,应尽量选择分离式或渗透式文化整合模式；而如果企业的国际运营经验十分成熟，而且并购相对于被并购方实力强大得多，可以谨慎的采用吸纳式文化整合模式，不过，前已述及，这种模式的交易成本和风险很高，把握不好可能带来并购的失败。不过，企业国际并购的文化整合过程表现出了很强的路径依赖特征，企业容易或倾向于采用吸纳式文化整合模式。总体来看，无论采取哪种文化整合模式，都要把握好整合的时机的安排并注重以利益共享、制度约束及培训教育等激励和协调措施为保障。

7.3 文化整合的过程

企业文化整合的过程可以分为三个阶段：整合前阶段、整合进行阶段和整合后阶段。整合前阶段包括开始寻找并购对象到签订并购协议这一时段，整合进行阶段包括从并购协议签订之后开始整合到整合完成这一时段，整合后阶段则是从整合工作完成之后算起。

7.3.1 整合前阶段

要实现成功的文化整合，两家企业在真正并购前就要具体规划新公司的共同愿景，并制订实现这个愿景的计划。这些计划包括许多因素，其中文化、人和合并后新公司的竞争力非常重要。因此，要提高并购后文化整合的成功率，企业必须在并购前就要入手。并购前，企业需要做以下两个方面的工作。

首先，要做全面的审慎调查。全面的意思是不要只局限于传统财务方面的分析，因为财务分析重点专注于过去，而并购强调的是两家公司合并后如何实现共同的愿景。审慎调查要更广泛地考察包括双方的文化、战略和其他商务方面的影响因素，尤其是文化方面是否能相互融合。文化审查极其重要，我们要确定哪些文化因素影响着并购活动，包括积极、健康的因素和消极的因素。企业并购引起的文化变更，使得多数员工会表现出对他们原先企业文化的关注和向往。而进行文化审查则表现出并购企业对文化差异的重视，能缓解被并购方企业员工紧张担忧的情绪，使其坚信并购企业的领导将兼顾双方企业文化。而且，文化审查应该及早进行，以便于发现可能导致文化冲突的潜在因素。

其次，在并购前两家公司就应该成立文化整合研究小组，分析公司文化整合的可行性，未来价值如何体现和探讨并购后的文化整合过程等。小组成员可由并购双方选派具有一定企业文化管理经验和影响力的人员组成，也可从社会上聘请有关专家参加。该机构直接向并购企业的最高管理层负责，组织、策划和领导企业文化整合管理的全部运作过程。并购双方企业应积极利用有效渠道，听取员工的想法和意见，特别注意与高层管理者的沟通，令大家充分认识并购的优越性，并就发展战略和未来的企业愿景达成共识。双方派专业人员一起工作，这是两家公司文化整合的前奏，在他们工作中出现的摩擦、冲突就是两家公司合并后可能出现的矛盾，如果能尽早发现和研究解决方案，今后的整合就会顺利得多。研究小组要对共同的愿景达成共识，并分析建立支持实现愿景的核心价值观，考虑并购后实现新愿景的独特能力和新公司如何满足客户的需求，并对公司赖以生存的商务环境有共同的理解。

7.3.2　整合进行阶段

整合进行阶段是文化整合步骤的实施阶段。这一阶段往往伴随着较大的变革举措，如新的组织机构的建立、管理层的调整、人员的精简或启动较大的项目等。在这个过程中最重要的是如何化解文化整合带来的矛盾和冲突。并购过程中的矛盾和冲突是文化整合过程中可能起到重大阻碍作用的关键因素，它可以是某一个人、一个利益团体、原企业的一种制度等。在整合进行阶段，要恰当处理冲突：

① 不要害怕冲突；

② 要冷静地分析冲突的原因——观念差距？利益分歧？文化惰性？

③ 坚持原则，积极沟通，避免破坏性冲突；

④ 把冲突看作是用先进文化取代落后文化的契机，大宣传、大讨论、大转变；

⑤ 加大投入，有效地改变企业面貌，提升企业竞争力，加速员工对新文化的认同过程。

同时，在整合进行阶段，还需要从以下几个方面入手。

（1）企业文化的整合应从高层做起，以高层来推动整个文化整合的实施过程。实施的过程应采取适当的方式，文化领导小组就实施中出现的问题与高层领导及时沟通，及时修订解决方法和策略。根据企业的情况，进行文化整合时应采取渐进方式，由外到内逐渐包容改变，不能操之过急。

（2）利用制度带动文化整合。作为企业文化中间层次的制度文化，是企业使命、企业愿景、企业精神等的根本保证和基础。在并购过程中，企业文化最终的融合，反映为企业文化精神层面的融合，而其前提就是企业制度的整合。建立一套基本的体制包括：奖励、认可和考核体系，可以有效的帮助文化整合的开展。

（3）加强培训。并购双方企业的员工对彼此企业文化有所了解并形成正确认识，对于推动文化整合非常重要。要对员工进行文化认识、文化敏感性训练等方面的培训，并宣传并购后导致的组织变革、新的制度、新的经营方式等，使员工能够快速融入新的企业文化中。

（4）加强沟通。整合目标的实现在很大程度上依赖于组织与员工间的有效沟通。很多并购失败的案例表明：缺乏有效的沟通，会使大量的整合工作功亏一篑。建立有效的沟通机制，需要在双方之间建立起沟通的桥梁，增进相互之间的了解和协作，并且要及时发布准确的信息，就被并购方员工关心的问题进行有效的沟通，以解除他们的顾虑。

7.3.3　整合后阶段

整合后阶段是文化整合过程中的最后一个阶段。这个阶段之前，新的制度和管理层的调整已经完成，面临的主要问题就是维护和调整新制度，使之能够顺利而有效地实施。企业文化从项目工作方式转为企业文化的日常管理工作。一些公司会专门设立首席文化官或企业文化处来专门处理企业文化的日常管理工作。在企业文化整合工作完成之后，企业文化处于稳定阶段，仍然需要对现有文化状况进行适时的观察和监控。同时，还要持续就价值观等问题与各层级员工进行广泛而深入的沟通，必要时通过加强考核来推动此事，使得全体员工认知、理解、接受和认同新的企业文化，并自觉转化为行动。

总之，文化整合是一项长期工作。在文化的整合过程中，不仅需要创建氛围产生拉力、完善制度产生推力，还需要并购企业的领导层具有韧性和启发式的领导艺术，才能确保文化整合顺利进行，从而达到企业并购的预期目的。

分析案例

联想并购 IBM PC 的文化整合[①]

2004 年 12 月 8 日，联想公布了与 IBM 公司关于并购的最终协议，并于 2005 年 5 月 1 日完成了对 IBM 全球个人电脑业务的收购。按照制定的规划，联想与 IBM 的整合被分为三个步骤：第一年把总部的职能构架出来，整合供应链，通过物流、生产计划的重新规划降低成本；第二年整合市场和销售队伍，实现真正的融合；而开拓新业务、新市场等创造性工作，都从第三年开始。并购之后的三年来，联想集团全面推动各项整合工作，取得了阶段性成果。

由于联想与 IBM 分属的中华文化体系和美国文化体系存在着巨大差异，其经营管理和企业文化也各具特色，因此，在并购后的文化整合过程中联想面临着巨大的文化差异。柳传志曾坦言当初购并的过程中最担心的问题之一就是文化整合及因此而导致的人员流失问题。"IBM 的一万多名员工自认为很有水平，然而当由中国人当大股东的时候，他们还愿不愿意留下工作。"

IBM 的文化是为外界所知的蓝色文化，而联想集团的文化则是典型的"家长制"东方文化。两者的文化差异，主要表现在以下几个方面：首先，联想文化中有很浓的制造企业的因素，强调执行和服从，下级对于上级的命令要严格执行，上级对下级的干涉也比较多。但是蓝色巨人 IBM 的文化属于比较传统的美国文化，注重个人，员工在工作中的授权比较大。其次，IBM 是一个非常程序化的公司，员工都遵守各种程序化的流程；联想则是一个发展速度快，带有国有民营色彩的公司。此外，IBM 个人电脑业务部门有近万名员工，分别来自 160 个国家和地区，如何管理这些海外员工，对联想来说是一个巨大的挑战。二者在不同层面上的企业文化差异如表 7-1 所示。

文化整合模式的选择取决于并购双方愿意吸收对方文化，并调整自身文化的程度。联想愿意通过吸收 IBM 企业文化进而改变自身文化的程度受到以下几个因素的影响：

① 并购目标——新联想致力于将自身打造为全球 IT 界的精英，这一战略目标的实现必然要求其按照新的战略愿景对 IBM 进行全方位整合，而不是简单地通过消亡或分离对方文化来解决问题；

---

① 资料来源：唐炎钊，唐蓉.中国企业跨国并购文化整合模式多案例研究.管理案例研究与评论,2010(3)：225～235；王洁，王碧芳.跨国购并后的文化整合研究：以联想集团收购 IBM PC 为例.科技管理研究,2012(7)：231～234.

表 7-1 联想和 IBM 企业文化比较

		联 想	IBM
价值观体系	核心价值观	服务客户;精准求实;诚信共享;创业创新;多元共赢	尊重个人;顾客至上;追求卓越;创新是 IBM 保持年轻的源泉;诚信负责
	公司愿景	高科技的联想、服务的联想、国家化的联想	IBM 就是服务;战略是 IBM 奋斗的目标;扬弃硬件市场,开拓软件市场
	企业使命	为客户利益而努力创新	无论是一小步,还是一大步,都要带动人类的进步
行为模式	领导行为	比较专制,比较层级化,员工存在"唯上"的现象	比较民主,员工有参与意识
	员工行为	员工对企业文化的认同度较高	员工对企业文化的认同度很高

② 并购战略——联想与 IBM 进行的是 IT 业的横向并购,它们之间具有行业的诸多共性,新联想完全可以在继承双方优秀文化的基础上,实现文化的共融;

③ 文化容忍度——虽然联想以单一文化为特征,但是从最初跨出国门的战略选择,到并购过程中的决策制定,都能充分体现其以商业利益为中心的多元文化包容力;

④ 领导者的管理风格——由柳传志与杨元庆逐步搭建起来的联想高层管理团队具有独特的特质,他们善于学习,愿意吸收一切先进的东西去完善企业;

⑤ 文化强度——弱势文化对强势文化具有依归性。一方面,与 IBM 相比,原联想集团的文化发展还不完善,有向 IBM 学习优质文化的意愿;但另一方面,联想的企业愿景、柳传志的管理哲学在企业内部备受推崇,员工对企业文化的认同度较高,不可能全盘接受 IBM 的企业文化。

此外,IBM 愿意通过吸收联想企业文化进而改变自身文化的程度受以下因素的影响:

① 并购方文化吸引力——由于缺乏了解,联想的企业文化对 IBM 吸引度不够,但可以通过进一步的跨文化传播,以增强吸引力;

② 保留本文化的意愿——由于 IBM 是一家相当成熟且具有强势文化的企业,原有员工对本企业的文化认同度很高。但共同的愿景目标为双方异质文化的相互渗透提供了可能,而且 IBM 的高层也一再明确表示要向对方企业文化中的优质部分学习,这就为双方文化的调整奠定了基础;

③ 战略的依赖性程度——IBM 要调整经营范围,集中做好信息服务业务,需要出售PC 业务,这与联想的并购战略具有很大的互补性。因此,IBM 愿意在吸收对方优秀文化的基础上,对自身的不合理之处进行调整,从而实现文化的共融。

由上述分析可以看出,在并购初期,联想更愿意吸收对方企业文化,因此适合采用引进学习的方式,以避免激烈的文化冲突。随着被并购企业逐渐消除对中方企业的排斥心理,文化整合进入碰撞阶段,此时双方吸收对方企业文化的意愿程度处于——中情形,适于采用相互吸收的方式。在这种方式下,并购双方企业要全面考察和评估对方原有企业文化的优势与劣势,然后积极吸收对方优势,除去自身劣势。在磨合期相互吸收的基础上,文化整合进入整合阶段,这时适于进行文化的渗透与融合。通过双向的渗透、妥协,融合了双方文化的长处，形成包容双方文化要素的混合文化。由于联想相对于 IBM 而言，企业文化相对不成熟，因此融合 IBM 企业文化的成分多一些。这种方式容易得到并购双方的认同，有利于形成具有开放性、多元性和相对稳定性的新企业文化。经过融合阶段的整合，并购企业文化整合成功过渡到创新阶段。在该阶段，联想与 IBM 吸收对方企业文化的意愿程度都很高，可以对企业文化进一步创新，将有助于增强企业适应和改变外部环境的能力，形成具有核心竞争力和国际影响力的独特跨文化企业文化。

新联想的整合具体分为以下四个阶段。

(1) 第一阶段为探索阶段。为了力求高度稳定，联想的做法是：承认差异，适当地相互妥协。首先稳定住军心，让员工特别是 IBM 的员工，从联想收购 IBM 的震惊中平静下来，然后在企业内部逐渐扩大联想的影响，让原 IBM 的员工逐渐接受新联想。联想和 IBM 的文化都非常强势，一方取代另一方基本不可能，所以联想的判断很明智，妥协是必须的。此外，联想在并购 IBM 个人电脑业务后在人力资源部建立文化整合小组，负责收集、整理和分析来自公司各部门员工的意见，对现有的公司文化、员工渴望的公司文化以及两者之间的差距进行评估分析，并在此基础上对新联想的文化进行新的诠释。文化整合小组向员工提出沟通融合的六字方针："坦诚、尊重、妥协"，呼吁大家能够以全新的心态，迎接并购带来的各种文化挑战。并特别聘请英语教师，帮助员工提高英语交流能力。

(2) 第二阶段是碰撞阶段。2006 年，杨元庆指示内部沟通部门，必须在内部开展形式多样的活动，履行文化沟通的职责。接到指示后，在当时负责内部沟通部高级总监王彦的带领下，大家开始了积极准备。作为当时具体负责文化鸡尾酒项目推进的李华青曾解释道："几轮头脑风暴之后，我们决定开展一个名为'文化鸡尾酒'的活动。大家都知道，鸡尾酒的魅力就在于它将性格各异的酒调制在一起却能获得迷人、和谐、绚烂的色彩和味道。而联想的今天，正面临着东西方文化和思想的冲撞、沟通和交融。这难道不正如一杯鸡尾酒，虽有很多层次，却依然五彩斑斓？"2006 年 6 月 26 日，"文化鸡尾酒"正式启动，由线上和线下两类活动组成。联想员工可以通过内部网络访问"文化鸡尾酒"论坛，内部沟通部还会不时就具体问题推出高管访谈以及线下沙龙。通过这些活动，联想的所有员工对中西文化有了更深一层的了解，促使并购双方"取其精华，去其糟粕"。

(3) 第三阶段是整合阶段。随着企业整合的深入，两种相对独立的文化向着文化整合的核心目标不断融合。通过文化整合小组对员工的调查发现，原联想和原 IBM 的员工对价值理念选择的结果，有五项是相同的，分别是：客户至上、诚信、创新、更有竞争力、生活与工作的平衡。这说明两家公司的员工已经开始互相认可对方的管理风格，并在很多方面形成了共识，比如，强调客户至上，强调员工是公司财富的最大源泉，强调业绩导向。

(4) 第四阶段是创新阶段。通过两种文化的融合，形成基于双方优势，而不是简单用一种作为主导的新联想文化，使得双方文化逐渐融入一个全新的文化模式中。在联想的文化整合过程中，新联想形成了"成就客户""创业创新""精准求实""诚信正直"的核心价值观。通过充分发挥共同愿景的作用，新联想进一步强化了共同的价值观，促进新文化生成。此外，新联想优化组合培育新的企业文化，通过宣传、培训等手段让员工学习接受新的企业文化，并将新的企业文化贯彻实施。

近些年来，联想的企业文化已经开始向更加随意、灵活的高科技企业方向发展。现在,在位于北京的联想总部大楼里,看到的都是穿着随意、不断用手机进行会谈、脸上充满自信的工作人员,联想新员工也开始接受来自于美国的团队协作项目培训比如"背摔"训练来培养团队合作意识。随着文化整合进程的推进,新联想已经取得了显著的阶段性成果。根据IDC公布的2010年数据,全球电脑销售增长率平均是2.7%,而联想的增速为21%,全球的市场占有份额已经增加到10.5%。

讨论题:

1. 联想在进行文化整合时考虑了哪些因素?联想主要采用的是哪种文化整合方式?
2. 为什么要分阶段进行文化整合?
3. 结合案例,分析企业并购中文化整合得以成功的原因是什么?

📁本章小结

1. 企业文化整合是指企业内部或来源于企业外部的具有不同特质的文化,通过相互接触、交流进而相互吸收、渗透,融为一体的过程。

2. 企业并购中的文化整合应遵循三条基本原则:以企业整合后的定位为依据、求同存异、继承与创新。

3. 并购后企业文化整合主要包括精神层面、制度与行为层面、物质层面的整合。

4. 文化整合包括吸纳式、渗透式、分离式、反向同化式和消亡式五种整合模式。吸纳式比较适用于并购方的企业文化非常强大而且极其优秀,能赢得被并购方企业员工的一致认可,同时被并购企业的原有文化又很弱的情况;渗透式适合于并购双方的企业文化强度相似,且彼此都欣赏对方的企业文化,愿意调整原有文化中一些弊端的情况;分离式适用于并购双方业务方面具有一定独立性,双方均具有较强的独特企业文化,企业员工不愿文化有所改变的情况;反向同化式适用于拥有资金实力,但是文化实力较弱的企业并购强文化企业的情况;消亡式适用于并购企业从并购开始便计划将目标企业拆散出,且被并购企业拥有很弱的劣质文化的情况。

5. 企业文化整合可以分为整合前阶段、整合进行阶段和整合后阶段。每个阶段都有各自适用的整合策略。

✏️复习思考题

1. 什么是文化整合?
2. 文化整合的原则是什么?
3. 文化整合包括哪几方面的内容?
4. 企业并购中为什么要重视文化整合?
5. 文化整合包含哪几种模式?各自的适用条件是什么?
6. 简述文化整合的过程及其在各阶段所采取的主要策略。
7. 试查找一个并购企业成功进行文化整合的案例,并分析其启示。

第 8 章 跨文化管理

学习目标

通过本章的学习，了解文化差异的表现和影响，掌握霍夫斯泰德的文化维度理论及克拉克洪和斯托德伯克的六大价值取向理论，了解跨文化沟通与培训的方法，重点领会美、日、中企业的管理模式比较。

先导案例

从文化差异和文化冲突看中海外波兰高速公路项目惨败[①]

A2 高速公路工程是波兰为了 2012 年 6 月和乌克兰联合举办欧洲足球杯而兴建，位于罗兹地区和华沙地区之间，全长 91 公里，共分 5 个标段。A、C 标段是两个最长的标段，设计时速 120 公里，为波兰最高等级公路项目。2009 年 9 月波兰政府公开招标，业主为波兰高速公路管理局，最终 A、C 段项目由中海外联合体（由中国海外工程有限责任公司、中铁隧道集团有限公司、上海建工集团及波兰贝科玛有限公司组成）以低于政府预算一半多的价格中标拿下，这是中国中铁系统在欧盟国家唯一的大型基础设施项目，是进入欧洲高端基建市场的重要切口。该工程总工期自 2009 年 10 月 5 日至 2012 年 6 月 4 日，投标报价为 4.47 亿美元（约合 30.49 亿元人民币）。

但是，2011 年 5 月，中海外原本尚能按时支付给分包商的工程款开始出现拖欠，波兰承包商拒绝继续向工地运送建筑材料，导致从 5 月 18 日起工程停工。2011 年 6 月初，中海外总公司决定放弃该工程，中海外可能因此亏损 3.94 亿美元，而波兰业主索赔 2.71 亿美元。该工程为何会如此惨淡收场？文化差异和文化冲突产生的不必要的摩擦、内耗、效率低下是重要原因。

1. 不达目的誓不罢休的"中国打法"

一些熟悉国际工程建设的业内人士评述中海外波兰高速项目表示，"低价格拿标是标准的'中国打法'。"A2 高速公路工程工期 2 年多，涉及大量原材料成本的变迁、汇率的变

[①] 资料来源：王吉鹏.企业文化建设——从文化建设到文化管理（第 4 版）.北京：企业管理出版社，2013：301～303.

动以及地质条件、气候条件的变化,会出现各种变更,这些变更的范围和方式承包方可以与业主方在合同中作出约定,一般情况下,取得现场工程师的认可以及业主方同意后即可相应调整报价。但后来的情况显示,中海外没有清晰意识到波兰市场的特殊性和欧洲法律的严肃性,适合于国内的这一套在欧洲行不通,而欧洲建筑商之所以报出高价,就是用价格来覆盖诸如变更的各种不可控的风险。

2. 沟通障碍

波兰的官方语言是波兰语,精通中文且具备法律和工程专业背景的翻译凤毛麟角。中海外联合体和公路管理局签署的是波兰合同,而英文和中文版本只是简单摘要。由于合同涉及大量法律和工程术语,当时聘请的翻译并不能胜任。而且中海外急于拿下该项目,认为一些工作不必过细,其中甚至包括关键条款的谈判。

另外,中波双方对质量要求的理解也不一致。有些地方中方认为做一半厚度即可,波方不同意,要求按合同来,中方抱怨波方"过于保守",但中方工程师没有当地从业资格,最终只能按照波方工程师的要求操作。

更多的沟通障碍来自对环保的认识。2010年9月,负责C标段设计波兰多罗咨询公司多次向中海外邮件交涉,要求中海外在做施工准备时,必须妥善处理"蛙"的问题。但当初中海外没有料到小小的青蛙也会成为影响工期和成本的大挑战。为将珍稀蛙类搬到安全地带,不得不停工两周,而且动物通道、声屏障、路边的绿化和腐质土壤处理都增加了工程成本。

3. 船到桥头自然直的中国心态

中方项目经理由于不了解波兰当地建筑行业操作流程,加之手头现金流吃紧,在多次与当地分包商接触时,并不轻易决策。一位2010年与其共事的人士称:"他当时的战术是,等着当地供应商上门求合作。他认为,人家找上门,价格就可以再低。"

但这些招数在欧洲并不灵,原本就可以确定采购数量,支付定金,锁定一年后施工时的原材料,却因为人为的拖延耽误了最佳的采购时期,使供货无法保证,使价格上涨无法规避。波兰因经济复苏以及2012年欧洲杯所带来的建筑业热潮,其国内一些原材料价格和大型机械租赁费上涨超过5倍,而中海外为了赶工期,不得不与分包商签订不利于自身的合同。

8.1 文化差异

经济全球化的浪潮使得跨国公司日益增多。而当跨国经营屡屡受挫时,其中出现的一个共同问题就是跨文化管理。戴维·A.利克斯曾指出:"但凡跨国公司大的失败,几乎都是仅仅因为忽视了文化差异——基本的或微妙的理解所招致的结果。"跨文化管理成为管理学界日益关注的一个问题。今天,我们要研究这个问题,必须首先了解什么是文化,什么是文化差异,如此才能在不同的文化环境中设计出切实可行的管理方式,进而保证企业经营的成功。

8.1.1　文化差异的内涵

文化差异是指由于文化背景不同导致特定人群之间遵循不同的价值评判标准和行为准则,从而使他们对于特定事物是有不同的态度和行为。荷兰学者霍夫斯泰德曾形象地描述:"除非受到允许,在德国什么事也不能做;除非受到禁止,在英国什么事都可以做;即使受到禁止,在法国也是什么事都可以做。"

从这句话中,我们都应该明白,国与国之间的文化差异是客观存在的,每个民族都有自己鲜明的性格特征。其他国家的人在对某些事情的处理方式上与自己会有所不同。

作为一名管理者,了解文化差异能清楚地知道在某个具体国家里什么样的行为才是恰如其分的,进而开展有效的管理。比如,如果知道英国人很注意保护自己的隐私,就会避免问英国人个人问题,相反,问希腊人个人问题却是可以接受的,这表示你对他感兴趣;在丹麦,当你介绍某人时要使用专业头衔,但在希腊这种正规仪式却会令人不悦;在日本,初次见面时对互换名片非常重视,所有的商业交流都以正式交换名片为开始,但是在意大利,人们却不太使用名片;对英国人来说,他们是日程表的严格执行者和守时者,而了解民族差异的管理者,看到西班牙人总是在约会时迟到二三十分钟就不会感到惊诧,准时在西班牙文化中并不占重要地位。尽管在很多国家8月份与其他月份没有什么区别,但管理者应该知道不要在这个时间去法国做生意,因为法国人在8月份全都去度假。

以上所述的是国际文化的多元化,而一个国家内部的文化也同样表现出多元化。比如我国56个民族,每个民族都有各自的民族文化;如上一节所述,不同的地域差异,也会表现出不同的地域文化。中国人到国外做生意,必须了解东道主国家的文化特征;同样,中国的北方人到南方做生意,也需要了解当地的文化特点;汉族人到藏族居住的地方做生意,也需要了解藏族的民族文化。所以,对于跨国企业和跨地区的企业,一方面要了解当地的社会文化、民族文化和地域文化;另一方面,还要注意这些文化对企业的影响,汲取这些文化中的优秀成分,处理好自身文化与当地文化之间的关系,才能推动企业建设。

8.1.2　文化差异的影响

文化差异对企业经营管理既有积极影响,也有消极影响。文化差异可以为企业带来竞争优势,增强企业的灵活性,但是处理不当,也会导致文化风险和文化冲突。

1. 文化差异与竞争优势

文化差异为企业带来的竞争优势主要体现在以下三个方面:

(1) 市场方面。文化差异提高了企业对于目标市场的文化偏好的理解能力和适应能力,企业努力使其员工的构成与不同的文化背景的重要顾客或顾客群体相匹配,以更加理解客户需求,拉近与客户的关系,提高企业在市场方面的适应能力。如一些跨国企业往往利用中国人经营在中国的子公司,开拓中国市场,即实施本地化的战略,充分利用本地化带来的好处。

(2) 成本方面。包括人力成本和信息成本两个方面。企业的外派人员一般有较高的工资、补贴等支出,大量向东道国派遣工作人员需要较高的人力成本。而利用东道国当地员工则可以大大节省人力成本。同时利用本土人员,可以加强对东道国文化的理解,避免文化误解,而且有利于更快、更便捷地获取信息,减少市场开拓的盲目性,从而降低信息成本。

（3）创新方面。每种文化都有其独特的思维方式,利用文化差异有利于企业成员理解和掌握不同的信仰和价值观,可以为问题的解决提供更广阔的视角范围,减少思维的模式化,激发解决问题的新思路和新方法,提高企业在面临多种需求和环境变化时的灵活应变能力。

2. 文化风险

不同的文化具有不同的价值观念、伦理道德、风俗习惯、思维方式和行为方式,这些都将增加管理的复杂性,带来种种文化风险。这些风险表现为:

（1）种族优越风险。进入东道国的海外企业管理人员,可能会具有较强的种族优越感。这些人很难客观地评价异族文化,很难避免带有自己民族文化环境中形成的"偏见"和"先见"。这些管理人员在经营管理中由于缺乏文化差异敏感性,常常倾向于采用单一的、以母国为中心的管理方式,这就极有可能造成国内母公司和海外子公司沟通不利,致使母公司不能充分考虑海外企业的具体情况,同时也不利于适应当地的社会文化,无法及时针对东道国经济和政治环境的变化进行相应的调整,更难以形成统一的目标。

（2）管理风险。管理风险是指来自母公司的管理人员的管理思想、管理习惯、管理方法等不能有效地被当地员工所接受的风险。在一国被证明是最好的管理方式在另一不同文化背景的国家则不一定也是最好的。例如,战后美国接管日本工厂后,美国人按能力原则选拔年轻有魄力的管理人员,这与日本企业重视年龄、资历、经验的用人方式发生严重冲突,导致了工厂工人罢工。同样,日本人在本国行之有效的"团体精神"和"亲善管理"在美国也难以被接受。因此,如果不了解本国与东道国之间的文化差异,而采用以母国为中心的管理模式,往往会带来管理上的风险。

（3）沟通风险。公司在进行跨文化经营时,必然要与当地的政府、顾客、中间商、员工等进行广泛的交流沟通,在谈判、合同、产品说明、广告推广等方面经常会遇到沟通的问题,由于文化差异的存在,这就会造成沟通障碍和沟通误会而导致沟通失败的风险。在国际性的经济环境中,交换信息、交流思想、决策、谈判、激励和领导等活动是以不同文化背景的管理人员和普通职员之间进行有效的沟通为纽带的。然而,由于不同文化背景的人们感知世界和编辑信息的方式是不同的,因而他们在一起交流、工作和做生意的时候,常常存在理解和信任的障碍,往往会产生误解、效率低下等问题。比如,中国人在沟通的时候经常是"意会"而不是"言传",相反,美国人则是尽可能地用语言直接表达一切。了解这些差异,是降低沟通风险的唯一途径。

（4）商务礼仪风险。如果原有的商务运作管理、业务洽谈习惯等不能适应新的文化环境,就有可能导致交易失败的风险。公司在跨文化环境经营过程中经常需要同来自不同文化背景的人打交道,许多商业习惯如开会穿何种衣服、何时和怎样使用名片,是握手还是拥抱等可能随国家不同而有差异。比如,在阿尔及利亚,握手用力受尊敬。他们认为,用力的程度跟对方友好的程度是成正比例的,最好握得他们手都感到麻痛。在埃及,无论送给别人礼物,或是接受别人礼物时,要用双手或者右手,千万别用左手。如果不熟悉东道国或者第三国的商务惯例,很容易误解对方的意图或者冒犯对方,导致生意的损失。

(5) 禁忌风险。禁忌风险主要是指跨国经营管理者在产品设计、包装和广告时因忽视不同民族对颜色、图形、数字等的爱好和禁忌而导致的风险。例如,在美国和许多欧洲国家里,黑色代表着死亡,而在日本和其他一些亚洲国家中,白色代表着死亡,在拉丁美洲则一般将紫色与死亡联系在一起,埃塞俄比亚人悼念死者时,穿淡黄色衣服。又如摩洛哥人喜爱鸽子、骆驼、孔雀图案,而禁忌六角星、猫头鹰图案。埃及人喜欢金字塔形莲花图案,而禁忌有星星图案的衣服和有星星图案的包装纸。如果不了解不同文化的禁忌,就必然给跨国管理带来危险和麻烦。

3. 文化冲突

上述的文化风险如果得不到妥善解决,就会产生文化冲突。文化冲突就是不同的文化、亚文化、文化的不同成分在相互接触时会产生矛盾、对立、排斥甚至对抗的状态。文化冲突既包括企业主体文化与本土文化的冲突,也包括企业内部不同文化背景员工之间的冲突。文化冲突的结果可能会使两种文化脱离接触,甚至形成对立,从而导致跨文化管理的失败。文化冲突在组织成员之间可能也会导致以下几种不良结果:一是沟通终止。当来自不同文化背景员工的文化冲突大到一定程度时,沟通便自然中断,结果双方不能互相理解,导致双方可能越走越远。二是非理性反应。管理人员如果不能正确对待文化冲突,凭感情用事,这种非理性的态度容易引起员工非理性的反应,如埋怨、争吵、报复,结果误会越来越多,矛盾越来越深,冲突加剧。三是怀恨在心。对于已经发生的冲突,冲突双方如果不耐心地从彼此的文化背景中寻找文化共识,而一味责怪对方,结果只会造成普遍的怀恨心理。下面的例子可能是很多在合资或外资企业工作的员工经常碰到的情况。

美国一家跨国公司的某区域人力资源副总(美国人)与一位被认为具有发展潜力的中国员工交谈,其主要目的是想了解这位员工对自己未来五年的职业发展规划以及预期达到的位置。谈话开始,中国员工谈论起公司未来的发展方向、公司的晋升体系,以及目前他本人在组织中的位置等,讲了半天也没有正面回答副总的问题。副总有些大惑不解,没等他说完已经有些不耐烦了,因为同样的事情之前已经发生了好几次。谈话结束后,副总忍不住向人力资源总监甲抱怨:"我不过是想知道这位员工对于自己未来五年发展的打算,想要在我们公司做到什么样的职位罢了,可为什么就不能得到明确的回答呢?"谈话中受到压力的员工也向甲诉苦:"这位老外副总怎么这样咄咄逼人?"作为人力资源总监,甲明白双方之间不同的沟通方式引起了隔阂,虽然他极力向双方解释,但要完全消除已经产生的问题并不容易。

归根结底,文化冲突源于文化差异。不同国家、民族之间的文化都有很大差别,表现出来的思维方式、行为准则和价值观念等都有很大的差异。不同文化背景中的人处理事务的逻辑方式也会有所不同。如果不能很好地处理这些文化冲突,就有可能导致跨文化管理的失败,威胁企业的运作效率和效果。

8.1.3　文化差异的识别维度

1. 霍夫斯泰德的文化维度理论

荷兰跨文化研究专家霍夫斯泰德(Hofstede,1980,1991)提出的文化维度理论是跨文化理论中至今最具有影响力的理论之一。

(1) 权力距离

权力距离指的是一个社会中的人群对人与人不平等这一事实的接受程度。接受程度高的国家,权力距离大,社会层级分明,社会不平等是一种常规,少数人享有特权,而大多数人则处于依附状态;接受程度低的国家,权力距离小,人和人之间比较平等,有权人和无权人之间存在潜在的和谐,处于不同权力地位的人之间可以相互信任。中国与美国相比,很显然中国的权力距离要大于美国。从传统文化中孔孟提倡的君君臣臣、父父子子,到现代社会强调的在家听父母的话、在学校尊敬师长、在单位尊敬领导,讲求的都是社会的秩序和人与人之间的距离和等级。

权力距离在组织管理过程中会有明显的表现。一是表现为不同的组织结构。权力距离大的国家,比如中国、日本、韩国中的企业,一般等级观念森严,组织结构层级鲜明;而权力距离小的国家,比如美国、加拿大、瑞典的公司,组织结构一般就比较扁平。二是表现为不同的决策方式。权力距离大的国家倾向于采用自上而下的决策方式,员工往往对参与决策带有恐惧、不信任的心态。莫里斯和帕瓦特的研究发现在墨西哥(高权力距离),权威式的管理做法更加有效。而权力距离小的国家则倾向于采用参与式的决策方式,善于吸纳底层的意见,尤其是在美国,参与管理是一种重要方式。有研究表明,在美国员工参与程度高的组织比其他组织更加高效、发展也更快。三是表现为不同上下级的关系。权力距离大的国家里,下属趋于依赖他们的上级,上级做出决策,而下属则接受这个决策。上下级之间的感情差距也较大,下属一般不会直接去找上司并和上司发生冲突;权力距离小的国家,下属对上级的依赖是有限的,并且偏好商量,下属可以参与影响他们工作行为的决策。上下级之间的感情差距也相对较小,下属很容易接近并敢于反驳他们的上级。

(2) 不确定性规避

不确定性规避是指人们对不确定和未知情境感到威胁的程度。低不确定性规避文化中的人们认可客观存在的不确定性,并接受这一事实,顺其自然;他们不认为时间就是金钱,也不认为努力工作是一种美德;他们更具创新精神,勇于挑战,敢于冒险,能够容忍失败。而高不确定性规避文化中的人则认为不确定性是必须克服的威胁,倾向于避免冲突;他们认为时间就是金钱,具有努力工作的内在动力;他们强调建立正式的规则,以保障职业安全。

在组织管理方面,不确定性的规避影响了组织控制的程度。在一个高不确定性规避的社会中,组织寻求建立一种高度正式化、制度化和等级化的结构,看重书面或成文的规范,工作条例与准则的建立是一个组织为应付不确定性而设立的组织程序,管理也相对是以工作和任务导向为主的。而在一个低不确定性规避的社会中,则尽量减少规范的、成文的规章制度和标准化程序,鼓励其组织成员接受事物的多样性,充分发挥成员的积极性和创造力。在高不确定性规避文化中的管理者倾向于给予下级准确、具体的工作指令,而低不确定性规避文化中的管理者则更愿意为下级提供一个范围相对模糊的工作目标。

（3）个人主义和集体主义

个人主义和集体主义被定义为人们关心自己和个人目标（个体主义）或者群体成员和群体目标（集体主义）的程度。个人主义和集体主义文化的不同主要体现在"我"与"我们"的区别上。在个人主义文化中,个人将个体的利益视为是第一位的,个人把他们与组织的关系看成是功利性的和个体性的;个人之间的联系是十分松散的,每个人都只顾及自身的利益,每个人都拥有很大的自由来选择自己的方向和行动。集体主义文化中,个人愿意合作胜过竞争,追求群体的目标胜过个人目标,把群体的利益置于个体利益之上;人们生活在包括家庭在内的集体中,每个人都要考虑他所在群体中的他人利益。个人对个体行为是否会抹黑其所在的群体,被所在的群体所排斥而感到焦虑。

在组织管理活动中,个人主义和集体主义可以用来解释人与组织的关系。在个人主义占主导地位的社会里,每个人都有强烈的自我意识和独立的需求,一切以自我为中心;组织结构是松散的;个人以算计的方式与组织（集体）打交道,个人对组织的义务是十分脆弱的,这种义务只有在个人看到了对自己有明显的利益时才存在;个人对集体有较少的感情依附,相信自己胜于集体;个人对工作结果负责任,奖励也是以个人为基础的。在集体主义占主导地位的社会里,组织结构是严密的;个人往往从道德、思想的角度处理其与组织的关系;人们会按照组织（集体）的利益行事,而组织（集体）的利益也许不会总是和个人的利益相一致;个人对集体有强烈的感情依附,人们信任组织,愿意为组织的成长和发展出力;集体对工作结果负责任,奖励也是以集体为基础的。学者厄雷比较了美国、中国香港和中国内地的培训方式,他发现对于美国管理者而言,个人形式的培训会带来更高的自我效能感和绩效;而对中国香港和中国内地的管理者而言,团体形式的培训在自我效能感和绩效提升方面更有效。

（4）刚性和柔性

刚性和柔性指的是人们强调自信、工作、成就、竞争、物质主义（刚性倾向）还是强调生活质量、人际关系和他人利益（柔性倾向）的程度。刚性文化对工作的看法是"活着是为了工作",衡量成就大小以财富和获得的承认为标准;柔性文化对工作的看法是"工作是为了生活",衡量成就的尺度是人际交往和生活环境。日本是刚性文化的典型代表,日本的员工下班之后很多人也不回家,而与同事一起去酒吧饮酒,作为上班的延续,因为他们把这个时间的交际看作是对自己未来升迁和发展的投资。而在墨西哥,给工人增加工资反而减少了工人愿意工作的时间长度,因为墨西哥人珍视与家人朋友一起的时间,钱够了正好把业余的时间给家人朋友,体现的就是生活比事业成功更重要的价值观念。

刚性与柔性文化间的差异可以用来解释一些管理活动中的现象。在刚性文化的国家中,人们崇尚用一决雌雄的方式解决冲突;在柔性文化的国家中,人们一般乐于采取和解的、谈判的方式解决组织中的冲突问题。刚性文化强调公平、竞争、注重工作绩效,目标管理法在这种文化下更加适用,对个体而言重要的激励因素是收入、获得认可、职务晋升以及工作的挑战性;柔性文化强调平等、团结、注重工作生活质量,人们对组织报酬的期望除了薪金以外,还较为看重闲暇时间。

（5）长期导向和短期导向

长期导向和短期导向表明了一个民族对长远利益和近期利益的考虑与权衡。具有长期导向文化的社会主要面向未来,注重对未来的考虑,愿意为将来投资,接受缓慢的结果;人们注重节约、节俭和储备,做任何事物均留有余地;这种社会常想到人们现在的行为将会如何影响后代。短期导向性文化的社会则面向过去与现在,着重眼前的利益;人们注重负担社会责任,最重要的是此时此地。

在组织管理方面,长期导向和短期导向影响了企业目标的制定以及考核的时间。比如日本企业常以长远的目光来进行投资,每年的利润并不重要,最重要的是逐年进步以达到一个长期的目标;而美国的企业更关注直接的财务收益,管理者会逐年或逐季对员工进行绩效评估。相应的,在员工激励方面,长期导向的组织成员更看重工作保障,当前的报酬次于个人在公司的长期发展目标;短期导向的组织看重的是以工资和快速晋升为主的短期激励。另外,长期导向和短期导向也会影响人们谈生意的方式。长期导向的人习惯从周边关系切入,全部情况了解清楚之后,再进入主题,谈正事;而短期导向的人喜欢直接切入主题,从正事开始谈起,如果成功,再拓展关系,了解其他方面的情况。比如中国人谈具体的生意之前总要把自己公司的历史、组织结构和人员组成等情况介绍清楚,一两个小时以后也许才谈及真正要谈的生意;而美国人则有把所有生意都看成是一锤子买卖的倾向,可能一上来就直奔主题,而把与生意没有直接关系的介绍和相关活动视为浪费时间。

霍夫斯泰德的文化维度理论用实证研究的方法使每一个国家在每一个维度上都有一个得分,可以用量化的方式来表达文化差异。表 8-1 就是一个具体的例子。

表 8-1　10 个国家或地区的文化维度得分

国家或地区	权力距离	不确定性规避	个人主义和集体主义	刚性和柔性	长期导向和短期导向
美国	40	46	91	62	29
德国	35	65	67	66	31
法国	68	86	71	43	30*
荷兰	38	53	80	14	44
日本	54	92	46	95	80
西非	77	54	20	46	16
中国香港	68	29	25	57	96
中国	80*	60*	20*	50*	118
俄国	95*	80*	50*	40*	10*
印度尼西亚	78	48	14	46	25*

注：分数越高表明权力距离越大、不确定性规避越高、个体主义倾向越强、刚性倾向越强、长期导向性倾向越强；* 为估计值。

资料来源：霍夫斯泰德"管理理论的文化约束",Academy of Management Executive. Vol. Vii. No. 1. 1993.

小案例

大韩航空权力距离的转变

大韩航空原来一直是全球空难较高的航空公司。从 1988-1998 年，大韩航空的飞机损失率为飞行百万次损失 4.79 架飞机，是美国运输航空公司飞机损失率的 17 倍之多。此事引起美国国家交通安全委员会的警觉，他们的调查结果让人惊诧不已——大韩航空事故频发，跟飞机性能关系不大，该航空公司所采用的飞机性能跟世界上其他大航空公司并无不同。后来美国国家交通安全委员会帮助大韩航空找到了问题的症结：韩国人的高权力距离指数，导致了大韩航班上的沟通不畅，这是此前大韩航空飞机失事的罪魁祸首。

比如，副驾驶想说，"今天天气很差"，如果这样直接把情况说明，机长就会根据实际情况进行判断。但由于权力距离指数大，下属怕说错话给上级的印象不好，就说话绕弯子，"今天天气没有昨天好。"这样就在面临紧急情况时，机长要同时处理很多信息，如果说话绕弯子，机长就把这句话当做不重要的信息过滤了。因此，大韩航空以前在面对紧急情况时，由于权力距离指数大造成沟通不畅，致使飞机失事事故很多。

后来，大韩航空邀请了德尔塔航空公司的戴维·格瑞博来管理运营。格瑞博要求大韩航空公司的新语言是英语，每位驾驶员要想继续任职，必须做到英语流利。由于英语对大韩航空的驾驶员而言不是母语，驾驶员想绕弯子也不会说清楚，只能说话越简单越好，而且英语本身就很直接，因此就能把最关键的意思说清楚，机长也能把最关键的信息听清楚，在紧急情况时就能快速地处理问题。这一下就把大韩航空从不安全、口碑很差的航空公司转变为世界一流的航空公司。从 1999 年以后，大韩航空再也没有发生任何事故，并已成为具有良好声誉的空中联盟中的一员。

2. 克拉克洪和斯托德伯克的价值取向理论

在分析文化差异时引用最多的方法之一就是两位美国人类学家克拉克洪和斯托德伯克(K1uckhohn & Stodtbeck,1961)的构架。这一构架认为人类共同面对六大问题，而不同文化中的人群对这六大问题上的不同观念、价值取向和解决方法则显著地影响了他们的生活和工作的态度和行为。

（1）人的本质

不同文化中的人对人性的看法是不同的。比如中国，人们认为自己本质上是诚实和可信的，然而朝鲜则认为人的本质是非常邪恶的。北美人的看法倾向于在二者之间，他们认为人性可善可恶，是善恶混合体，必须谨慎小心才能不被利用。

这一点表现在管理上，美国尽可能考虑人性恶可能带来的坏行为，强调制度的重要性，在设计制度时严密仔细，事先设置种种限制以防坏行为发生；而中国则从人性善的角度，假设人不会做坏事，所以制度稀松，漏洞百出，到坏事发生以后才去修补制度。另外，对人本质的三种看法影响到管理者的领导风格。如果文化关注的是人的邪恶一面，管理者则倾向采用更为专制的、紧密监督风格来规范人的行为；而相信人性本善的文化中，参与甚至自由放任的领导风格占主流；在混合型文化中，领导风格可能会重视参与、协商，但同时拥有严格的控制手段以迅速识别违规行为。

（2）人与自然的关系

人们应该臣服于自然，与自然保持和谐的关系，还是应该去努力控制和改变自然环境？根据对这一问题的不同态度，可以将文化区分为宿命的文化、进取的文化或中立型。比如东南亚海啸事件，大部分的东南亚人将此事归结为命运，认为这是人冒犯大自然的结果，是老天爷的报应，这就是宿命文化的表现。相反，美国人和加拿大人则相信他们能够控制自然。比如，他们愿意每年花费上亿经费从事癌症研究，因为他们相信可以找到癌症的病因，发现癌症的治疗办法，最终消除这种疾病。而以儒家文化为主导的中国传统文化则持一种更为中立的看法，希望和自然之间保持一种和谐的关系，顺其自然。

这些对待自然的不同看法会影响到组织的实践活动。我们以目标设置为例说明。在臣服于自然的社会中，目标的设置并不普遍。如果你相信人们在实现目标的过程中不可能做很多事，那有什么必要设定它呢？即使勉强去做，态度也是消极的、犹疑的。在一个与自然保持和谐的社会中，可能会使用目标，但人们预期到在实际执行时，目标会发生偏差，会按照外界条件的变化而调整目标，并且对未能达到目标的惩罚也是极轻的。而在一个控制和改变自然的社会中，人们广泛地应用着目标，目标是明确且高水准的，人们希望实现这些目标，并对未能达到目标的惩罚也是很重的。这也是诸如美国等国家盛行目标管理，并能获得很好效果的原因之一。

（3）人与他人之间的关系

人与他人之间的关系所涉及的问题是每个人对别人的幸福应该负怎样的责任，可以划分为个人型、群体型和等级型。比如，美国人是高度个人主义的，他们强调人的独立性，而证明独立性的重要一点就是离开父母生活，自己打天下。而马来西亚人和以色列人更注重于群体。比如，在以色列集体农场中，人们共同工作，共享奖励。他们看重的是群体的和谐、统一和忠诚。英国人和法国人则遵循另一个取向，他们依赖于等级关系，这些国家中的群体分成不同的层次等级，每个群体在此层次等级中的相对地位是很难改变的。这些国家历史上的贵族统治就是等级社会的一个写照。

不同的人际关系导向，当然也会对许多重要的管理活动产生影响。比如，在个人主义社会中，选拔重视的是个人成就，奖酬制度是以个人为基础的；而在群体社会中，能与他人很好地合作则可能最为重要，奖酬制度也是以群体为基础的；在等级社会中，选拔标准以候选人的社会等级为基础，奖酬制度则以地位为基础。

（4）人的活动取向

人的活动取向是指人们喜欢选取什么作为活动的焦点。有的文化强调脚踏实地地做事（自为取向），有的文化崇尚内省和控制（自制与自控取向），有的文化则倾向于及时行乐（自在取向）。荷兰人崇尚的是人人都负起应负的责任，重视成就，中国文化在活动导向上则偏重于内省和控制，而墨西哥人则是自在取向，强调即时享乐、重视家庭活动。

对文化中活动取向的理解能使我们认识到这样一些管理问题：人们是如何做出决策的，人们在奖励分配上使用的是什么标准。比如，在自在取向占主导地位的文化中，决策很可能是感情性的，奖酬也会以感情为基础；在自为取向的文化中，决策多半是按照务实的标准制定的,奖酬制度会以结果为基础;而在自制与自控取向的文化中,决策很可能是强调理性的,奖酬会符合逻辑的分配,工作成果会兼顾长期与短期利益、生产的数量与质量等。

（5）人的空间观念

人的空间观念指的是人们对其周围空间所持的态度,即对其附近空间所有权的认识。中国人倾向把空间看成公共的东西,没有太多隐私可言;而美国人却倾向于把空间视为个人的私密之处,他人不能轻易靠近。

空间观念对管理活动的影响主要反映在沟通模式和办公室的布局设计方面。共有型空间观念文化中,沟通模式往往是广泛而公开的,上级会在所有下级面前评价每个人的工作业绩。办公室布局也是按照公开性为原则进行布置的,例如,日本的企业中几乎没有私人办公室。课长和员工在同一间屋子里办公,课长可以时刻看到员工的工作情况。相反,在私有型空间观念文化中,沟通往往是采用一对一的私密形式进行的,上级会与每一个下级单独进行绩效的反馈。办公室设计强调设置障碍,例如在德国,公司通过一个人使用的办公室来反映这个人的地位,办公室的门都是紧紧关着。还有一种居于中间的混合型模式,在这种文化的社会中,人们的沟通多是有选择的、半私下地进行的,隐私和公开是交融在一起的。办公室布局也可能采用大办公室的形式,但是中间会有墙壁或隔板分隔开,从而保证人们拥有"有限的隐私"。

（6）人的时间导向

不同的社会对时间的价值观是不一样的,一般而言,可以分为注重过去、强调现在和着眼未来三种取向。美国人关注的是现在和近期的未来,可以在绩效评估的短期取向中看到这一点,典型的北美组织每6个月或一年对员工进行一次评估。相反,日本人则以一种更长远的观点看待时间,并且也在他们的绩效评估方法中得到反映。日本的工人常常用10年以上的时间来证明他们的价值。还有一些文化对时间持另一种观点:他们关注的是过去。比如,意大利和韩国都是尊重过去传统和习俗的国家。

另外,在计划制定和决策标准重点的选择上也体现出不同时间导向的差异。面向过去的社会中,计划制订只不过是过去做法的延伸,决策标准也在按照过去的情况制定;面向现在的社会中,常常制订的是短期的计划,决策则主要考虑目前的影响;而面向未来的社会中,企业更多制订的是长期的计划,以希望取得的结果为标准进行决策。

总结一下,克拉克洪和斯托德伯克的理论可以用表8-2表示。

表8-2　克拉克洪和斯托德伯克的六大价值取向理论

价值取向	不同形态		
人的本质	性恶	混合型	性善
人与自然的关系	臣服	和谐	控制
人与他人之间的关系	等级型	群体型	个人型
人的活动取向	自在型	自制自控型	自为型
人的空间观念	私有型	混合型	公有型
时间导向	面向过去	面向现在	面向未来

8.2 跨文化管理问题的方法

不同的文化因为生产方式、地理环境以及历史传统的不同,会表现出很大的差异,呈现出特殊性和个性。这种特殊性和个性不仅表现在社会文化、民族文化、地域文化的层面上,而且在企业文化和团队文化的层面上也会有所体现。在企业的跨文化管理过程中,如果不能正确处理不同文化之间的文化差异,就会引起文化风险和文化冲突,进而影响企业的经营绩效。因此,选择有效跨文化管理模式与方法,是妥善处理文化差异的重要基础。

8.2.1 跨文化沟通

跨文化沟通是解决跨文化管理问题的重要途径,在多种跨文化管理模式中均被广泛使用。

1. 高语境与低语境

美国人类学家霍尔认为,由于不同的文化类型的存在,人类信息在传播过程中对语境的依赖程度是不同的,大致可以分为"高语境"与"低语境"两种类型。所谓"语境",是指两个人在进行有效沟通之前所需要了解和共享的背景知识,所需要具备的共同点。这种背景知识越多,具备的共同点越多,语境就越高;反之,语境越低。高语境沟通则是说话者的言语意义来源于或内化于说话者当时所处的语境,他所要表达的信息和情感往往比他所说的东西要多。而在低语境文化中,大量的信息存在于清晰的语言之后,人们强调的是双方交流的内容,而不是当时所处的语境。

不同国家的语境是有差异的。O'Hara-Deveraux和Johansen(1994)对不同民族的语境进行了排列,如图 8-1 所示。

由此可见,中国文化处于高语境一端,而美国文化处于低语境一端。也就是说,中国文化中,人与人的沟通讲究点到为止、言简意赅,同时强调心领神会。而美国文化则相反,在沟通的时候尽可能用语言表达一切,开门见山、直截了当,常常没有隐藏在字里行间的意义,听话时不用去听"弦外之音"。例如下面的例子:

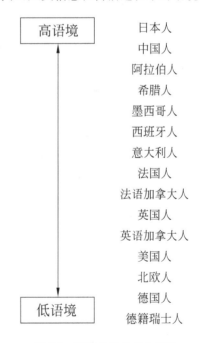

图 8-1　不同民族的文化语境

资料来源：O'Hara-Deveraux M, Johansen R. Globalwork：Bridging distance, culture, and time. San Francisco：Jossey-Bass Publishers, 1994.

一位旅美的中国女士准备乘飞机外出度假。她从心里是希望她的美国朋友能够开车送她去机场。

中国女士：这个周末我要坐飞机去旧金山！

美国朋友：太棒了！真希望能和你一起去。你准备在那儿待多长时间？

中国女士：（我希望她能主动提出开车送我去机场）三天。

美国朋友：（如果她想让我开车送她，她会说出来）祝你玩得开心！

中国女士：（如果她真的愿意送我的话，她会主动说出来的。看来她不愿意送我，我只好另外找人了，这个人真不够朋友）谢谢。再见！

由于语境的影响，不同民族在进行沟通时所遇到的挑战应该充分引起管理者的注意。

2. 跨文化沟通技巧

1）理解沟通障碍

在跨文化沟通的过程中，由于来自不同文化背景中的个体的编码、解码方式的不同，经常会造成沟通上的障碍。为了减少、克服这些由于文化差异造成的障碍，应该注意以下几个要点：

（1）一个人的文化背景影响他/她对事物的基本假设，而这些基本假设也会影响感知、态度、情绪的表达方式，最终影响行为。在这个世界上很难找到两个有同样背景、教育、经历和成长历程的人，所以不应该先入为主地认为别人与我们对事物具有共同的认识。

（2）一个看似熟悉的行为可能具有不同的含义。比如沉默，在美国隐含不同意的意思，在日本有尊敬的意思，在其他国家可能是默认，也可能是同意。所以，不要以你所熟悉的情境框架去解读别人的行为方式。

（3）如果编码人与解码人所使用的知识背景、文化背景不同，那么很可能你所听到的只是你想听到的或者是你认为你听到的，而与说话者的真实意图相距遥远。所以，不要假定你所听到的东西就是别人想表达的东西。

（4）你想表达的意思通过你认为合适的方法表达出来，但听者在解码过程中可能完全用了与你的假设不同的框架，所以听到的东西就与你想让他们听到的很不相同了。比如在前面提到的有关高低语境的例子。所以，不要假定你想说的东西就是别人听到的东西。

2）非语言沟通

有研究表明，近70%的意思是通过非语言的沟通传达的，在高语境文化中尤其如此。非语言沟通包括身体语言、面部语言等，它包含的信息往往比语言更丰富。在跨文化沟通过程中，语言和非语言两种沟通形式相互补充，才可以提高沟通效果。

重要的非语言信息包括面部表情、身体姿态、眼神交流、空间距离等。面部表情和身体姿态往往能够流露真实感情，帮助我们在沟通时更准确地理解对方的含义。东方人比较含蓄，所以面部表情一般不太直露，而西方人则习惯把感受表现在脸上。有时同样一个姿势，在不同文化中含义可能不同，甚至相反。比如，用手指敲打或按揉太阳穴部位，在美国表示"太愚蠢了""太令人乏味了"，但在荷兰表示"真聪明""有智慧"。非语言沟通的另一个重要途径就是眼神交流。眼睛被认为是心灵的窗口。"会说话的眼睛""眉目传情"，都表达了这个意思。目光接触在所有的文化中都加以运用,但也存在着一定的差异。在英国,直接注视与他交往的人的眼睛是一种有教养的表现;而在东方文化中,目光接触就不一定是要有的,当两个地位不等的人对话时,地位低的人一般都不看对方,因为直视可能会被认为不尊敬。在对话时,人与人之间保持多少距离,不同文化之间也有很大差异。在美国,人与人在谈话的时候,彼此保持较长的空间距离,而在日本,两个人谈话时往往距离很近。如果美国人和日本人谈话,日本人倾向站在离对方较近的位置,按美国人的理解,日本人进入了他的个人空间,所以他感到不安会向后退,但按日本人的个人空间定义,他为了保持与对方的距离会不断向对方靠近。

3) 倾听

倾听是实现有效沟通的另一个重要方面。英国语言学者路易斯(1999)曾在他的《文化碰撞》一书中提出了"倾听文化"和"对话文化"的概念。他对倾听文化是这样描述的:"……倾听文化中的成员很少主动发起讨论或谈话,他们喜欢认真倾听搞清别人的观点,然后对这些观点做出反应并形成自己的观点。"倾听文化的典型代表国家是日本、中国、新加坡、韩国、土耳其和芬兰。这些国家的人在听别人说话时,往往专注、不插嘴。他们会通过认真倾听理解对方的意图,然后通过提问来澄清讲话者的意图,最后再形成自己的观点。相反,在"对话文化"中,人们常常会用发表意见或问问题的方式打断对方说话,以此显示自己对话题的兴趣。意大利和拉丁文化、阿拉伯文化、印度文化、法国和西班牙文化都属于典型的对话文化。对话文化中的人喜欢聊天,说个不停,在对话的过程中获取各种各样的信息,建立各种各样的人际关系,然后用这些信息和人际关系去解决各种各样的问题。

倾听文化和对话文化中的人对沉默的态度也是截然不同的。倾听文化的人能够容忍沉默,并且觉得它是对话中不可或缺的一部分。深思熟虑的话语值得思索,而思索需要时间。例如,一个美国商人在赫尔辛基做完演讲后身体前倾说道:"你们怎么想?"如果这么问芬兰人,他们就真的会开始"想",用沉默来想;如果这么问美国人,他可能会不加停顿地说"我告诉你我是怎么想的"。

上述我们分析了高低语境、非语言沟通、倾听中的文化差异,在理解这些差异的基础上,结合之前提出的四点注意事项,将有助于增强跨文化沟通的效果,减少由于文化差异而引起的跨文化沟通障碍。

8.2.2 跨文化培训

跨文化培训的主要目的是使来自不同文化背景下的员工了解各国不同的文化,增强跨文化认知、交际与心理调节机能,帮助他们能在日常的跨文化环境下顺利有效处理各种文化冲突,顺利开展工作。跨文化培训也是解决跨文化管理问题的有效途径之一。

1. 跨文化培训内容

跨文化培训的具体内容有很多,大致上可以分为知识认知类培训和经验技能类培训两类。

(1)知识认知类培训。知识认知类培训是跨文化培训的重点内容,它通过讲授东道国社会、历史、制度、文化和习俗等方面的知识,使受训者对于有关跨文化的知识建立理性的认识。该方面的培训一般包括文化差异学习、东道国文化培训、东道国价值观介绍、母国文化认知、文化影响领域（如管理风格、员工行为、决策、行业规范等）分析和东道国语言学习等。

（2）经验技能类培训。知识认知类培训主要讲述了文化"是什么"的问题，而经验技能类培训主要解决在这种文化背景下"如何做"的问题。这类培训通过各种跨文化技能的传授，帮助受训者提高对跨文化的适应能力和解决冲突的能力。该方面的培训一般包括跨文化适应能力、压力管理、沟通技能、谈判技能等。

日本本田公司在跨国经营中采用全球本土化战略，因此该公司相当重视各种文化的差异。本田根据多年的经验，摸索出了一套适合自己的跨文化培训体系，其具体内容见表 8-3。

表 8-3　本田公司跨文化培训内容

	培　训　内　容	
知识认知类	文化的影响领域	影响商务运作的文化因素 信息差异与行为差异 危机管理 对差别的认识 对隐私的不同理解 语言的冲突 礼仪、举止、禁忌 人生观、劳动观和组织观 组织的成立、功能的组建与秩序的维持 招聘、培养、评价、考核与待遇问题 从比较文化的角度理解日本人的沟通模式
	认知国际化与企业战略	何谓国际化 日本人和国际化 本田和国际化、全球本土化 本田对担当全球本土化重任人才的要求
知识认知类	对国际合同的再认识	合同的意义 缔结合同的意义 合同内容与缔结过程 履行合同的意义 对缔结合同的一般态度
经验技能类	跨文化适应基本应对技能	跨文化信息收集技能 商务中必要的跨文化接触技能 跨文化环境中解决问题的方法 跨文化环境中解决问题的一般模式 本田式的解决问题的方法 推进工作的方法
	跨文化沟通技能	如何开发与运用非语言的沟通能力 有助于提高交涉力的沟通能力
	训导技能	教育、指导当地员工方法的定位 教育、指导的基本态度与原则 教育、指导上具体的注意事项

資料来源：范微. 跨文化管理：全球化与地方化的平衡. 上海：上海外语教育出版社，2004，167.

2. 跨文化培训方式

跨文化培训方式是跨文化培训设计的重要内容之一，它直接影响跨文化培训的效果。我国学者通过对已有研究成果的系统梳理，总结出事实法、分析法和体验法三种主要的跨文化培训方式，具体特点见表 8-4。

表 8-4　跨文化培训方式

分类	培训目的	培训方式	描　　述	优　缺　点
事实法	向受训者提供有关东道国国家概况知识，以提高跨文化认知水平	讲座、区域学习	强调认知目标，主要包括具体文化情节讲授和文化传统教育	优点：材料容易准备，简单、方便；针对性强，直接介绍目的国的文化；成本低 缺点：缺少真实的海外生活体验；不便于受训者自我检查跨文化交际行为
分析法	由专家与受训者通过分析影像资料或书面材料，一起对文化差异引发的冲突进行分析，以提高认知文化差异和接受异文化行为的能力	文化同化法、案例研究、文化比较培训	强调认知领域，主要由一系列描述跨文化交际冲突的关键事件和案例组成	优点：方便，受训者可以自学；成本低 缺点：受训者学到的知识在现实生活中难以运用；受训者的跨文化交际行为难以得到改善
分析法		敏感性培训	强调情感目标，通过学习文化和交流来提高对文化差异的敏感性，包括 T 小组（不同文化背景的受训者组成的小组）培训和角色扮演	优点：在加强受训者对不同文化环境的适应性和文化意识方面效果较好 缺点：缺少概念性结构框架；难以很好地培养受训者的行为能力和洞察力；没有强调学习方法
体验法	通过培训者与受训者的互动或受训者的亲身实地体验，来培训受训者的跨文化认知技能和行为方式	体验式培训、实地观摩、文化模拟、角色扮演、实地体验、互动式学习	强调情感目标，通过模拟或实地体验来掌握具体的文化细节	优点：以受训者为中心；以解决具体问题为中心；培训初期很有效； 缺点：难以提高受训者适应真实环境的能力；侧重于环境，忽略了政治、人际关系等其他因素
体验法		行为修正	受训者进行观察和实践，并不断练习，以掌握某种示范行为	优点：针对习惯性行为的培训很有效 缺点：成本较高；要求受训者不断学习

资料来源：高嘉勇，吴丹．西方跨文化培训设计研究评价．外国经济与管理，2007，29(10)：40．

三种方法宜结合使用，这样能够有效地帮助企业人员，尤其是外派人员了解、学习东道国文化，提高跨文化管理技能。

8.3　中外企业管理模式比较

文化差异的分析让我们了解到各民族文化传统对人们的价值观念、思维方式和行为方式的影响，而这些影响进而可以表现在各个国家的企业文化之中。对各国企业，特别是对一些大企业的成功的管理模式进行比较研究，从中借鉴经验，吸取精华，可以促进有中国特色的企业文化的建设。

8.3.1 美国的文化特征及管理模式

1. 美国的社会文化特征

美国是一个移民社会,是由不同民族的移民构成的,当地的土著居民只占全人口的少数,由此形成了美国社会的一大特征:多元化。美国的历史不足300年,因此较少有传统的文化观念。在美国的发展史上,各国移民迁徙到北美大陆的过程实际上也是与大自然不断斗争、不断开拓疆域的过程,因此在美国的民族性格中有着强烈的冒险进取的烙印。又由于各国移民之间没有强烈的血缘关系作为联系纽带,在同大自然、人类社会斗争的过程中缺乏可以依赖的群体,因而美国人更崇尚个人的奋斗,逐渐形成了个人主义的价值观。在美国社会中另一大特色就是契约型社会,个人、团体、组织等社会单位之间的相互结合或相互联系都是契约性的,这也造就了美国人的实用主义倾向。具体而言,美国社会的文化特点可以概括为以下几点:

(1) 多元性文化。美国是一个多民族的国家,各个国家的移民进入美国所带来的都是本民族的文化,这就造就了美国文化的多元性,比如印第安文化、欧洲文化、拉美文化、黑人文化等。美国文化是在吸收各个民族优秀文化的基础上,互相融合而成的。多元性的文化形成了美国的宗教、政治、思想、艺术等各个领域的多元化和包容性。

(2) 个人主义价值观。个人主义是美国价值观的核心所在。美国社会遵循个体价值至上的原则。在美国人看来,每一个人都是独一无二的、特别的、完全与其他人不一样的,个人利益是最高利益。他们注重个人自由和权利,并把它视为实现自我价值的积极表现。

(3) 勇于创新的开拓精神。"移民之国"造就了美国民族的冒险、开拓和创新精神。美国人不是宿命论者,他们相信个人的努力与未来的成功息息相关。机会无处不在,主要在于主动开拓和利用。此外,由于美国没有悠久而灿烂的文化历史,所以他们较少受到传统的束缚,更容易接受新的思想和新的技术。今天,在生化和基因工作、宇宙研发、通信、计算机和信息服务以及其他高新技术领域,美国人的乐于冒险、勇于创新的开拓精神得到了充分的展示。

(4) 平等和民主的价值观念。政治、经济上的独立和自由是美国社会文化产生和发展的前提。"独立宣言"宣称:"人人生而平等,造物主赋予他们若干不可剥夺的权利,其中包括生命权、自由权以及追求幸福权。"平等观念渗透到美国人生活和思想的各个领域,他们的工作、娱乐、文化、宗教和政治,无不体现出平等观念。此外,美国有着悠久的资产阶级民主传统,他们通过一系列的制度保证民主观念深入人心。

(5) 竞争观念。大多数美国人认为生活就是一场追求成功的竞赛,人人都有机会参与这场竞赛并取得胜利。竞争——优胜——成功,是美国人奋斗的三部曲。在现实生活中,优胜劣汰的法则迫使每个人、每个企业只有战胜别人,才能求得自身的生存和发展,这也培养了美国人敢于竞争、勇于竞争的性格。

(6) 实用主义。实用主义的根本纲领是:把确定信念作为出发点,把采取行动当作主要手段,把获得实际效果当作最高目的。实用主义在美国不仅是一种哲学,也是广泛的社会实践,表现在政治、经济、法律、教育等诸多领域。例如,在美国的政治竞选中,争论的大都是非常具体的问题,极少抽象的意识形态之辩;美国人注重实干,不尚空谈;美国的教育反对死记硬背式的灌输教育,他们更加注重受教育者的实践能力和创新精神,受教育者具有更多使教育适合自己要求的灵活性,这些都是实用主义的表现。

(7)金钱至上。在美国,通常以一个人拥有的货币量和物质财富来衡量"成功"与否。美国人认为物质财富是对努力工作的奖赏或回报。物质财富不仅是一个人经济地位的标志,也是社会地位的标志。

任何一国的文化形态都有其负面,在美国文化中,对外的"霸道""强权""老子天下第一"等就是具有消极影响的一面。傲慢与霸道是美国文化的典型特征之一,美国经常凭借其强大的实力优势,推行霸权主义和强权政治,宣扬他们的自由民主价值观,极力把自己的文明变成其他国家效法的榜样,这也是美国文化经常与其他国家文化发生冲突的重要原因之一。

2. 美国企业的管理模式

美国企业的管理模式都是建筑在美国社会文化的基本精神之上的,有着自己突出的个性。

美国著名的管理学者、斯坦福大学教授杰夫费福(Pfeffer,1998)在大量企业案例调查的基础上撰写了轰动一时的《人之方程》(*The Human Equation*)一书,其中总结了美国企业获得成功的七大法宝。

(1)就业保障。就业保障的意思是公司对员工口头承诺,不会在经济不景气的时候大规模裁员。美国的大多数公司在经济不景气时都会使用裁员的方法来降低企业成本,所以就使得不裁员的公司成为了万众瞩目的公司,成为了人人向往的公司。这类公司一旦招聘,往往有数千名的应聘者,也使得企业能够优中选优,保证人才质量。相比实行"终身雇佣制"的日本,就业保障在美国企业中是激励员工的一个重要因素。

(2)选择性聘用。公司招聘的员工是公司的巨大投资,是公司希望长期保留的人才,必须慎之又慎。选择性聘用指的就是招聘员工时十分谨慎挑剔,如果没有合适的人即使让职位空置,也不会滥竽充数。一般公司在招聘员工时需要符合两个标准:一是人—职匹配,即应聘者的知识、能力必须要胜任岗位工作;二是人—组织匹配,即应聘者的价值理念与公司的企业文化相吻合,彼此有认同感。

(3)自我管理小组。自我管理小组是在美国企业得到广泛使用,并在全球得到推行的管理方式之一。自我管理小组指的是公司根据自身产品或服务的特点,设置以团队为单位的组织结构,并给予团队足够的自主权去管理。团队可以自行决定工作流程、工作进度、人员调配、资源分配等。团队成员之间地位平等,大家共同参与决策,共同为实现目标而努力。比如微软的项目小组,星巴克的零售咖啡小店都属于这样的团队。

(4)与企业业绩挂钩的、相对较高的报酬。让员工的工资、福利与企业整体的业绩挂钩是另一个激励员工努力工作的重要手段,因为这样做将员工个体与企业整体绑在一起形成了利益共同体。股票期权激励是美国企业常用的一种激励方式。比如微软公司的职员可以拥有公司的股份,并可享受15%的优惠。股票升值是公司员工的重要经济来源之一。

　　(5) 广泛的培训。为了更好地培养员工的能力，体现出个人的价值，大多数成功的美国公司都设有广泛的培训项目，许多还有自己的大学。一些企业把培训作为福利奖励给表现良好的员工，即公司根据个人发展的计划安排其参加培训内容，以帮助员工更好地实现自身发展。与此同时，美国企业也通过提供培训课程、在岗培训、报销学费、资助参加管理研讨会等多种形式来支持员工参加培训工作。同时，各个企业的培训机构作为服务部门，也成为企业中不可缺少的部分。2008年，美国企业培训支出为562亿美元，人均支出1 075美元。大型公司每1 000名学习者聘请培训人员3.4名，中型公司每1 000名学习者聘请培训人员4.9名。

　　(6) 缩小地位差别。缩小地位差别指的是公司中的员工应该人人平等，不论资排辈，不以势压人。比如沃尔玛公司把所有员工叫做"合作伙伴"；迪斯尼乐园把自己的员工称为"演员"，把"人事部"称为"角色分派中心"；星巴克用"国际服务中心"取代了"总部"的称谓。这些称呼上的变化反映的是管理理念的改变，即员工是工作的主人，而管理者则为员工提供帮助和指导。

　　(7) 信息共享。与员工分享企业的经营状况，让员工可以阅读到公司的一些财务报表，体现了对员工的信任，让员工产生自己"拥有"企业的感觉。拥有者才会真正关心公司的发展，才会从内心深处思考自己如何为公司做贡献的问题。

　　除了上述七个方面，美国企业的管理特色还体现在制度化管理以及顾客导向等方面。美国企业的各种规章、标准和制度如同美国法律一样多如牛毛。人们依章办事，不太讲究情感和面子。人与人的关系是契约关系，而不讲究人与人之间的情面。另外，美国政府和各州政府制定政策和法规来保护消费者的利益，并且投入大量的财政用于质量监督。这使得美国企业具有极强的顾客意识，很多企业采用"顾客至上"的经营理念，努力提高自己产品的质量、功能和服务。比如沃尔玛的"10步服务"制度。

　　美国企业的这些优秀管理方式与美国的社会文化环境有着密切的关系。比如自我管理小组之所以在美国发展得如此迅速与其文化背景有关。美国社会强调平等，权力距离较低，因此自我管理小组强调的平等管理理念就很容易得到推行。此外，各抒己见、共同参与决策体现了对每一个人的独特价值的认可，是个人主义倾向的表现。招聘、培训方面的相关措施体现出了美国注重个人能力和发展的文化倾向。缩小地位差别、信息共享是美国民主平等文化的体现。科学管理、顾客导向则根植于美国的实用主义哲学。

（小案例）

微软的达尔文式管理①

　　微软的管理十分残酷，它采用的是一套"达尔文式"的管理模式，即物竞天择，适者生存。同时也能反映出美国个人能力主义，以及创新开拓的文化特征。

　　(1) 雇用比工作所需更少的人。微软欣赏的是雇用尽可能少的人，以挑战极限的方

---

① 资料来源：周春光. 微软文化的魅力. 经济管理. 2000，4：42.

式，来完成尽可能多的工作。如果你工作不专心致志，不竭尽全力，可能你就不适合微软。每逢"工作狂的星期三"，软件设计师们必定废寝忘食地工作、不到深夜绝不罢休；参加研讨会的工作人员，不间断地从一个城市飞到另一个城市，即使到了睡前都还得再确定一遍明日的设备及示范产品是否齐全等问题。而比尔·盖茨本人也是一位不折不扣的工作狂，他每天从早晨9点半一直工作到深夜，用比萨充饥，喝咖啡提神，成为微软工作模式的典范。

（2）不断灌输、培育、强化危机意识。当今时代，技术创新快、产品改型换代快。自然，企业成长快，衰落也快。盖茨有一句名言："微软离破产永远只有18个月。"正是在这一名言的激励下，微软总是怀有危机感，不断积极进取，发展成为世界上最大的软件企业。微软员工自己也认为："我们总是拧紧了发条，我们担心竞争失利，我们习惯思前想后。这是我们文化的一部分。"

（3）"勤俭持家"、降低管理成本。微软向来有一个好的文化传统——员工出差时着便装，买二等车船票，住价格适中的饭店，不开高级轿车，不设领导餐厅，不在办公室摆设不必要的家具。这与盖茨本人以身作则，注意在员工心目中树立生活俭朴的形象有关。他乘坐国内航班时坐的常常是二等舱，并自我解嘲地说："坐经济舱，花费较少，你和搭头等舱的人同时抵达目的地。"

8.3.2　日本的文化特征及管理模式

1. 日本的社会文化特征

日本是一个远离大陆的岛国，是一个单一民族的社会。一方面，民族的单一结构在很大程度上促成了日本民族的内部成员在各个方面差异性较小，又由于空间上孤立感和狷獗的自然灾害更使日本人产生一种其他民族不易产生的、强烈的自我认同感和一体感。另一方面，日本是一个深受儒学思想影响的国家，经过历史的长期积淀，儒学已经渗透到日本人的思维方式之中。具体而言，日本的社会文化具有如下几点特征：

（1）强烈的民族观念。日本在地理上的限制、资源的匮乏和频发的地震等自然灾害，使得日本民族有很强的危机感和忧患意识。这种危机感和忧患意识又促使日本人认为只有奋发图强，自强不息，才能振兴本国经济、获得他国尊重，立于世界之林，这就形成了日本民族特有的民族自尊意识。在此基础上，日本人形成了一种强烈的民族愿望——赶超发达国家。"二战"以后，日本从一个战败国到世界经济强国仅仅用了20年时间，他们所创造的经济奇迹与他们团结一致的民族观念是密不可分的。

（2）兼收并蓄的包容性。日本文化具有对其他优秀文化"兼收并蓄"的包容能力。在日本发展史上，曾经三次大规模地吸收外来文化：公元7世纪的"大化革新"缔造了一个融合大唐文化的"魂和汉才"的日本式封建体；19世纪的"明治维新"创造了融合欧美文化的"魂和洋才"的资本主义文化体；而"二战"后对美国文化的自主性移植，创造了日本式的儒教现代资本主义。日本文化对外来文化的这种包容性形成了日本人广采博取的学习精神，培养出非常强大旺盛的对国外的先进知识、理念、技术的学习、吸收、借鉴、运用和改进能力。

(3) 集体主义精神。日本人的集体主义精神是在封闭性地域共同体的基础上发展起来的。在日本社会,个体往往首先是作为集体的一员而存在的,与其所属群体荣辱与共。这种集体主义精神反映在:集体内部强调"以和为贵"、不突出"个性"、严格的内外有别意识以及序列意识。

(4) 忠诚观念。日本人的伦理价值取向是"忠",衡量行为实践的标准是"诚"。日本人的这种忠诚观念自古就有,是涵盖一切伦理标准的最高美德。日本早期的封建制度是靠个人的效忠来维系的,道德重于法律,封建领主和属民的关系被视为属民单方面对领主的无限和绝对的忠诚。到了近代社会,这种忠诚则转变为对国家和其他非亲属团体(如企业)的忠诚。

(5) 耻感文化。"耻辱感"是日本人决定思维与行动方向的主要精神动力之一。使日本人觉得"耻辱"的思想和行为,在日常生活中大约有以下几种标准:①违背公共美德;②脱离社会理想;③怕苦怕累;④歧视他人;⑤无所作为;⑥愿望落空;⑦为个人牺牲集体。日本人对产品质量以及工作业绩的追求,都是与他们的这种耻感文化有关的。

日本文化的负面也与其特殊的地理环境和自然条件有关。所谓"岛国思维"即是它虽然有兼收并蓄的包容性,但实际上又有很强的封闭性。表现为相当的日本民众至今仍抱有狭隘的民族心理,他们有强烈的"自己人"意识,组成"自己人"圈子,而对"外人"有很强的戒备心。它的忠诚观念又含有武士道精神,更是缺乏人文关怀的一种消极因素。

2. 日本企业的管理模式

"二战"后,日本在经济上的空前成功,使得日本的企业文化享誉世界。很多学者对日本的企业文化和管理模式进行了大量的研究,比如理查德·帕斯卡尔和安东尼·阿索斯的在《日本的管理艺术》一书中提出的 7S 模式,威廉·大内《Z 理论》一书中对日本 J 型组织管理模式进行了大量的讨论。在日本管理模式中,最大特色集中在与人力资源相关的方面。因为日本是一个人口众多,但是土地面积和天然资源都十分有限的国家,所以,日本发展的关键是如何利用其有限的人力资源。

(1) 终身雇佣制。一旦成为企业的正式员工,企业一般不轻易解雇员工。在这样的制度下,员工的职业发展和企业的兴衰结合在一起,企业对员工的工作与生活都给予关心,员工将企业视为大家庭,对企业产生强烈的归属感。员工消除了因为解雇而失业的后顾之忧,对企业有高度的奉献精神,为企业发展出谋划策、尽心尽力。

(2) 年功序列制。年功序列制明显是受"长幼有序"的儒家文化的影响。日本企业中,工资的提升主要凭年资,职务的晋升也要凭年资。资历越深、工龄越长的员工晋升的机会越多,保证了相当部分员工在退休前都可以达到中层管理者的位置。这种以论资排辈为基础的制度,员工服务时间长短和对企业的忠诚程度比工作能力更重要。与美国将个人能力作为晋升基础的管理导向相比可谓大相径庭。

(3) 企业工会。就工会制度而言,日本的工会实际上是工人集团向领导层表达意见或者协商的一种方式,不是对立性质的。日本公司中工会的特征是工会的领导者和企业中层管理者关系密切。工会加强了日本的人力资源系统,帮助公司避免了许多西方的劳工问题。

（4）团队工作模式。团队在日本企业中比较普遍。日本的集体主义观念使得日本企业组织活动的本质是讲求通力协作，团队就成了日本企业基本的组织和工作模式。日本团队虽然也有较强的自主性，但团队本身却自愿终身依附于组织，团队和组织之间有类似的"亲子"的关系。组织对团队的控制是通过团队自愿要求和接受来进行调整的。团队工作模式也使得日本企业的激励制度大多采用团体激励制度，而非个人激励制度。

（5）教育培训体系。日本企业的终身雇佣、年功序列、团队合作等工作模式，导致了企业必须用自己的力量培训本公司的员工。日本的员工教育是企业对员工从录用到退休所进行的长期教育训练。企业内一般实行全员培训和分层次教育，即上至董事长、经理、部长、课长、高级技术人员，下至工长、组长和一般员工、新员工等各层次人员都要接受教育，层次不同，教育的内容和要求也不同。培训方式也多样化，最基本的三种方式是自我启发（自学）、OJT（on job train，在岗培训）和 OFF-JT（off job train，离岗培训）。

在日本，社会文化对企业文化的影响较其他国家更加深远。日本文化中的集体主义精神、忠诚观念在其企业文化中得到了淋漓尽致的体现。近年来，不管是理论界的学者还是日本的企业员工，越来越多的人对日本的现行管理制度提出了异议，认为这样的一系列管理模式压制了个人能力的发展，对创新产生消极作用。但是这些制度背后所隐含的深刻的社会文化根源，以及对提高企业生产力的积极一面，很难被轻易否定掉。

小案例

松下公司的人事革命[①]

由于日本经济持续不景气，致使许多企业经营业绩恶化。为了提高企业活力，松下电器采取了一些人事改革措施。围绕着人事制度和人事管理所出台的众多新举措，使松下公司发生了一场"明治维新"式的"人事革命"。

（1）实行新的干部评价标准，薪差陡增。松下公司的人事政策向来是稳定的，因为担心政策的随意变化会破坏组织风气和工作秩序。像年功序列制这样的人事管理准则，虽然存在不少问题，但是很少有企业敢于发起全面挑战。但是，由于公司经营危机的加深，向来比较稳定的人事政策也开始发生剧烈的变化，尤其是针对管理岗位和管理人员的发难已经迈出了重要一步。

松下公司在总经理的率领下开始着手改革人事管理办法。长期以来，管理岗位难以衡量工作绩效。因而管理者工作平平也不会影响他的收入和职位。松下提出管理职位人事改革的原则是全面贯彻能力中心主义，将管理人员的年薪差距拉大到 3 倍，以奖优罚劣，增强工作激励的诱导能量。

（2）采用量化的人事考评标准，升降有据。为了推动企业经营业绩的提高，在人事评

---

① 资料来源：MBA 智库百科，http://wiki.mbalib.com.

价中采用了具体的、量化的考评标准。松下公司实行一系列的有助于企业长盛不衰的战略战术，并结合了中国的古代兵法和世界各企业的经验，实际上已有很多人被降过职。在人事待遇的方面松下提出向日本最优厚待遇的企业方向努力，除了提供工资、奖金之外还向员工支付勤劳津贴。如果一位员工连续三个月被评为"G1"级，公司将在11月份支付相应的年度勤劳津贴，并在7月或8月放假一个月。

（3）推行实绩主义招聘制，能人出山。资格制和招聘制的推行增加了人事管理的公平性和透明度，提高了员工的竞争意识和组织活力。特别是通过设计比赛这种类型的竞赛活动，大大提高了员工的创新意识和工作能力。为了支持资格制和招聘制的实施，松下公司还改革了工资制度。工资总体上分为资格工资和能力工资，经过上述改革后领导和下级双向沟通，大家都清楚问题的所在，增加了人事考评的公开性。

（4）按照业务单元构筑新型组织，灵活高效。为了推进人事改革，松下公司致力于组织改革；近年来明显的趋势和特点是按照业务单元或业务单位构筑新型的组织；工作小组正在取代过去正规的组织形式。松下公司把按部建立的组织改变为按单元式单位来建立，废止"部"这种固定的机构形式。与此同时公司决定某项工作或业务由员工自己组建工作小组，任务或工作完成以后，工作小组也自行解散，如果员工不能参加到工作小组中，则宣布处在内部失业的状态。

8.3.3　中国的文化特征及管理模式

1. 中国传统文化的特征

中国是一个拥有着5000年灿烂文化的文明古国，拥有着优秀的传统文化。以儒家思想为核心的传统文化已经深深地烙印在中国人的思想意识和行为规范之中。这些因素造就了中华民族勤劳务实、发奋自强的民族特性，也对当今的中国政治、经济、科学、技术、文化等各个领域的发展产生了深远的影响。中国的传统文化博大精深，我们把其中一些对现代企业管理产生重要影响的核心思想和观念概括为如下几点：

（1）入世有为。以孔孟为代表的儒家思想主张要积极入世，对国家、社会应该具有强烈的责任感，这就是人们常说的"以天下为己任"的精神，是中华民族宝贵的精神财富。受到这一思想的影响，中国历史上不断涌现出"先天下之忧而忧，后天下之乐而乐""人生自古谁无死、留取丹心照汗青""天下兴亡，匹夫有责"的民族英雄和仁人志士。这种入世有为的精神也是我们近代企业实业救国的精神支柱，是现代企业敬业报国的思想源泉。

（2）人本思想。人本思想在中国文化中大体包括三层意思：一是把人看成是天地万物的中心，深信价值之源内在于人心。孔子曰："人能弘道，非道弘人"，这与西方文化中把上帝和神作为最高标准的神本文化截然不同。二是强调"爱人"思想，强调舍己利人、舍己爱人。朱熹认为："天下之务莫大于恤民"，就是这一思想的体现。三是人只要努力，皆可以成才。孟子云："人皆可以为尧舜。"这种人本思想是现代企业以人为中心管理模式的文化基础。

（3）贵和尚中的思想。"中和"是中华传统文化所追求的一种理想境界，即社会上的事物千差万别,矛盾交织,却能实现多样的统一,复杂的平衡;种种不同的事物聚在一起却能协调和谐、共生共存、互相促进;实现"和而不同""和实生物"。如何达到和谐?传统文化认为,必须要坚持中庸之道,即把握事物要有度、恰如其分、恰到好处。"中和"思想一方面体现了人与自然要和谐发展,做事要顺应自然规律。在解决可持续发展问题上,中国传统文化中的"天人合一"论越来越受到世界的重视。另一方面,也体现在人与人之间的关系上,要保持"中庸",这也就产生了消极的一面:"枪打出头鸟""人怕出名猪怕壮",人们不敢提出不同意见,但求明哲保身。

(4)群体取向的价值观念。中国传统文化的价值观是以群体取向为基础的。一方面,它注重维护群体利益,保障群体团结,实现群体目标。在这种价值观的影响下,中国人提倡凡事以社会、集体利益为重,个人应该服从整体,必要时候甚至应该牺牲个人利益。另一方面,群体取向的价值观还形成了中国人性格中的他人取向,具体表现在做事情时,中国人首先考虑别人怎么看、怎么说。这就导致了中国人重面子,不愿意得罪人,从众性强。

(5)重义轻利的观念。孔子的"君子喻于义、小人喻于利"和孟子的"舍生取义"都是重义轻利思想的体现。重义轻利要求人们在处理义利关系时,应该把履行道德义务放在第一位,把获取个人利益放在第二位。如果"义"与"利"发生冲突,则应该以道义为上。在西方所崇尚的实用主义、物质主义的价值观的冲击下,我国传统文化中重义轻利的思想对于引导健康的社会道德风尚具有很强的现实意义。但是,所谓的"重义轻利"观念,还包括着中国传统的轻商观念,而这种观念的存在是不利于社会主义市场经济的发展的。

2. 中国传统文化对企业管理的影响

中国学者余凯成(2000)归纳了中国传统文化对中国企业管理影响而呈现出的7个关键而敏感的文化因素。它既能够帮助我们深入了解本国文化影响下的自身行为,也能够提示外资公司人员在与中国本土企业交往时应该注意的7个方面。因为这7个因素的英文翻译都是以P开头,所以这个模型也称为"7P"模型,如图8-2所示。

7P模型的具体解释如下:

(1)大家庭制。中国传统儒家文化的"修身、齐家、治国、平天下",推崇的就是以大家庭制为核心的治理模式。大家庭制的基本管理理念是以整个组织为一个大家庭,大家都为同一理想与目标而奋斗、献身。这个大家庭自然也要保护每一个成员。这一理念衍生出这样一种体制:人人听命、依附和归属于自己的组织,而组织则要对每一成员一生的工作与生活的各方面负责。外商在中国的合资企业,其企业文化也应充分顾及大数量的中方员工的大家庭意识。

(2)务虚先于务实。以中国文化为代表的东方哲学,在思维方式上是一种曲线形式的形象思维,先建立一般原则上的共识,再降至具体细节层次。这种与西方文化的差异表现在管理方面就成了先务虚后务实的解决问题的程序。也就是说,在做事情之前,先需要确立指导原则,然后再制定具体解决问题的方案。

(3)爱国主义敏感性。中国人的世界观反映在个人与国家的关系上,个人与国家应

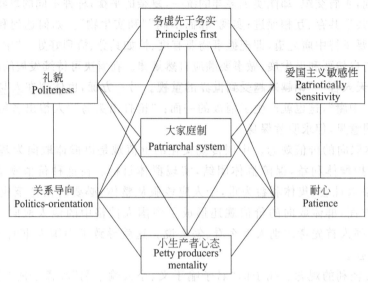

图 8-2　7P 模型

该是统一的，中华民族拥有强烈的爱国主义凝聚力、向心力和民族责任感。但是在社会上，也会出现以"爱国主义"面貌出现，实际上却是狭隘的民族主义在作怪的现象。

（4）礼貌。中国是礼仪之邦，中国人在交往中主张"礼尚往来"，倡导中庸、含蓄、谦让，这是值得我们发扬的一面。但是中国的礼仪也包含着顾及自己及对方的面子的含义。比如中国人不善于说不，而是采用比较婉转的方式拒绝别人。比如拒绝别人要求的时候，美国人会直接说"不"，而很多中国人会说"让我考虑考虑"，这就会限制中国人的个人独立性，束缚民族的开拓进取精神。

（5）关系导向。这里的关系是指人的社会关系和交友网络。中国人十分看重非正式渠道，并以此作为自身发展的社会资本。有人脉，这是有利于事业发展的。但是，扩大这种导向的作用，比如有人提出"关系就是生产力"的理论，无论在什么时间，何种场合，为何目的，中国人都表露出关于利用"关系"的行为方式，如找工作、看医生，甚至当官都首先要看有没有"关系"，这就是弊端了。

（6）耐心。很多有过在中国办事经验的外国人感叹，在中国"一切都需要时间"。由于上述因素的互动关系，以及传统的工作与沟通的低效，致使在中国办事要有良好的耐心，还要加上把事情办成的坚韧性。

（7）小生产者心态。小生产者主要是指农民。中国历来是以农业立国，农民为人口的主要成分，迄今仍有 7 亿农民长期居住在农村。由于中国农民长期与自然经济相联系，加之教育程度不高，他们在思想上存在着保守、自私、气窄、量小、缺乏远见等消极的一面。这种影响在当今中国文化中的作用不可忽视。

3. 中国企业管理模式的特点

中国企业的发展历史相比于西方社会是较短的。具有中国特色的管理模式仍处于摸索阶段,尚未形成稳定的模式。在这个探索过程中,我们发现中华民族长期的文化积淀,对中国式的管理模式的形成和发展起到了双刃剑的作用,呈现出一些与日美企业不同的特点。

(1)强烈的社会责任感。强调企业的社会责任,包括企业对国家以及整个社会的责任,把企业经营活动与爱国、奉献社会以及解决社会问题联系在一起,对企业员工负有全面责任,强调社会经营的理念。

(2)注重伦理道德。古人讲"以德服人""守信于德"。这种对道德的追求被熔铸到企业管理中,并在企业行为中加以提倡和应用,成为企业的行为准则。例如,同仁堂以中华民族的传统美德"同修仁德,济世养生"作为企业精神,以"德、诚、信"作为企业的职业道德,以"诚信为本,药德为魂"作为企业的经营宗旨,以"以义正,义利共存"作为企业的经营哲学。个性鲜明的企业文化在同仁堂的发展中建立了不可磨灭的功勋。另外,注重伦理道德也表现在干部的任命考核上,更加注重他们的道德品质和思想修养,但是这在很大程度上忽视了个人能力的发展。

(3)以人为本的企业信念。中国传统文化强调"人为万物之灵""天地之间人为贵"。人是企业经营的核心,企业经营成功与否,其关键在于是否形成尊重员工,并发挥其积极性的措施、制度和思想意识。以人为本的企业信念主要表现为:关心员工工作和生活上的各种问题,重视建立亲如一家的和谐的企业内部氛围。除了物质激励外,还注重精神激励,比如"劳动模范""先进生产者""光荣标兵""明星员工"等。这种方式使得员工对企业产生归属感,更加愿意为企业做出贡献。

(4)企业活动的政治化色彩较浓。由于我国是社会主义国家,实行的是以公有制为主体、多种经济成分并存的经济制度,特别是由于长期以来,政治问题都是中国社会的核心问题,人们的思维习惯也从来都把政治问题放在首位,所以企业管理中含有大量的政治色彩。尤其是国有企业,既有相对独立权限,又须受到国家有关部门的控制和影响;企业领导体制包括党委思想政治系统,因此,管理手段不仅有经济性的,也有政治性的,特别是在干部任用制度方面,情况更是如此。

(5)集体主义意识。中国是一个集体主义导向的国家,与日本企业的集体意识具有一定的区别,主要表现在:日本企业的集体意识是以普遍化的大家族关系为纽带,团队精神具有相当的心理优势。例如,日本企业的非正式团体大都与工作目标趋同,工作和生活领域的集体认同有机整合在一起。中国企业的集体主义具有一定程度的血缘连带特点,在企业中,一方面表现为对普遍的集体价值观的认同;另一方面又表现为一定程度的非正式关系的群体组合,这些非正式群体既有与工作目标趋同的,表现为企业内部的团结、友爱、互助,也有相当一部分是"自我利益团体",从而滋生了我国企业内一些"关系网""裙带关系"等不良现象。

(6)重人情面子的非理性管理。在中国,许多企业管理者注重人情和"面子",具有明显的非理性管理倾向。中国企业对外,处理与政府、其他厂商、客户的关系上,人情往往是一个重要砝码;对内,员工奖惩、职位晋升、调动都与人情有一定的联系。由于照顾人的情感和面子,着眼于人际的微妙关系,往往使得企业的人治强于法治,把个人感情、关系置于企业的规章制度和规范之上,因而影响企业效率。

以上，我们所谈的这些问题，在企业管理方面，既有有利的一面，也有消极的一面。将有利于现代企业管理的观念坚持并发展起来，将消极的一面努力加以克服，中国的企业也会成为在国际上有影响的并具有中国特色的优秀企业。

小案例

华为全方位的责任感[①]

在当今的世界通信界，华为被公认为是一个响当当的品牌，其核心业务的全面性与全球性越来越强。业务的不断发展与华为所强调的全方位的责任感是分不开的。

第一，以产业报国和科教兴国为己任的责任感。爱祖国，爱人民，爱社会主义，为伟大祖国的昌盛，为中华民族的振兴而奋斗，是华为人的追求。华为在经历了 10 年的卧薪尝胆以后开始向更高的目标冲击，他们制定了在短期内将电话交换机与接入网产品达到世界级领先水平的计划。通过这个计划，华为将成为第一流的窄带通信设备供应商。华为人的头脑中始终存在着世界领先的目标，同时坚定地认为要为整个社会、整个社区奉献华为的价值。华为实现这个价值主要通过两个方面，一是生产出优质的产品，二是设立各种汇报社会的基金，如寒门学子奖学金就是由公司每年向国家教委拨款 500 万元，以资助那些处境困难的学生完成大学学业。2008 年"汶川大地震"期间，华为向灾区捐款 2 630 万元，捐赠各种通信设备累计过亿元。

第二，对客户的责任感。华为坚持以客户满意度作为标准，改进企业行为。客户的满意度是通过统计、归纳、分析得出的，并通过与客户交流，最后得出确认结果。华为认为，客户的利益就是自己的利益，公司的可持续发展就是保护客户投资的利益。他们从产品设计开始，就考虑到将来产品的无代沟演进。当别的公司在追求产品的性能价格比时，他们则追求产品的终生效能费用比。为了达到这个目标，他们宁肯在产品研制阶段多增加一些投入。

第三，对自己和家人的责任感。在华为，物质文明和精神文明是并存的。华为认为企业的发展不能以利益为驱动，"君子取之以道，小人趋之于利"，以物质利益为基准，是建立不起强大的队伍的，也是不能长久的。所以，华为努力使员工的目标远大化，使员工感到他的奋斗与祖国的前途、民族的命运是连在一起的。为伟大祖国的繁荣昌盛，为中华民族的振兴，为自己与家人的幸福而努力奋斗。正如华为总裁任正非所言："我们提倡精神文明，但我们常用物质文明去巩固。这就是我们说的两部发动机，一部为国家，一部为自己。"

尽管在经济全球化的浪潮下，各国企业都在相互学习、借鉴彼此的优秀经验，但是真正富有民族性的东西是不可照搬照抄的。中国企业要培育企业文化，必须以中国优秀的传统文化为基础，继承传统文化的精髓，借鉴欧美、日本企业的先进理念和管理方式，在此基础上创新出具有中国特色的管理模式。

---

① 资料来源：罗长海，陈小明. 企业文化建设个案评析. 北京：清华大学出版社，2006，410-411.

空中客车天津总装厂的跨文化冲突[①]

一、空中客车天津总装厂概况

1. 欧洲空中客车公司

欧洲空中客车公司成立于1970年,是一家融合法国、德国、西班牙和英国为一体的欧洲大型集团公司,是业界领先的飞机制造商。2010年欧洲空中客车公司营业额达300多亿欧元,占据全球一半左右的民用飞机订单。欧洲空中客车公司总部设在法国图卢兹,有员工4000人,全资子公司分布在美国、中国、日本和中东,在汉堡、法兰克福、新加坡、北京等地设有零备件中心。培训中心设立在图卢兹、迈阿密、汉堡和北京,在全世界有150多个驻场服务办事处。欧洲空中客车公司与全球各大公司建立了行业协作关系,1500个网络供应商遍及30多个国家。

欧洲空中客车公司的现代化综合生产线由成功的系列机型(107座到525座)组成:单通系列、宽体系列、远程型宽体系列、全新远程中等运力宽体系列、超远程双层系列。公司拥有300多家客户(运营商),形成了固定的客户群,自1974年投入生产以来,累计卖出9800多架飞机,其中6700多架飞机已交付运营。

欧洲空中客车公司认为中国是一个具有战略意义的市场。在未来20年,中国将成为仅次于美国的世界第二大航空市场。迄今为止,欧洲空中客车公司与我国的西飞、哈飞、成飞、沈飞等企业建立了合作关系,相继成立了多家合资公司,涵盖飞机总装、机翼总装、复合材料、飞机零部件等项目。

2. 空中客车天津总装厂

空中客车天津总装厂是与我国合资的企业,是欧洲空中客车公司首次在欧洲以外地区建立的商务飞机总装线,也是亚洲第一条商务干线飞机的生产线。欧洲空中客车公司持有合资企业51%的股份,中方联合体持有49%的股份。合作项目是以欧洲空中客车公司汉堡单通道系列飞机总装线为原型,按照不低于欧洲的质量标准、工艺进行设计生产,采用欧洲空中客车公司目前最先进的移动站位技术,将飞机零部件进行总装、测试和飞行试验,最后由欧洲空中客车公司独资的交付公司将飞机交付客户。

空中客车天津总装厂在2008年8月开始总装,首架在我国总装的飞机于2009年6月23号成功交付。空中客车天津总装厂圆满完成了2009年、2010年和2011年的生产任务,按时、保量地向我国客户共交付了73架飞机。

---

① 资料来源:刘颖,李亚楠,徐明.合资企业跨文化冲突与整合——AT公司案例分析.经营与管理,2013(1):36~39.

二、空中客车天津总装厂跨文化冲突的特点

空中客车天津总装厂的跨文化冲突有其独特之处：一是欧洲空中客车公司是由法国、德国、英国、西班牙四个国家组成的集团，四个国家之间本身就存在文化差异，其与我国企业合作将面临巨大困难；二是中方的共同体构成复杂，既包括国家政府部门，又包括国有企业，这种体系将如何面对外来文化的冲击又是对公司的一大考验；三是空中客车天津总装厂人员结构复杂，建成之初有外籍员工110人、中方员工310人。领导者由欧洲集团、中国政府、中国航空业所派出的人员担任，员工更是来自四面八方，包括其他外资企业人员、国企人员、"海归"人员等。

三、空中客车天津总装厂不同时期的跨文化冲突

1. 准备阶段的跨文化冲突

在空中客车天津总装厂前期筹备阶段，中欧合作双方都考虑到彼此之间的文化差异问题，因而进行了相应的准备。

（1）公司筹备项目组在项目开始之前，为将要赴中国工作的欧洲人员安排了简单的跨文化培训。然而这一培训并未达到应有的效果。培训师为欧洲本土人员，缺乏对中国文化的亲身经历，培训内容不具有说服力；培训时间过短，培训内容单一，使得参与培训的人员在培训期间内很难对中国文化及未来将会面临的问题得到充分地了解；实际的培训偏离跨文化的主题，培训重点从如何理解和适应中国文化转而变成了如何适应在中国的生活；培训仅仅面向欧洲员工，忽视了对中方员工进行欧洲文化的培训。

（2）空中客车天津总装厂将工作语言定为英语，而前期招聘的员工的英语水平良莠不齐，于是筹备组把英语培训作为前期工作的重点。公司选择了当地知名的高等学府作为培训合作伙伴，课程内容也相当丰富并具有较强的针对性，培训内容包括日常交流英语和专业英语等。不仅如此，为了免除员工的后顾之忧，让员工能够专心投入学习，公司还为所有参加培训的人员在学校内安排了宿舍。通过这一系列严格、紧张、密集的英语培训，中方员工的英语水平在短期内得到了极大提高，在"蓝领"员工的体现尤其明显。但是，空中客车天津总装厂却忽视了欧洲员工的英语培训。其实与中国员工一样，英语也不是欧洲员工的母语，这一疏忽为后来工作中中欧双方员工的沟通埋下了隐患。

2. 磨合阶段的跨文化冲突

磨合阶段主要指公司建立初期，欧方员工对中方员工进行技术培训的阶段。在这一阶段，欧方专业技术人员的主要工作任务就是将其所掌握的技术全部教给中方员工，而中方员工的主要任务则是认真向欧方技术人员学习，尽快全部掌握飞机组装技术，并将质量一流的飞机按时交付客户。在这一阶段，中欧双方的跨文化冲突及其所带来的后果、对正常工作造成的影响渐渐体现出来。

（1）礼节不同导致中欧双方员工产生误解。在欧洲尤其是德国，员工与员工之间在每天第一次见面时，都要互相握手，以此方式打招呼；而中国人之间见面，没有握手的习

慣,只是点头致意,互相问好。这一礼节上的不同在空中客车天津总装厂尤为突出。大部分中国员工在心理上尊重欧洲人的问候方式,也愿意每天初见时与他们握手,然而要把这一礼节形成习惯是需要时间的,所以在最初时候,许多中国员工忘记了与欧洲员工握手,点头致意后便擦肩而过,而欧洲员工却只能将已伸出的手又缩了回去。另外,中国人的性格相对欧洲人较害羞和内敛,很多时候中国员工愿意与欧洲员工握手,但是他们却碍于"面子"羞于出手,尤其是在中国女员工遇到欧洲男员工的时候。与握手礼相比,法国员工特有的问候方式给中国员工带来了更大的困扰。众所周知,法国人浪漫热情,他们的问候方式尤为不同——双方以脸颊相贴,并用嘴发出亲吻的声音。中国员工对这种"贴面礼"显得更加不适应,见到法国员工时显得局促不安,尴尬的场景时常发生。然而这些文化上的差异,欧洲员工却不甚了解,久而久之,有的欧洲员工就会在心理上产生一些负面情绪,认为某某中国员工对他不够友善、态度不够诚恳或怀有抵触情绪。

(2) 沟通和理解上的失误为正常工作制造障碍。由于中欧双方员工均采用英语进行交流,因此造成的误会和沟通失败在所难免。例如,中国员工在回答反意疑问句时,通常会先肯定或否定对方前半句的陈述部分说的是否正确,而不是对事件本身作出判断。如"这一工序的工单还没有完成,是吗?"中国员工会回答"对,没有完成。"或"不,已经完成了。"而正确的回答方式是"不,没有完成。"或"是,已经完成了。"中国员工的这一表述习惯时常给欧洲员工造成理解上的混乱,他们不清楚事情究竟是做了还是没做。再如,中国普通员工在见到高级经理时会自然地表现出谦卑,有时候刻意回避,这一点使欧洲人很难理解。一些欧洲管理人员有时看到几名中国员工聚在一起攀谈,当他们微笑着想要加入他们的谈话时,中国员工却四散而去。对此,欧洲管理人员感到非常不解,他们经常抱怨中国员工对他们不友好,因为他们无法接受自己的热情被人以无表情的沉默作为回报。

在磨合阶段,管理人员逐渐发现中欧之间文化上的差异,并采取了一些措施,但这些措施并未有效地缓解公司存在的跨文化冲突问题。例如,公司对中国员工继续进行英语培训的目的,仅仅是让他们的英语水平能够达到与其职位相对应的等级,而忽略了改变他们的沟通方法、提高他们顺畅交流的能力。这一阶段与准备阶段一样,公司还是只对中国员工进行培训,忽略了对欧洲员工的培训。许多本应在英语学习课程上解决的语言习惯、常见误解等问题,未得到解决。公司还对全体员工按部门分批进行了拓展训练,其目的是通过不同项目的体验,使中欧双方员工互相了解,对彼此的处事原则和方法、行为习惯等有更深刻的体会,从而使每个团队能增强凝聚力,能够高效地完成工作任务。然而由于拓展内容过于程式化,团队活动项目过于陈旧,大部分员工都已熟知每个项目的内容,最终这一拓展训练未能达到预期的目的。

3. 碰撞阶段的跨文化冲突

(1) 假期问题。欧洲员工注重生活情趣和享乐,他们会提前计划自己的假期,每年年末各级领导也会要求自己的下属将他们在下一年的休假安排上报。每当假期来临,他们就会推掉一切会议,专心去度假,对员工在他们休假期间打电话汇报工作极其反感;而中国员工则更多地考虑工作安排和计划,根据生产进度安排休假。因此,中国员工对欧洲员工这种工作态度极为不满,加上欧洲员工的假期比中国员工多,中国员工的不满情绪更大。

（2）人情问题。在中国，人情往往大于道理，人们非常重视维护人际关系。例如，欧洲员工通常将工作的内容、任务、责任具体化，明确自身工作与他人工作之间的界限。但这并不说明他们不愿互相帮助。虽然欧洲员工也愿意帮助他人，但是只在别人求助的时候，他们才会提供帮助。这种不同的观念使得中国员工认为欧洲员工没有人情味，而欧洲员工则认为中国员工没有主动性和责任感。再如，在开会讨论某种意见时，欧洲员工往往会当面提出反对意见，他们认为公开发表意见是一种履职行为，而对大多数中国员工来说，维护和谐的人际关系更重要。正是这种来自不同文化背景的价值观差异，导致了双方产生矛盾。

（3）政府关系问题。在中国，无论是政府部门还是企业，往往更加重视组织之间、人与人之间的关系和谐，请客送礼是普遍现象。但是欧洲管理者对工作与生活的界限分得非常清楚，对中方这种"混合"方式感到不理解。例如，公司需要经常与商检、海关、税务等部门打交道，但是欧洲管理者一些不近人情的做法，如削减打通关系的经费、拒绝请客送礼等，使得公司与中国的一些职能部门关系欠佳，因此造成许多时间和人力上的浪费，双方的管理层也发生了一些冲突。

（4）决策方式问题。在决策方式上，中欧双方也存在着很大的分歧。中方管理者在作决策时会制定详细的方案，征求多方的意见和建议，同时制定实施程序、工作计划，把抵触因素降到最小，实现和谐关系；而欧洲管理者通常采用责权明确的分散决策机制，实行个人决策和个人负责。中方的决策程序一般是工作人员调研，领导分析，再通过工作人员执行，这种决策进程非常缓慢；而欧洲管理人员则要求职责明确，发现问题即解决问题，决策速度和工作效率都较快。欧方经理的这种思维习惯使得他们常常对公司较慢的决策过程极为不满，如每项工作都要开会研究，同时考虑方方面面的问题，甚至决策要看雇员、客户、员工和领导四方是否满意。

（5）用人问题。中方注重应聘者的学历、资历、经历等，而欧方则重视应聘者曾经从事的工作性质和工作业绩，更强调个人能力，因此双方在招聘或选拔人才时意见分歧较大。例如，在尊老和能力方面，中欧双方的管理者存在不同的价值观念：中方在管理上尊重年长者的知识、经验和能力，在用人机制上注重资历；而欧方则认为资历不重要，更强调人的能力，尤其是年轻人的能力。再如，大部分欧洲员工并没有很高的学历，而中国员工却大多拥有本科以上学历或留学经历，于是中国员工心中就产生了极大的不平衡感。随着中国员工的技能不断提高，他们所做的工作已完全与图卢兹、汉堡总装线的员工一样，甚至工作质量更高，然而薪酬的巨大差异，又将中欧双方员工的冲突放大。

讨论题：

1. 根据表 8-1，利用霍夫斯泰德的文化维度理论解释空中客车天津总装厂跨文化冲突的原因。

2. 空中客车天津总装厂应该如何应对跨文化冲突？

3. 是否应该在跨国经营中坚持本国文化特色？

**本章小结**

1. 文化差异是指由于文化背景不同导致特定人群之间遵循不同的价值评判标准和行为准则，从而使他们对于特定事物具有不同的态度和行为。文化差异是客观存在的，作为一名管理者，了解文化差异有助于有效地开展跨文化管理。

2. 荷兰跨文化研究专家霍夫斯泰德提出的文化维度理论是跨文化理论中至今最具有影响力的一个理论。该理论提出了从五个方面分析文化差异：权力距离；不确定性规避；个人主义和集体主义；刚性和柔性；长期导向和短期导向。利用这五个维度能够解释很多文化差异对管理工作的影响。

3. 克拉克洪和斯托德伯克的六大价值取向理论认为，不同文化中的人群对六大问题的不同观念、价值取向和解决方法显著地影响了他们的生活和工作的态度和行为。这六大问题分别是：人的本质、人与自然的关系、人与他人之间的关系、人的活动取向、人的空间观念以及人的时间导向。

4. 跨文化沟通与培训是解决跨文化管理问题的重要途径。在跨文化沟通过程中应该注意区分高低语境的区别，同时重视非语言沟通和倾听中的跨文化差异。跨文化培训的内容大致上可以分为知识认知类培训和经验技能类培训两类，培训中主要有事实法、分析法和体验法三种方式。

5. 美国社会的文化特点可以概括为多元性文化、个人主义价值观、勇于创新的开拓精神、平等和民主的价值观念、竞争观念、实用主义和金钱至上。美国企业获得成功的一些关键要素是：提供就业保障、选择性聘用、自我管理小组、与企业业绩挂钩的相对较高的报酬、广泛的培训、缩小地位差别和信息共享。

6. 日本的社会文化具有如下几个特征：强烈的民族观念、兼收并蓄的包容性、集体主义精神、忠诚观念和耻感文化。日本企业发展的关键是如何利用其有限的人力资源，极具日本特色的管理模式包括终身雇佣制、年功序列制、企业工会、团队工作模式和多元化的教育培训体系。

7. 中国的传统文化博大精深，我们把其中一些对现代企业管理产生重要影响的核心思想和观念概括为如下几点：入世有为、人本思想、贵和尚中的思想、群体取向的价值观念和重义轻利的观念。中国企业管理模式虽然发展时间不长，但是也呈现出一些与日美企业不同的特点，比如强烈的社会责任感、注重伦理道德、以人为本的企业信念、较浓厚的企业活动的政治化色彩、集体主义意识以及重人情面子的非理性管理。

复习思考题

1. 解释文化差异，并列举具体表现。
2. 阐述霍夫斯泰德的文化维度理论及其在企业管理实践中的作用。
3. 如何理解跨文化管理？

4. 跨文化沟通时应该注意哪些问题？

5. 跨文化培训包括哪些内容？

6. 简述中国民族文化特征及企业文化特质。

7. 试对中、美、日企业文化进行比较分析，并说明相互借鉴企业文化的必要性。

8. 联系中外合资企业实际，论述跨文化管理有哪些难点？

参 考 文 献

[1] 陈维政，张丽华，忻榕. 转型时期的中国企业文化研究. 大连：大连理工大学出版社，2005.

[2] 陈晓萍. 跨文化管理. 北京：清华大学出版社，2005.

[3] 段万春，王鹏飞，仲崇峰. 企业文化的构建及评价. 北京：科学出版社，2008.

[4] 范微. 跨文化管理：全球化与地方化的平衡. 上海：上海外语教育出版社，2004.

[5] 傅家骥. 技术创新学. 北京：清华大学出版社，1999.

[6] 胡宏峻. 跨文化管理——财智人力资源读本. 上海：上海交通大学出版社，2004.

[7] 黄河涛，田利民. 企业文化学概论. 北京：中国劳动社会保障出版社，2006.

[8] 黎群. 企业文化建设100问. 北京：经济科学出版社，2004.

[9] 黎群，王莉. 企业文化（第二版）. 北京：清华大学出版社，北京交通大学出版社，2012.

[10] 李国刚，许明华著. 联想并购以后. 北京：北京大学出版社，2010.

[11] 李华伟，董小英，左美云. 知识管理的理论与实践. 北京：北京华艺出版社，2002.

[12] 李建军. 企业文化与制度创新. 北京：清华大学出版社，2004.

[13] 李玉海. 企业文化建设实务与案例. 北京：清华大学出版社，2007.

[14] 刘光明. 企业文化（第五版）. 北京：经济管理出版社，2009.

[15] 罗长海，林坚. 企业文化要义. 北京：清华大学出版社，2003.

[16] 欧庭高，曾华锋. 企业文化与技术创新. 北京：清华大学出版社，2007.

[17] 任志宏，张晓霞，等. 企业文化. 北京：经济科学出版社，2006.

[18] 石伟. 组织文化（第二版）. 北京：人民大学出版社，2010.

[19] 王成荣. 企业文化学教程（第二版）. 北京：中国人民大学出版社，2009.

[20] 王方华，吕薇. 企业战略管理（第二版）. 上海：复旦大学出版社，2006.

[21] 王吉鹏. 价值观起飞与落地. 北京：电子工业出版社，2004.

[22] 王吉鹏. 企业文化建设——从文化建设到文化管理（第四版），北京：企业管理出版社，2013.

[23] 王水嫩. 企业文化理论与实务. 北京：北京大学出版社 & 中国农业大学出版社，2009.

[24] 王璞. 企业文化咨询实务. 北京：中信出版社，2003.

[25] 温德诚. 德胜管理：中国企业管理的新突破. 北京：新华出版社，2009.

[26] 邢以群，张大亮. 企业文化建设——重塑企业精神支柱. 北京：机械工业出版社，2007.

[27] 徐震宇. 如何进行企业文化建设. 北京：北京大学出版社，2006.

[28] 叶生. 重塑：企业文化培训手册. 北京：机械工业出版社，2005.

[29] 应焕红. 公司文化管理——永续经营的动力源泉. 北京：中国经济出版社，2002.

[30] 余凯成，程文文，陈维政. 人力资源管理（第三版）. 大连：大连理工大学出版社，2006.

[31] 张德. 企业文化建设. 北京：清华大学出版社，2003.

[32] 张德，潘文君. 企业文化（第二版）. 北京：清华大学出版社，2013.

[33] 张德，吴剑平. 企业文化与CI策划（第二版）. 北京：清华大学出版社，2003.

[34] 张德，吴剑平. 文化管理——对科学管理的超越. 北京：清华大学出版社，2008.

[35] 中国就业培训技术指导中心组织. 企业文化师（国家职业资格二级）. 北京：中国财政经济出版社，2007.

[36] 中国就业培训技术指导中心组织. 高级企业文化师（国家职业资格一级）. 北京：中国财政经济出版社，2007.

[37] 朱筠笙. 跨文化管理：碰撞中的协同. 广州：广东经济出版社，2001.

[38] 叶强，李一军. 淘宝网与 eBay 中国：企业文化在电子商务企业竞争中的作用. 中国首届 MBA 管理案例评选·百优案例集锦（第4辑），北京：科学出版社，2011.

[39] 安鸿章，吴江. 中外合资企业文化差异：冲突与融合. 经济与管理研究，2001，3：47-48.

[40] 陈国权，马萌. 组织学习的过程模型研究. 管理科学学报，2002(03)：59.

[41] 陈岩峰. 中国与日本雇佣模式的比较及其文化根源. 商业研究，2007，6：88.

[42] 陈岩峰. 管理决策与文化相关性中外比较. 商业时代，2006，20：8-9.

[43] 蔡雨阳，黄丽华，黄岩. 组织学习：影响因子和信息技术的冲击. 中国软科学，2000，10：96-110.

[44] 海尔集团公司，创新——海尔企业文化的核心，中外企业文化，2009(2)：34-38.

[45] 郝捷. 基于组织文化的企业竞争优势构建. 现代管理科学，2004，4：33-34.

[46] 胡圣浩. 从 IBM 看企业文化变革. 中外企业文化，2011，12：46-48.

[47] 金雄. 中日企业文化之比较. 延边大学学报(社会科学版)，2005，38(1)：83.

[48] 李栓久，陈维政. 适应知识管理的企业文化. 城市改革与发展，2002，(9)：41-43.

[49] 黎群. 潍柴集团文化管理实践透析. 中外企业文化，2012(8)：14-21.

[50] 黎群，李海燕. 基于企业生命周期的企业文化变革方向研究. 中国行政管理，2007(7)：32-34.

[51] 刘理晖，张德. 组织文化度量：本土模型的构建与实证研究. 南开管理评论，2007，2(10).

[52] 刘媛媛. 跨过文化的鸿沟——中国 IT 企业跨国并购的思考. 中外企业文化，2006(4)：52-53.

[53] 刘颖，李亚楠，徐明. 合资企业跨文化冲突与整合——AT 公司案例分析. 经营与管理，2013(1)：36-39.

[54] 刘自新. 技术创新中的组织文化管理. 科学学与科学技术管理，2002，49-51.

[55] 娄兵役. 企业文化变革的阻力与克服. 乡镇经济，2001(2)：32-34.

[56] 鲁晓扬，黄孟藩. 企业文化评价指标体系——课题研究报告(二). 企业文化，1995，4：4-6.

[57] 马庆喜，方淑芬. 试论企业学习型文化特征和基本内容. 科学学与科学技术管理，2004，10：72-75.

[58] 屈燕妮. 中国传统文化对现代企业文化构建的影响. 企业经济，2008，2：59.

[59] 孙华平，黄茗玉. 企业跨国并购中的文化整合模式研究. 求索，2012(11)：236-238.

[60] 孙瑞华，刘广生. 试论企业跨国经营管理中的文化风险及其管理. 经济师，2002，5：88-89.

[61] 谭亮. 企业文化变革的理论研究与基本模式. 吉林大学硕士学位论文，2004.

[62] 炎钊，唐蓉. 中国企业跨国并购文化整合模式多案例研究. 管理案例研究与评论，2010(3)：225-235.

[63] 田书源，论新经济形势下的企业社会责任与企业责任文化，经济体制改革，2011(1)：69-72.

[64] 王洁，王碧芳. 跨国购并后的文化整合研究：以联想集团收购 IBM PC 为例. 科技管理研究，2012(7)：231-234.

[65] 吴继研. 以竞争优势为导向的企业文化建设研究. 暨南大学硕士学位论文，2003，10-13.

[66] 肖永玲. 基于生命周期的民营企业文化建设探析. 商业时代，2008，36：99-100.

[67] 易开刚. 基于企业生命周期的企业文化演化及其启示. 科技进步与对策，2006，12：42-44.

[68] 张宏. 企业纵向社会资本与竞争优势——基于制造企业的经验研究. 浙江大学博士学位论文，2007：59.

[69] 张军果，杨维霞. 企业变革的阻力及对策分析. 商业研究，2006，9：78-80.

[70] 张郎峰，李耀士. 基于传统文化的企业创新文化——以海尔创新文化为例. 特区经济，2005，(9)：351-352.

[71] 周崇臣,邢小兰.创新构建文化体系,领航医院科学发展——郑州市儿童医院"六和"文化案例赏析.中外企业文化,2012(3)：25-28.

[72] 周强.企业文化与竞争优势的关系.对外经济贸易大学高级工商管理硕士学位论文,2005,20-21.

[73] 周中枢.用文化促进五矿战略转型,企业文明,2007,4：41-42.

[74] [日]川口敦司.从当代日本媒体社会看耻辱感文化.浙江师范大学学报,2000,4：42.

[75] [美]埃德加·沙因.组织文化与领导.北京：中国友谊出版公司,1989.

[76] [美]埃德加·沙因.企业文化生存指南.郝继涛,译.北京：机械工业出版社,2004.

[77] [美]彼得·圣吉.第五项修炼——学习型组织的艺术与实务.上海：上海三联书店,1998.

[78] [美]F.E.卡斯特,J.E.罗森茨韦克.组织与管理——系统方法与权变方法.北京：中国社会科学出版社,1985.

[79] [美]吉姆·柯林斯.从优秀到卓越.北京：中信出版社,2002.

[80] [美]吉姆·柯林斯,杰里·波勒斯.基业长青.真如,译.北京：中信出版社,2005.

[81] [美]克里斯·阿吉里斯.组织学习(第二版).张莉,李萍,译.北京：中国人民大学出版社,2004.

[82] [美]理查德·L.达夫特.组织理论与设计精要.李维安,等,译.北京：机械工业出版社,1999.

[83] [美]理查德·帕斯卡尔,安东尼·阿索斯.日本企业管理艺术.北京：中国科学技术翻译出版社,1984.

[84] [美]迈克尔·波特.竞争优势.陈小悦,译.北京：华夏出版社,1997.

[85] [美]莫兰·里森伯格.挑战全球.北京：经济管理出版社,1998.

[86] [美]派特里克·E.康纳,琳达·K.莱克,理查德·W.斯坦克曼.组织变革中的管理.爱丁,等,译.北京：电子工业出版社,2004.

[87] [美]斯蒂芬·P.罗宾斯.组织行为学(第七版).北京：中国人民大学出版社,2002.

[88] [美]托马斯·彼得斯,小罗伯特·沃特曼.成功之路——美国最佳管理企业的经验.北京：中国对外翻译出版社,1985.

[89] [美]特雷斯·E.迪尔,阿伦·A.肯尼迪.企业文化:现代企业的精神支柱.上海：上海科学技术文献出版社,1989.

[90] [美]威廉·大内.Z理论——美国企业界怎样迎接日本的挑战.孙耀君,王祖融,译.北京：中国社会科学出版社,1984.

[91] [美]小阿瑟·A.汤普森,约翰·E.甘布尔,A.J.斯特里克兰三世.战略管理:获取竞争优势.北京：机械工业出版社,2006.

[92] [美]约翰·P.科特,詹姆斯·L.赫斯科特.企业文化与经营业绩.李晓涛,译.北京：华夏出版社,2004.

[93] [美]约瑟夫·熊彼特.经济发展理论.北京：商务印书馆,1990.

[94] [荷]霍夫施泰德.跨越合作的障碍——多元文化与管理.北京：科学出版社,1996.

[95] [日]片山修.索尼法则.北京：华夏出版社,1999.

[96] [日]盛田昭夫.日本造.上海：上海三联书店,1986.

[97] [日]松下幸之助.实践经营哲学(PHP研究所.1978).北京：中国社会科学出版社,1989.

[98] Alzira Salama. Privatization: Implication for Corporate Culture Change, Ipswich Book Co. Ltd, UK, 1995.

[99] Argyris C, Schon D. Organizational learning: a theory of action perspective. Reading,

MenloPark：Addison-Wesley，1978.

[100] Barney，J. B. Firm Resources and Sustained Competitive Advantage. Journal of Management，1991，17(l)：99-120.

[101] Cameron，Kim S. "Downsizing，quality，and performance." In Robert E. Cole（Ed.）The Fall and Rise of the American Quality Movement. New York：Oxfork University Press，1995. Daft R L. Essentials of Organization Theory and Design. South-Western College Publishing，1998.

[102] David G. Knowledge，creativity and innovation. Journal of Knowledge Management，1998，2(1)：5-13.

[103] Denison D R，Mishra A K. Toward a Theory of Organizational Culture and Effectiveness. Organization Science，1995，6(2)：204-223.

[104] Lewin K，Cartwright D. Field theory in social science. Harper & Brothers New York，1951.

[105] Janz B D，Prasarnphanich P. Understanding the Antecedents of Effective Knowledge Management：The Importance of a Knowledge-centered Culture. Decision Sciences，2003，34(2)：351-384.

[106] Freeman C. The economics of industrial innovation. The MIT Press，1982.

[107] Mansfield E. Industrial research and technological innovation. New York：W. W. Norton，1968.

[108] March J G，Simon H. Organizations. Blackwell Business，1958：324.

[109] Marquardt M J. Building a Learning Oganization：A Systems Approach to Quantum Improvement and Global Success. McGraw-Hill，2002：185-201.

[110] Prahalad C K，Hamel G. The core Competence of the corporation. Harvard Business Review，1990(68)：79-91.

[111] Pederson J S. & Sorensen J S. Organizational Culture in Theory and Practice. Aldershot，England：Gower Publishing，1989.

[112] Senge M P. The Fifth Discipline. Doubleday，1990：245.

[113] Slater S F，Narver J C. Market Orientation and the Learning Organization. Journal of Marketing，1995，59(4)：63-74.

[114] Tracy J B，Tannenbaum S I，Kavanagh M J. Appling trained skills on the job：The importance of the work environment. Journal of Applied Psychology，1995，80(2)：239-252.

[115] Wallach E J. Individuals and organizations：the cultural match. Training and Development Journal，1983，(2)：29-36.

[116] W Gibb Dyer，Jr. Cultural Change in Family Firms，Jossy-Bass Publishers，1986.

教师服务

感谢您选用清华大学出版社的教材！为了更好地服务教学，我们为授课教师提供本书的教学辅助资源，以及本学科重点教材信息。请您扫码获取。

≫ 教辅获取

本书教辅资源，授课教师扫码获取

≫ 样书赠送

人力资源类重点教材，教师扫码获取样书

 清华大学出版社

E-mail: tupfuwu@163.com
电话：010-83470332 / 83470142
地址：北京市海淀区双清路学研大厦 B 座 509

网址：http://www.tup.com.cn/
传真：8610-83470107
邮编：100084